行政法
解釈の
技法

伊藤 建
Takeru Ito

大島義則
Yoshinori Oshima

橋本博之 著
Hiroyuki Hashimoto

弘文堂

はしがき

　本書は，行政法紛争事例の考え方をわかりやすく示し，行政法解釈で用いられる技法を余すところなく解説します。大学や法科大学院の定期試験，公務員試験，各種の資格試験，予備試験，さらには司法試験まで，これ一冊で行政法の事例問題が「解ける」よう，3名の著者が徹底的な議論を重ねた成果です。

　本書ができるきっかけは，著者のひとりである橋本が，弘文堂スクエアのウェブサイトで連載したブログ（行政法を学ぶ）です。このブログは，橋本が授業用に作成したレジュメをベースに，行政法の学び方や，処分性・原告適格・裁量審査などの主要論点を解説していますが，幸いなことに，大変多く閲覧されました。このブログ連載を書籍化するに際して，裁判実務，執筆，教育と超人的なご活躍をされている優秀な弁護士である伊藤建先生・大島義則先生に賛同していただき，両先生の力作を加えて3名による「共著」が実現しました。

　大島先生には，実務家の視点から，行政法の事例問題をモデル化して分析する技法を解説していただき，伊藤先生には，平成23年から令和4年までの予備試験の問題を題材に論文起案の技法を説示していただきました。いずれも，新しい世代の優秀な実務家ならではの，斬新かつ有用でありながら，図表を駆使したわかりやすさ・明快さが際立ち，事例問題へのアプローチの方法，具体的な問題の考え方と模範解答など，本当に充実した仕上がりとなっています。理論・実務・教育のすべての面において，行政法の新しい地平を切り拓く内容であると自負しています。本書が，行政法に関心を持たれる方々に広く活用されることを，切望してやみません。

　本書の作成にあたり，弘文堂編集部の中村壮亮さんに大変お世話になりました。ここに記して御礼申し上げます。

2023年1月

著者を代表して　橋本博之

本書の使い方

1　本書の概要——3つの「技法」

　本書は，3章構成により，具体的な行政法事例問題または行政紛争事例を解決するための「3つの技法」を身につけさせることを目的として執筆されています。

　第1章では，弁護士の大島義則が，実務家の視点から「行政紛争処理の技法」を解説します。具体的には，行訴法の全体像（第1章Ⅰ）を確認した上で，行政法事例問題の分析技法として，「4段階検討プロセス」（同Ⅱ）と「4つの主要行政紛争モデル」（同Ⅲ）という考え方を提示します。「4段階検討プロセス」は，行政争訟のうち行政事件訴訟を提起する際の思考ステップをモデル化したものであり，①訴訟選択論・仮の救済の選択論，②訴訟要件論，③本案論，④訴訟の終了論の4つの視点から行政紛争事例を分析することを提案するものです。「4つの主要行政紛争モデル」は，行政手続法上の不利益処分／申請に対する処分の分類と二面関係（行政—私人）／三面関係（行政—私人—第三者）の分類を組み合わせた合計4通りの主要行政紛争を観念し，その紛争解決方法を提示するものです。第1章Ⅳでは，予備試験の問題を素材として，「4段階検討プロセス」と「4つの主要行政紛争モデル」の具体的な適用方法を概観します。

　第2章では，行政法学者である橋本博之が，研究者の立場から「主要論点における行政法解釈の技法」を解説します。処分性（第2章Ⅰ），原告適格（同Ⅱ），取消訴訟の本案論（同Ⅲ），裁量統制（同Ⅳ）および手続的瑕疵（同Ⅴ）という行政法事例問題で特に問題になる論点を取り上げて，その解釈技法を解説しています。第2章は，弘文堂スクエアのWeb連載「行政法を学ぶ」（https://gyoseihou.hatenablog.com/）で橋本博之が連載していた内容をベースにしています。

　第3章では，弁護士の伊藤建が，平成23年から令和4年までの予備試験の問題を素材に「予備試験・論文起案の技法」を解説します。第3章は，第1章および第2章の「技法」を用いながら，具体的な行政法事例問題を考えていく内容です。令和4年に至るまでの予備試験行政法の問題をすべて解説している点

でも有用ですが，本書で提示された方法論を用いて予備試験の問題を考えていくことで，単に予備試験の問題にとどまらない行政紛争の解決力を身につけることを可能にしています。

2　本書の具体的な使い方

　本書では，第1章および第2章で提示された技法を前提としながら，第3章の予備試験行政法の問題の解き方を学ぶことにより，行政紛争の解決力を身につけることができます。そのため，まずは第1章から第3章までじっくりと通読すると良いでしょう。ただし，予備試験の解説を行っている第3章に関しては，まず問題を自力で解いてから，解説を読むことを強く推奨します。第1章および第2章で身につけた「技法」を，第3章の解説を見る前に自ら実践してみることが，「技」を身につけるための何よりの早道です。

　なお，本書は，行政法事例問題または行政紛争事例の解決技法を学ぶための本であり，行政法の基礎知識をある程度身につけている方を対象とした書籍です。行政法の基礎知識に関しては，別途，行政法の入門書や基本書を参照して勉強していただきますよう，よろしくお願いします。

大島義則

凡　　例

1　第3章の予備試験問題の問題文および出題趣旨は，法務省のウェブサイトから転載した（https://www.moj.go.jp/barexam.html）。

2　判例の表記は，大方の慣例に従った。橋本博之『行政判例ノート〔第4版〕』，斎藤誠＝山本隆司編『行政判例百選Ⅰ・Ⅱ〔第8版〕』に掲載されている判例については，「ノート.〇-〇・百選Ⅰ・Ⅱ〇」と併記した。『行政判例ノート〔第5版〕』で追加されるものおよび第4版から判例番号が移動するものについては，「ノート5版〇-〇」と併記した。

3　法令・判例集・文献・雑誌等の表記は，以下のような略語を用いた。

◆法令名等略語

行審法＝行政不服審査法法

行訴法＝行政事件訴訟法

行手法＝行政手続法

原子炉等規制法＝核燃料物質及び原子炉の規制に関する法律

公水法＝公有水面埋立法

国賠法＝国家賠償法

国民審査法＝最高裁判所裁判官国民審査法

個人情報保護法＝個人情報の保護に関する法律

情報公開法＝行政機関の保有する情報の公開に関する法律

瀬戸内法＝瀬戸内海環境保全特別措置法

地自法＝地方自治法

特定商取引法・特商法＝特定商取引に関する法律

廃棄物処理法＝廃棄物の処理及び清掃に関する法律

風営法＝風俗営業等の規制及び業務の適正化等に関する法律

民訴法＝民事訴訟法

◆判例集等略語

民（刑）録＝大審院民（刑）事判決録

民（刑）集＝最高裁判所民（刑）事判例集・大審院民（刑）事判例集

集民＝最高裁判所裁判集民事

下民（刑）集＝下級裁判所民（刑）事判例集

行集＝行政事件裁判例集

訟月＝訟務月報

判時＝判例時報

判タ＝判例タイムズ

◆文献略語

宇賀・概説Ⅱ	宇賀克也『行政法概説Ⅱ　行政救済法〔第7版〕』（有斐閣，2021年）
大橋Ⅱ	大橋洋一『行政法Ⅱ　現代行政救済論〔第4版〕』（有斐閣，2021年）
改正行訴執務資料	最高裁判所事務総局行政局監修『改正行政事件訴訟法執務資料』（法曹会，2005年）
河村	河村浩『行政事件における要件事実と訴訟実務』（中央経済社，2021年）
神橋	神橋一彦『行政救済法〔第2版〕』（信山社，2016年）
行政法ガールⅠ	大島義則『行政法ガールⅠ』（法律文化社，2014年）
行政法ガールⅡ	大島義則『行政法ガールⅡ』（法律文化社，2020年）
小早川・下Ⅲ	小早川光郎『行政法講義　下Ⅲ』（弘文堂，2007年）
櫻井＝橋本	櫻井敬子＝橋本博之『行政法〔第6版〕』（弘文堂，2019年）
塩野Ⅰ	塩野宏『行政法Ⅰ　行政法総論〔第6版〕』（有斐閣，2015年）
塩野Ⅱ	塩野宏『行政法Ⅱ　行政救済法〔第6版〕』（有斐閣，2019年）
実務解説	大島義則編著『実務解説 行政訴訟』（勁草書房，2020年）
実務的研究	司法研修所『改訂 行政事件訴訟の一般的問題に関する実務的研究』（法曹会，2000年）
芝池	芝池義一『行政救済法』（有斐閣，2022年）
条解行訴法	南博方原編著，高橋滋＝市村陽典・山本隆司編『条解 行政事件訴訟法〔第4版〕』（弘文堂，2014年）
杉本	杉本良吉『行政事件訴訟法の解説』（法曹会，1963年）
争点	高木光＝宇賀克也編『行政法の争点』（有斐閣，2014年）
西川	西川知一郎編著『リーガル・プログレッシブ・シリーズ6　行政関係訴訟〔改訂版〕』（青林書院，2021年）
ノート	橋本博之『行政判例ノート〔第4版〕』（弘文堂，2020年）
ノート5版	橋本博之『行政判例ノート〔第5版〕』（弘文堂，2023年）
橋本・基礎	橋本博之『行政法解釈の基礎——「仕組み」から解く』（日本評論社，2013年）
百選Ⅰ・Ⅱ	斎藤誠＝山本隆司編『行政判例百選Ⅰ・Ⅱ〔第8版〕』（有斐閣，2022年）
最判解民○年度	『最高裁判所判例解説　民事篇○年度』（法曹会）

第 2 章　主要論点における行政法解釈の技法　橋本博之

第1章

行政紛争処理の技法

大島義則

I　行訴法の全体像

【図表1-1　行訴法の全体像】

第1章　総則 （1～7条）	・法律の趣旨（1条）。 ・「行政事件訴訟」を抗告訴訟，当事者訴訟，民衆訴訟および機関訴訟と定義（2条）。各訴訟類型について，3～6条で定義。 ・この法律に定めのない事項について「民事訴訟の例」を準用（7条）。
第2章　抗告訴訟 （8～38条）	・第1節では，取消訴訟に関する規定を置く（8～35条）。取消訴訟の仮の救済措置として執行停止の規定（25条以下）。 ・第2節では，無効等確認訴訟（36条），不作為の違法確認訴訟（37条），非申請型義務付け訴訟（37条の2），申請型義務付け訴訟（37条の3），差止訴訟（37条の4），仮の義務付けおよび仮の差止め（37条の5）の規定を置いた上で，取消訴訟に関する規定の準用規定（38条）を置く。
第3章　当事者訴訟 （39～41条）	・出訴の通知（39条）。 ・出訴期間の定めがある当事者訴訟（40条）。 ・抗告訴訟に関する規定の準用規定（41条）。
第4章　民衆訴訟および機関訴訟 （42・43条）	・民衆訴訟および機関訴訟に関する規定（42条）。 ・抗告訴訟または当事者訴訟に関する規定の準用規定（43条）。
第5章　補則 （44～46条）	・仮処分の排除（44条）。 ・争点訴訟（45条）。 ・取消訴訟等の提起に関する事項の教示（46条）。
附則	・施行期日等。

1　行訴法の総則

　行政法事例問題の検討手順の解説に入る前に，本書においてメインで取り扱うことになる行訴法の全体像（図表 1 - 1 ）を確認しておきましょう。行訴法の全体像は，何も暗記する必要はなく，行訴法の総則（行訴法 1 ～ 7 条）部分を読むことで理解することができます。

　行訴法 1 条は「行政事件訴訟については，他の法律に特別の定めがある場合を除くほか，この法律の定めるところによる」と定めて，行訴法が行政事件訴訟に関する一般法・基本法であることを宣言しています。また，行政事件訴訟に関して，行訴法に定めがない事項については「民事訴訟の例」に拠ると定めています（行訴法 7 条）。行訴法自体は全 5 章・全 46 条から成る短い法律ですので，大部分は民事訴訟を準用して処理していくことになります。そのため，行訴法を理解するためには，民事訴訟法の理解が不可欠になります。

　行訴法は行政事件訴訟に関する一般法・基本法ですので，まず行政事件訴訟の概念・範囲を理解しておく必要があるでしょう。行政事件訴訟とは，①抗告訴訟，②当事者訴訟，③民衆訴訟，④機関訴訟と定義されています（行訴法 2 条）。①抗告訴訟は行訴法 2 章（ 8 ～ 38 条），②当事者訴訟は同 3 章（39～41 条），③民衆訴訟および④機関訴訟は同 4 章（42・43 条）において規律が定められています（行政事件訴訟の類型について，図表 1 - 2 ）。

　①②は，国民の個人的な権利利益の保護を目的とする「主観訴訟」であり，③④は，客観的な法秩序の維持を目的とする「客観訴訟」です。主観訴訟は，「法律上の争訟」（裁判所法 3 条 1 項）に当たり，憲法上の要請として裁判所の権限に含まれます（憲法 76 条 1 項）。客観訴訟は，「法律上の争訟」に該当せず，憲法上要請される裁判所の権限ではないので，具体的にどのような訴訟類型をおくかは立法政策の問題です。

【図表 1 - 2　行政事件訴訟の類型】

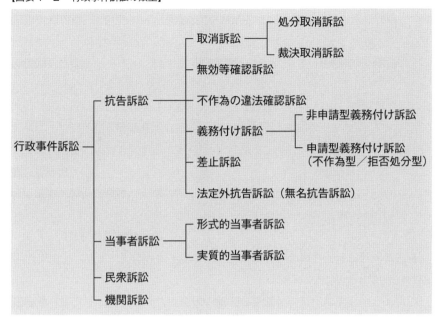

2　抗告訴訟

（抗告訴訟）

第 3 条①　この法律において「抗告訴訟」とは，行政庁の公権力の行使に関する不服の訴訟をいう。

②　この法律において「処分の取消しの訴え」とは，行政庁の処分その他公権力の行使に当たる行為（次項に規定する裁決，決定その他の行為を除く。以下単に「処分」という。）の取消しを求める訴訟をいう。

③　この法律において「裁決の取消しの訴え」とは，審査請求その他の不服申立て（以下単に「審査請求」という。）に対する行政庁の裁決，決定その他の行為（以下単に「裁決」という。）の取消しを求める訴訟をいう。

④　この法律において「無効等確認の訴え」とは，処分若しくは裁決の存否又はその効力の有無の確認を求める訴訟をいう。

⑤　この法律において「不作為の違法確認の訴え」とは，行政庁が法令に基づく申請に

対し，相当の期間内に何らかの処分又は裁決をすべきであるにかかわらず，これをしないことについての違法の確認を求める訴訟をいう。

⑥　この法律において「義務付けの訴え」とは，次に掲げる場合において，行政庁がその処分又は裁決をすべき旨を命ずることを求める訴訟をいう。

一　行政庁が一定の処分をすべきであるにかかわらずこれがされないとき（次号に掲げる場合を除く。）。

二　行政庁に対し一定の処分又は裁決を求める旨の法令に基づく申請又は審査請求がされた場合において，当該行政庁がその処分又は裁決をすべきであるにかかわらずこれがされないとき。

⑦　この法律において「差止めの訴え」とは，行政庁が一定の処分又は裁決をすべきでないにかかわらずこれがされようとしている場合において，行政庁がその処分又は裁決をしてはならない旨を命ずることを求める訴訟をいう。

　抗告訴訟は，行政庁の公権力の行使に関する不服の訴訟であり，行政事件訴訟の代表的なものです。

　行訴法3条1項は，抗告訴訟を，行政庁の公権力の行使によって生じた違法状態の排除を求める訴えの全体を意味するものとして，包括的に定義します。この結果，抗告訴訟は，同条2項以下が法定する訴訟類型（法定抗告訴訟）に限定されず，それ以外の抗告訴訟（無名抗告訴訟）を許容する余地が認められます。

　同条2項は，処分取消訴訟を定義します。処分取消訴訟は，「行政庁の処分その他公権力の行使に当たる行為」について，その全部または一部の取消しを求め，当該行為の法的効力を遡って消滅させる形成訴訟です（例：医業停止処分の取消訴訟）。同項の「その他公権力の行使に当たる行為」とは，行政庁が一方的に受忍を強要する事実行為を指し，このような事実行為であってもその権力性を排除するための取消訴訟をすることができるものと解されます（例：行政代執行法上の戒告の取消訴訟）。

　同条3項は，審査請求その他の不服申立てに対する行政庁の裁決の取消しを求める訴訟を，裁決取消訴訟として定義します（例：審査請求の棄却裁決取消訴訟）。

　同条4項は，処分・裁決の存在・不存在，有効・無効の確認を求める訴えとして，無効等確認の訴えを定義します。すなわち，無効等確認訴訟には，処分または裁決の存在確認訴訟，不存在確認訴訟，有効確認訴訟および無効確認訴

訟の4類型があります（例：滞納処分としての差押処分無効確認訴訟，徴収猶予処分の有効確認訴訟，差押取消処分の存在確認訴訟，差押処分不存在確認訴訟）。このうち実務上特に問題になりやすいのが，無効確認訴訟です。行政処分はたとえ違法であっても，その違法が重大・明白な瑕疵等により無効と認められる場合を除き，適法に取り消されない限り，完全にその効力を有します（行政処分の公定力）。そのため，行政処分を受けた私人が当該処分を争う場合，通常，取消訴訟の出訴期間（行訴法14条）内に取消訴訟を提起することになります。もっとも，取消訴訟の出訴期間が過ぎたとしても，行政処分の無効を主張して，行政処分の公定力の例外である無効を確認する無効確認訴訟を提起することができます。このように無効確認訴訟は行政処分につき出訴期間（および場合によっては不服申立前置）の制約が外れた救済方法であり，時機に遅れた取消訴訟とも呼ばれます。

　同条5項は，法令に基づく申請に対する不作為を争う訴訟類型として，不作為の違法確認の訴えを定めています（例：情報公開法に基づく開示決定等がされない不作為の違法確認訴訟）。行政庁の不作為すべてを争えるわけではなく，法令に基づく申請権行使に対する行政庁の不作為の違法を争う訴訟類型です。もっとも，不作為状態にある申請人の救済という意味では，後述する申請型義務付け訴訟がより直接的であることに注意が必要です。

　同条6項は，事前救済型の抗告訴訟である義務付け訴訟の定義を定めています。義務付け訴訟は，非申請型義務付け訴訟と申請型義務付け訴訟の2類型に大きく分けられます。非申請型義務付け訴訟は，原告の申請権を前提とせずに，行政庁に対して一定の処分をすべきことを直接義務付ける訴訟です（同項1号。例：建築基準法9条に基づく違反建築物に対する是正命令義務付け訴訟）。申請型義務付け訴訟は，行政庁に申請した者が原告となって，一定の処分をすべきことを義務付ける訴訟です（同項2号。例：生活保護開始決定義務付け訴訟）。申請型義務付け訴訟は，不作為の違法確認訴訟との併合提起を要する不作為型（行訴法37条の3第1項1号，3項1号）と取消訴訟・無効等確認訴訟との併合提起を要する拒否処分型（同条1項2号，3項2号）に分かれます。申請権行使に対する不作為状態の救済は前者，申請権行使に対する拒否処分の救済は後者によることになります。

　同条7項は，処分・裁決の差止めを求める訴訟類型として，差止訴訟の定義を定めています（例：医業停止処分の差止訴訟）。差止訴訟も，行政庁が処分・裁決

をする前に国民が裁判所に救済を求める事前救済型抗告訴訟です。将来の処分を対象として差し止めることから，前にずらされた取消訴訟と呼ばれることもあります。

3　当事者訴訟

　当事者訴訟は，公法上の法律関係について，当該法律関係の直接の当事者間において争う訴訟です。

　当事者訴訟には，当事者間の法律関係を確認しまたは形成する処分・裁決に関する訴訟で法令の規定によりその法律関係の当事者の一方を被告とする形式的当事者訴訟と，公法上の法律関係に関する確認の訴えその他の公法上の法律関係に関する実質的当事者訴訟の2類型があります（行訴法4条）。

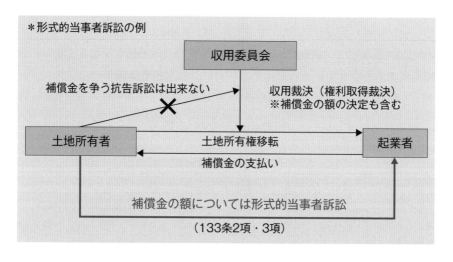

　形式的当事者訴訟の代表例としては，土地収用法133条に基づく土地所有者と起業者との間の訴訟があります。収用委員会が土地について権利取得裁決をすると，土地所有者に対して補償金が支払われるとともに起業者が土地所有権を取得します。権利取得裁決で定められた損失補償額に争いがある場合，土地所有者・起業者に対して行政処分たる権利取得裁決に関する取消訴訟等の抗告訴訟を提起させる方式もありえますが，損失補償額に利害関係を有する土地所有者・起業者を直接の当事者とするほうが合理的であるため，（抗告訴訟ではな

く）当事者訴訟に拠ることが法定されています（同133条3項）。

　実質的当事者訴訟としては，給付訴訟と確認訴訟が想定されています。給付訴訟の代表例としては，憲法29条3項に基づく損失補償請求訴訟，公務員に対する懲戒免職処分の無効を前提とした俸給請求訴訟が挙げられます。確認訴訟としての当事者訴訟については，コラム3（19頁）で詳述します。

4　民衆訴訟

　民衆訴訟とは，国または公共団体の機関の法規に適合しない行為の是正を求める訴訟で，選挙人たる資格その他自己の法律上の利益にかかわらない資格で提起するものをいいます（行訴法5条）。

　最も有名な民衆訴訟の例としては，住民訴訟（地自法242条の2）があります。住民訴訟は，地方公共団体における財務会計上の行為の適正を確保し，（個人としての住民の権利利益保護ではなく）住民全体の利益を保護することを目的として法定された民衆訴訟です。たとえば，地方公共団体の執行機関が財務会計法上の義務に違反して民間企業に対して公金支出行為を行おうとしている場合に，住民は当該行為を差し止める訴訟（地自法242条の2第1項1号）を提起することができます。

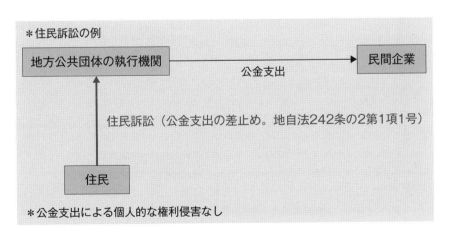

コラム1　住民訴訟の概要

1　住民訴訟の訴訟要件

　住民訴訟の原告適格を有するのは，住民監査請求を行った住民です（地自法242条の2第1項）。

　また，住民監査請求の手続を経ていることが，住民訴訟提起のための要件とされています（住民監査請求前置主義）。この住民監査請求前置主義の趣旨に照らして，住民訴訟における請求対象と住民監査請求における請求対象の同一性が要求され，請求対象の同一性がない場合，住民訴訟は住民監査請求を前置していない不適法なものとして却下されます。

　住民訴訟は，①監査委員の監査結果・勧告，勧告に基づいて長等が講じた措置に不服があるとき，②監査委員が監査・勧告を60日以内に行わないとき，③監査委員の勧告に基づいた必要な措置を長等が講じないときに提起することができます（同項柱書）。

　住民訴訟の出訴期間は，監査結果の通知等があった日から30日以内です（地自法242条の2第2項）。

2　住民訴訟の本案勝訴要件

　住民訴訟の本案勝訴要件は，財務会計行為の違法性です。違法とは，財務会計法規上の義務に違反することをいいます。財務会計上の行為に先行する原因行為の違法性をどの程度争うことが可能かについては，見解がわかれていますが，東京都一日校長事件（最判平成4・12・15民集46巻9号2753頁。ノート21-3）は，先行行為に違法事由が存する場合であっても後行行為自体に財務会計法規上の義務違反の違法がなければならない，としました。

3　請求類型

　住民訴訟で請求できるのは，次の4類型です（地自法242条の2第1項1〜4号）。

① 1号請求：執行機関・職員に対する財務会計上の行為の差止請求。

② 2号請求：行政処分たる財務会計上の行為の取消し・無効確認請求。

③ 3号請求：執行機関・職員の「怠る事実」（不作為）の違法確認請求。

④ 4号請求：違法な財務会計上の行為または怠る事実について，当該職員またはその相手方に対して損害賠償請求・不当利得返還請求をすることまたは賠償命令（地自法243条の2の2第3項）をすることを求める請求。

　4号請求が認容された場合，普通地方公共団体の長は，判決確定日から60日以内に，

損害賠償請求・不当利得返還請求・賠償命令をしなければならず（地自法242条の3第1項，243条の2の2第4項），これが支払われない場合，当該普通地方公共団体は損害賠償請求訴訟・不当利得返還請求訴訟を提起しなければなりません（同242条の3第2項，243条の2の2第5項）。このように4号請求については，損害賠償請求・不当利得返還請求・賠償命令の義務付けを求める1段階目の訴訟と1段階目の訴訟が認容された場合に提起する損害賠償請求訴訟・不当利得返還請求訴訟の2段階目の訴訟から成立する，という特徴があります。

5 機関訴訟

　機関訴訟とは，国または公共団体の機関相互間における権限の存否またはその行使に関する紛争についての訴訟をいいます（行訴法6条）。行政主体である国または公共団体の機関相互間の権限争議のような紛争は法律上の争訟（裁判所法3条1項）に該当しませんが，このような紛争であっても公平な第三者である裁判所に判断を求めることが適当な場合があり[1]，特に法定された場合には機関訴訟として争うことができます。

　たとえば，地方公共団体に対する国の関与（地自法245条）があった場合において，当該関与に不服があれば地方公共団体の長その他の執行機関は国地方係争処理委員会に対して審査の申出をすることができ，審査の結果によっては国に対して勧告が出されることになりますが，当該勧告にさらに不服があれば，

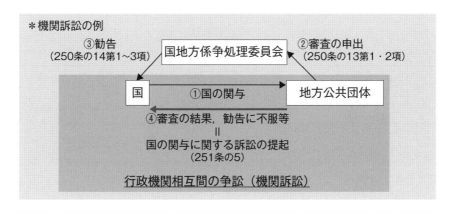

＊機関訴訟の例

③勧告
（250条の14第1〜3項）　　国地方係争処理委員会　　②審査の申出
（250条の13第1・2項）

国　　①国の関与　→　地方公共団体

④審査の結果，勧告に不服等
＝
国の関与に関する訴訟の提起
（251条の5）

行政機関相互間の争訟（機関訴訟）

1）　杉本26頁。

当該地方公共団体は国の関与に関する訴え（地自法251条の5）を提起することができます。この訴訟は，国と地方公共団体の機関相互間における訴訟であるため，機関訴訟の性格を有することになります。

6　争点訴訟

　私法上の法律関係に関する訴訟（民事訴訟）のうち，処分・裁決の存否またはその効力の有無が争点になるものを争点訴訟といいます（行訴法45条）。争点訴訟は民事訴訟ではあるものの，争点の中で処分・裁決の存在・不存在または有効・無効が問題となるため，取消訴訟の規定の一部が準用されています。具体的には，行政庁の訴訟参加（同45条1項・23条1項，2項），出訴の通知（同45条1項・39条），釈明処分の特則（同45条4項・23条の2），職権証拠調べ（同45条4項・24条），訴訟費用の裁判の効力（同45条4項・35条）が準用されています。

　たとえば，収用委員会による収用裁決（権利取得裁決）により土地所有権を失った土地所有者が，起業者に対して，土地所有権確認訴訟を提起し，その前提として権利取得裁決の無効を主張するケースが，争点訴訟に該当します。行政処分である収用裁決には公定力が発生しますが，収用裁決が無効である場合には公定力が生じませんので，収用裁決の無効を土地所有権確認訴訟という民事訴訟（争点訴訟）の中で主張することができます。

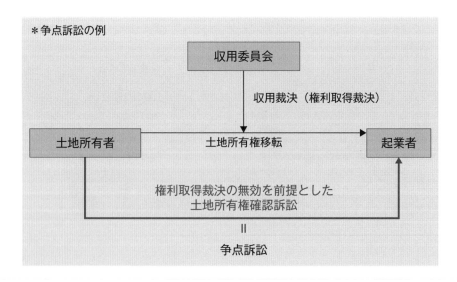

II　4段階検討プロセス

1　4段階検討プロセスの検討ステップ

（1）　概要

　次に，4段階検討プロセスの概要を説明していきます（図表1-3）。実務における行政紛争対応には行手法・行政手続条例の下において付与される事前行政手続への対応や行審法の下における行政不服審査対応も多いですが，大学，ロースクール，予備試験，司法試験等の事例問題では，行訴法に基づく行政訴訟対応に関する出題が圧倒的に多いでしょう。4段階検討プロセスは，行訴法に基づく行政訴訟対応に関する思考の流れを筆者がモデル化したものです。

（2）　第1ステップ：訴訟選択論・仮の救済の選択論

　第1ステップは，訴訟選択論および仮の救済の選択論です。訴訟選択論では，ある行政活動に対してどのような行政事件訴訟を提起すべきかを考えていきます。

　訴訟選択に伴って，権利利益の侵害状態を発生・拡大させないために，行訴法で定められた仮の救済制度を用いることもあります。そこで，訴訟選択論と併せて，仮の救済方法を選択していくという仮の救済選択論も考えておく必要があります。

　行政事件訴訟の場合，仮の救済申立てを行う際には，必ず適法な本案訴訟の提起が必要になり，本案訴訟と仮の救済措置をセットで考えていくことになるという特徴があります（なお，民事保全法23条2項に定められた仮の地位を定める仮処分では，本案訴訟の提起は要件とされていません）。

（3）　第2ステップ：訴訟要件論

　第2ステップは，訴訟要件論です。訴訟要件とは，請求認容判決，請求棄却判決等の本案判決をするための前提要件です。訴訟要件は本案判決をするための要件であって，本案審理に入るための要件ではないので，訴訟要件を充たすか明らかではない場合でも本案審理をすることは可能です。原則として事実審

【図表 1 - 3　　4 段階検討プロセスの流れ】

第 1 ステップ　訴訟選択論　　　　　　　　仮の救済の選択論

- ・取消訴訟
- ・無効等確認訴訟　　　　　　　　　　　　執行停止
- ・不作為の違法確認訴訟 ───────── なし
- ・申請型義務付け訴訟
- ・非申請型義務付け訴訟 　　　　　　　　仮の義務付け
- ・差止訴訟　　　　　　　　　　　　　　　仮の差止め
- ・実質的当事者訴訟 ──────────── 仮地位仮処分
　　　　　　　　　　etc.

第 2 ステップ　訴訟要件論

- ・選択した訴訟類型の訴訟要件充足性のチェック
  　　　例：取消訴訟の場合　①処分性　　②原告適格　　③狭義の訴えの利益
  　　　　　　　　　　　　　④被告適格　　⑤管轄　　　⑥出訴期間
  　　　　　　　　　　　　　⑦不服申立前置（個別法がある場合）

第 3 ステップ　本案論

- ・選択した訴訟類型の本案勝訴要件充足性のチェック
  　　　例：取消訴訟の場合

違法事由 ─┬─ 実体的違法事由（処分要件不充足，裁量権逸脱・濫用）
　　　　　　└─ 手続的違法事由
　　　　　　　　（行手法・行手条例・個別法の手続規定違反＋取消事由該当性）

本案上の主張制限 ─┬─ 原告側 ─┬─ 主観訴訟による制限（10 条 1 項）
　　　　　　　　　　│　　　　　　└─ 原処分主義（10 条 2 項）
　　　　　　　　　　└─ 被告側 ── 理由の差替えの制限

第 4 ステップ　訴訟の終了論

- ・判決による終了 ┬ 訴訟要件不充足 ───────────────→ 訴え却下判決
  　　　　　　　　 ├ 訴訟要件充足＋本案勝訴要件不充足 ──────→ 請求棄却判決
  　　　　　　　　 ├ 訴訟要件充足＋本案勝訴要件充足 ──────→ 請求認容判決
  　　　　　　　　 └ 訴訟要件充足＋本案勝訴要件充足＋公の利益に著しい障害 → 事情判決

- ・判決効 ──────── 既判力，形成力，執行力，拘束力，第三者効

の口頭弁論終結時において訴訟要件を充たしていれば，本案判決をすることになります。訴訟要件を欠く場合には本案判決をすることができませんので，訴えは却下されます。

　通常の民事訴訟では，被告は請求の棄却を求める本案の答弁を行い，本案審理では本案の答弁を基礎付ける本案上の主張を主として主張することが多く，訴訟要件が主要争点となることは比較的少ないです。これに対して，行政訴訟では，訴えの却下を求める本案前の答弁および訴訟要件を欠くために訴えを不適法却下するよう主張する本案前の主張が多用されます。

（4）　第3ステップ：本案論

　第3ステップは，本案論です。本案審理では，裁判所は原告の請求に理由があるか（本案勝訴要件を充足しているか）を審理します。

　選択された行政事件訴訟ごとに，本案勝訴要件の内容は異なります。最も典型的な抗告訴訟である取消訴訟の訴訟物（審判対象となる特定の権利・義務または法律関係）は，係争処分の違法性一般であり，係争処分の違法事由が本案審理においては審理されます。行政処分の違法事由には，大きく分けて実体的違法事由（処分要件の不充足，裁量権逸脱・濫用。詳細は，第2章III・IV参照）と手続的違法事由（行手法，行政手続条例および個別法で定められた手続の瑕疵。詳細は，第2章V参照）があります。

　また，訴訟物の範囲内にある主張であったとしても，行訴法特有の本案上の主張制限を受ける場合があります。取消訴訟の原告は「自己の法律上の利益に関係のない違法」（行訴法10条1項）について主張制限を受けます（主観訴訟による主張制限）。また，処分取消訴訟および裁決取消訴訟の双方が訴訟提起できる場合における裁決取消訴訟においては，裁決固有の瑕疵のみの違法事由を主張でき，原処分の違法事由の主張が制限されます（同条2項。原処分主義）。被告側においても，処分の同一性を欠きまたは理由附記の趣旨に照らして，解釈上，処分の適法性を基礎付ける主張が制限されることがあります（いわゆる理由の差替えの制限）。本案上の主張が制限される場合，当該主張は主張自体失当と扱われます。

（5）　第4ステップ：訴訟の終了論

　第4ステップは，訴訟の終了論です。訴訟要件を充足している場合，本案審

理を遂げた後に本案判決がされます[2]。本案勝訴要件を充足していれば請求認容判決，本案勝訴要件を充足していなければ請求棄却判決が出されます。また，取消訴訟では，本案勝訴要件を充足している場合でも，公の利益に著しい障害を生ずる場合には事情判決により請求が棄却されることもあります（行訴法31条）。

　行政法事例問題では，特に判決効の内容が問題になることが多いです。既判力，執行力，形成力，拘束力，第三者効といった基本的な判決の効力の内容について整理しておく必要があるでしょう（判決効については，43頁以下で詳述します）。

2　第1ステップ：訴訟選択論

(1)　行政法事例問題における出題形式

　訴訟選択論では，ある行政活動に対してどのような行政事件訴訟を提起すべきかを考えていきます。たとえば，次のような設問の場合，訴訟選択論について検討することになります。

　「Xは，誰を被告として，どのような訴訟を提起すべきか」
　「Xは，行政事件訴訟法によりどのような法的手段を採ることが必要か」

　前者の設問の場合，提起すべき「訴訟」形態を答える必要があります。後者の設問のように「訴訟」に限られない「法的手段」が問われている場合，「行政事件訴訟」の訴訟選択論に加えて仮の救済の選択論なども，必要に応じて検討していく必要があります。

　なお，問題文自体が特定の訴訟形態をすでに選択・指定しているような場合，訴訟選択論について答える必要はありません。たとえば，「営業停止処分の取消訴訟の係属中に営業停止期間が満了した場合，いかなる訴訟要件が問題となり得るか」，「A処分の取消訴訟において，本案の違法事由としてXはどのよ

---

2)　行政事件訴訟においても，判決によらない方法により訴訟が終了することもあります。原告側は，訴えの取下げ（民訴法261条）や請求の放棄（同266条）をすることができます。これに対して，被告側は，法律による行政の原理に照らして行政処分の効力を変動させるような請求の認諾（同266条）や訴訟上の和解（同267条）をすることはできないと解釈する見解が支配的です。

うな主張をすべきか」というように，問題文自体が「処分の取消訴訟」という特定の訴訟形態を選択・指定している場合，選択・指定されている特定の訴訟形態に関する訴訟要件論または本案論について論じていけば足ります。

コラム2　訴訟選択論の設問に対する解答方法

　訴訟選択論の設問に対して，どのように解答していくべきか悩まれる方は多いようです。ひとくちに訴訟選択論といっても，様々な問い方がありますが，解答の視点としては，たとえば，次のようなものがあります。

　第1に，選択すべき訴訟形態の内容を，過不足なく提示することが必要です。少なくとも，①抗告訴訟の対象となる行政処分の特定，②選択した訴訟形態の名称の特定，③条文の特定という3つの要素を充たした解答をするように心がけましょう。たとえば，問題文で「本件医業停止処分」の意義が定義されている場合には「Xは，国を被告として本件医業停止処分の取消訴訟（行訴法3条2項）を提起すべきである」というような記載例が考えられます。問題文でこのような定義がない場合には「Xは，国を被告として，厚生労働大臣による令和○年○月○日付け医業停止処分（医師法7条1項2号）の取消訴訟（行訴法3条2項）を提起すべきである」，「Xは，Y市を被告として，『道路管理者』であるY市に対して『工作物その他の物件』に該当する本件フェンスの除却命令（道路法71条1項）を行うよう義務付ける非申請型義務付け訴訟（行訴法3条6項1号）を提起すべきである」というように，より詳細な摘示をすべき場合もあるでしょう。単に「取消訴訟を提起すべきである」と回答するだけでは，何の取消しを求めるのか不明であり，条文も特定されておらず，不十分な回答です。

　第2に，当該訴訟形態を選択した理由付けの提示まで求められている場合には，その理由を論じる必要があります。実務上は，①（処分を阻止したい，処分を獲得したい等の）依頼者の希望・目的に沿った訴訟形態か，②仮の救済申立てによる救済が必要か（仮の救済の選択論），③訴訟要件を充足しているか（訴訟要件論），④本案勝訴要件を充足しているか（本案論），⑤想定される判決の判決効によって権利・利益の救済がなされるか（判決効論）等の視点を考慮しながら，訴訟選択をしていくことになります。もっとも，行政法事例問題では，これらの視点のすべてについて回答が求められているとは限りません。たとえば，仮の救済選択論については検討対象外とされていることもありますし，訴訟要件論や本案論については別の設問が用意されており言及することが想定されていない場合もありますので，注意が必要です[3]。

　第3に，訴訟選択論における処分性の取扱いについても，留意が必要です。ロースクールの期末試験で訴訟選択論についての出題を行うと，抗告訴訟の対象を選択する前

提として，処分性の論証を大展開する答案が続出します。しかし，命令，許可，免許等の処分性が認められることが明白な定型的な行政処分については，処分性の論証を大展開する必要はありません。定型的な行政処分を問題文の中から拾い上げて，適切な訴訟選択をすれば，訴訟選択論としては必要十分な論述になることもあります。これに対して，定型的処分以外の行政活動（行政指導，行政立法等）を対象として訴訟提起できるかを検討する場合には，訴訟選択を行う前提として処分性の論証をすべき場合もあります。あくまで「問いに答えるために必要な論証は何か」という観点から，論述事項を選択するようにしましょう。

（2）　係争行為の特定と法的性格の決定

　具体的な訴訟選択に入る前に，まず争うべき係争行為の特定と法的性格の決定を行う必要があります。

　行政が市民に対して働きかける行政作用の諸形式として，行政基準（行政立法），行政行為，行政上の義務履行の確保，行政罰，行政契約，行政指導，行政計画，行政調査があります[4]。また，行政手続等の行政法上の制度も重要です[5]。行政は，これらの行政作用の諸形式や制度を投入または組み合わせて，行政活動を展開していきます。

　したがって，行政法事例問題を解く際には，①ある特定時点の特定の行政活動が，行政作用の諸形式または制度のいずれに該当するのかを分析・把握する必要があるのみならず，②複数の行政作用の諸形式または制度の時間的な連鎖によって発生する行政過程の全体像を把握する必要があります。行政法事例問題では，通時的に展開される行政過程の中で，どの行政活動を取り上げて訴訟の対象にするのか（係争行為の特定）という作業を行う必要があるのです。

　たとえば，電話勧誘販売を行う販売業者が電話勧誘販売における氏名等の明示義務（特定商取引法16条）に違反しているとの情報提供を消費者が消費者庁に対して行ったところ，消費者庁が，ⓐ当該販売業者に対して報告および立入検

---

3)　訴訟要件充足性や本案勝訴要件充足性の検討が別の設問の解答の中で行うことが求められている場合には，原告の要望を充足するのに相応しい訴訟形式は何かという観点から解答すればよいと指摘するものとして，土田伸也『基礎演習　行政法〔第2版〕』（日本評論社，2016年）4頁。

4)　櫻井＝橋本19頁。

5)　櫻井＝橋本15章，16章。

【図表 1‐4　訴訟選択の視点】

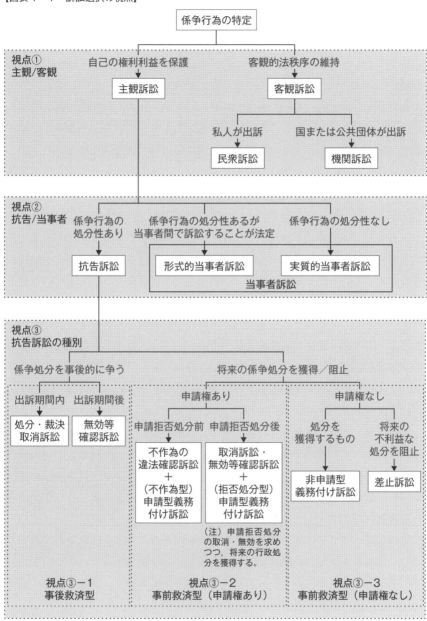

査を行い（同66条1項），ⓑ当該販売業者に対して弁明の機会の付与を行い（行手法13条1項2号），ⓒ3か月の業務停止命令をした（特定商取引法23条1項），というシンプルな事例を考えてみましょう。

　まず，ⓐは行政調査，ⓑは行手法の下で与えられる事前行政手続，ⓒは行政行為（≒行政処分）というように，行政作用の諸形式または制度のいずれに該当するのかを分析・把握し，ⓐ→ⓑ→ⓒという行政過程の全体像を把握します。その上で，ⓐ〜ⓒの行為のうち，いずれの行為を争うのが適切かを考えていきます（係争行為の特定）。このケースでは，氏名等の明示義務違反がないと主張して業務停止命令の効力を争いたいのであれば，当該販売業者はⓒを係争行為として特定した上で，訴訟選択論・本案論・判決効論を考えていくことになります。

　もっとも，実際の思考過程としては，訴訟選択論・本案論・判決効論を見据えながら，最も有効に争えそうな係争行為を拾い上げる，というほうが適切かもしれません。上記ケースであれば，処分性に争いがなく，氏名等明示義務違反の有無を本案審理で争えるⓒ業務停止命令を係争行為として特定する，というように考えていくことになるでしょう。係争行為の特定・訴訟選択論・訴訟要件論・本案論・判決効論の間には，「視線の往復」の作業が必要になりますので，注意が必要でしょう。

（3）　視点①：主観訴訟／客観訴訟

　係争行為の特定作業を終えたら，第1に，講学上の主観訴訟／客観訴訟の区分を指標として，提起すべき訴訟を選択していきます。抗告訴訟および当事者訴訟は国民の権利・利益の実現を目的とする主観訴訟であり，民衆訴訟および機関訴訟は客観的な法秩序維持を目的として立法政策により訴訟提起が認められた客観訴訟です。

　客観訴訟として具体的にどのような訴訟類型をおくかは立法政策の問題ですので，民衆訴訟および機関訴訟の内容・手続は必ず法定されています。客観訴訟のうち私人が選挙人や住民等の資格で提訴するものが民衆訴訟であり，国または公共団体の機関が提訴するものが機関訴訟です。

（4）　視点②：抗告訴訟／当事者訴訟

　第2に，自己の権利・利益の実現を目的とする主観訴訟を提起する場合，**係争行為に処分性があるときには抗告訴訟を提起することになり，処分性がない行為を争うときには実質的当事者訴訟**（または民事訴訟）**を提起することになります**（処分性については，2章Ⅰ参照）。行政訴訟において，**実質的当事者訴訟は，抗告訴訟によって救済できない公法上の訴訟全体を補完的に引き受ける性格を有するため**[6]，思考の手順としては抗告訴訟による救済を検討し，抗告訴訟による救済に限界がある場合に実質的当事者訴訟の提起を検討していくことになるでしょう。たとえば，①処分を義務付ける地位の確認訴訟，②処分の差止めを求める地位の確認訴訟，③処分義務確認訴訟・処分権限不存在確認訴訟を考えてみると，①は義務付け訴訟，②は差止訴訟，③は無名抗告訴訟が利用可能であるため[7]，実質的当事者訴訟としての確認訴訟を提起しても，確認の利益がないものとして不適法却下されます。

　なお，処分・裁決の効力を争うという点で本来的には抗告訴訟によるべきものであったとしても，当事者訴訟によるべきことが法定されていれば，形式的当事者訴訟の形態で出訴することになります。

コラム3　実質的当事者訴訟としての確認訴訟

1　確認対象のターゲット設定——法律関係確認型とダイレクトアタック型

　実質的当事者訴訟と通常の民事訴訟における確認訴訟は，「公法上の法律関係」（行訴法4条）に関するか否かの点で異なるにすぎないため，訴訟物，請求の趣旨および本案勝訴要件の考え方も民事訴訟に準じて考えていくことになります[8]。

　そのため，実質的当事者訴訟としての確認訴訟の訴訟物・請求の趣旨を設定していくにあたっては，まず事実審の口頭弁論終結時における現在の権利義務の存否・法的地位の有無を確認対象として選択していくことになります（法律関係確認型）。

　過去の法律関係の確認は確認訴訟において例外的なものですので，過去の行政処分以外の行政活動（行政立法，行政計画，行政指導等）の違法または無効を確認するダイレクト

6）　抗告訴訟優先の原則について，法務省大臣官房行政訟務課『行政事件訴訟の手引き（第3版）』（訟務資料613-584，平成18年3月）146～147頁。

7）　法務省大臣官房行政訟務課・前掲注6）147頁参照。

8）　河村131頁。

アタック型の訴訟を用い得る局面は限定的です[9]。観念上はダイレクトアタック型が利用できそうな場合でも、まずは（行政処分以外の）行政活動によって生じる現在の義務の不存在確認訴訟など、法律関係確認型の実質的当事者訴訟が提起可能かを検討すべきでしょう。

2　確認の利益

　実質的当事者訴訟としての確認訴訟を提起するためには、訴訟要件として確認の利益が必要となります。確認の利益は、①確認対象選択の適切性、②確認訴訟という方法選択の適切性、③即時確定の利益の3つの要素により判定されます。

　①に関しては、原則として、確認対象が自己の現在の権利・法律関係であることが必要です。例外的に、過去の法律関係の確認を求める場合には、「現に存する法律上の紛争の直接かつ抜本的な解決のために適切かつ必要な場合」であることが必要とされます（在外邦人選挙権訴訟・最大判平成17・9・14民集59巻7号2087頁。ノート23-11）。したがって、過去の行政立法、行政計画、行政指導等の違法確認を求めるダイレクトアタック型の訴訟は、①の要素の点で、確認の利益が否定されるリスクがあります。

　②の要素では、給付訴訟や形成訴訟など他の訴訟形態による救済が可能ではなく、確認訴訟を選択することが適切であるかがチェックされます。給付請求権や形成権が認められる場合には給付訴訟や形成訴訟を提起すべきであり、このような場合には確認訴訟は確認の利益を欠きます。たとえば、他の抗告訴訟での救済が可能な場合には、②の観点から確認の利益が否定されます。

　③については、「現に、原告の有する権利または法律的地位に危険または不安が存在し、これを除去するため被告に対し確認判決を得ることが必要かつ適切な場合」である

9）　ダイレクトアタック型の実質的当事者訴訟が適法とされたものとして、在外邦人に最高裁判所裁判官国民審査権の行使が認められていないことの合憲性・適法性が争われた最大判令和4・5・25民集76巻4号711頁。ノート5版21-1［C］があります。この訴訟では、①主位的に、次回の国民審査において審査権を行使することができる地位にあることの確認訴訟、②予備的に、国外に住所を有することをもって次回の国民審査において審査権の行使をさせないことが憲法15条1項、79条2項、3項等に違反して違法であることの確認訴訟の2つが問題となっていました。このうち①の地位確認訴訟については、国民審査法4条、8条により在外国民に審査権の行使が認められていると解することはできないことから（訴えを適法としつつも本案論において）棄却すべきものとされた一方で、②の違法確認訴訟についての争いを解決するために有効適切な手段であるとして適法とした上で、国民審査法が在外国民に審査権の行使を全く認めていないことは違憲であって、次回の国民審査において審査権を行使させないことは違法であると判断しました。法律関係確認型の実質的当事者訴訟が訴訟要件または本案勝訴要件を充足しない場合、実効的権利救済の観点からダイレクトアタック型の実質的当事者訴訟が救済手段として有効に機能することがあります。

ことを要すると解されています（最判昭和30・12・26民集9巻14号2082頁）。③の観点からは，既存の地位が失われるか，刑事処分を受ける危険が発生するか，行政処分以外の不利益を受ける可能性があるか等の「危険または不安」を具体的に想定して論証を展開する必要があります。また，現時点においては行政処分その他の不利益が現実化しておらず差止訴訟を適法に提起できない場合において，安心して行為を開始する機会を確保しておきたいときにも，即時確定の利益が認められる余地があります[10]。

（5）　視点③：抗告訴訟の種類の判別

ア　抗告訴訟の種類

第3に，処分性のある係争行為を対象として抗告訴訟を提起する場合には，処分・裁決取消訴訟，無効等確認訴訟，不作為の違法確認訴訟，申請型義務付け訴訟，非申請型義務付け訴訟，差止訴訟の中から訴訟形態を選択していく必要があります。具体的には，以下の3つの視点から判別する必要があります。

イ　視点③-1：事後救済型の抗告訴訟

抗告訴訟は，訴訟の対象となる行政処分が出された「後」に訴訟提起をして権利・利益の救済を図る事後救済型の抗告訴訟と，行政処分の「前」に訴訟提起をして権利・利益の救済を図る事前救済型の抗告訴訟とに区分することができます。処分・裁決取消訴訟，無効等確認訴訟は事後救済型抗告訴訟，不作為の違法確認訴訟，申請型義務付け訴訟，非申請型義務付け訴訟，差止訴訟は事前救済型抗告訴訟と位置付けることができます。事前救済型抗告訴訟は事後救済型抗告訴訟よりも厳しい訴訟要件が法定されている面があるため，基本的にはまず事後救済型抗告訴訟（処分・裁決取消訴訟または無効等確認訴訟）による救済が可能かを検討していきます。

処分・裁決が出た「後」にこれを取り消すことにより国民の権利・利益の救済を図ろうとする場合，処分・裁決取消訴訟を提起することになります。取消訴訟は，「正当な理由」がある場合を除き，処分・裁決があったことを知った日から6か月（行訴法14条1項。主観的出訴期間）または処分・裁決の日から1年（同条2項。客観的出訴期間）という出訴期間が定められており，出訴期間経過後に取

---

10)　西川241頁〔岡田幸人〕参照。

消訴訟を提起しても却下されてしまいます。そこで，**出訴期間を経過してしまった場合には無効等確認訴訟を提起することになります**。無効等確認訴訟の場合，原告適格（行訴法36条）が限定されていますし，行政処分の重大かつ明白な違法等の厳しい本案勝訴要件が課されますので，出訴期間内に取消訴訟を提起できるのであれば，取消訴訟を提起すべきことになります。

ウ　視点③-2：事前救済型——申請権がある場合

処分・裁決が出た「後」の事後救済型抗告訴訟（処分・裁決取消訴訟，無効等確認訴訟）による救済が困難な場合，処分・裁決が出る「前」に事前救済型抗告訴訟（不作為の違法確認訴訟，申請型義務付け訴訟，非申請型義務付け訴訟，差止訴訟）を提起していくことになります。

事前救済型抗告訴訟の場合，事前に司法権が行政権に対して介入していくことになることから厳しい訴訟要件が定められていますが，個別行政法において申請権が定められているときには緩やかな訴訟要件の下で抗告訴訟を提起することができます。そのため，まず，個別行政法において申請権が明文上または解釈上導出できるかをチェックすることになります（コラム4参照）。

個別行政法に定められた申請権に基づいて申請権を行使したにもかかわらず申請に対して応答処分がない場合，応答処分の不作為につき不作為の違法確認訴訟を提起することができます。また，不作為の違法確認訴訟が認容されたとしても行政庁が何らかの処分・裁決をしないことの違法が確認されるだけであり，その後，審査の結果として申請拒否処分がなされる可能性がありますので，不作為の違法確認訴訟に併せて，**不作為型の申請型義務付け訴訟を併合提起する**かを検討する必要があります（行訴法3条6項2号・37条の3第1項1号・同3項1号）。

申請権に基づく申請に対して応答はされたものの申請拒否処分がされた場合には，すでになされた申請拒否処分に対する事後救済型抗告訴訟と将来求めるべき係争処分に対する事前救済型抗告訴訟の双方を検討する必要があります。すでになされた申請拒否処分に対しては**事後救済型抗告訴訟としての取消訴訟または無効等確認訴訟を提起して拒否処分を取消しまたは無効とした上で再審査を求める**ことになりますが，申請拒否処分が取消しまたは無効となった場合，行政庁にはやり直し義務（行訴法33条2項，38条1項）が発生するものの，訴訟で違法とされた拒否理由とは別の拒否理由により再度の申請拒否処分がなさ

れるおそれがあります。そこで，このような場合には，将来の申請満足処分を獲得すべく，事前救済型抗告訴訟である**拒否処分型の申請型義務付け訴訟を併合提起するか**を検討することになります（同3条6項2号・37条の3第1項2号・同3項2号）。

エ　視点③-3：事前救済型──申請権がない場合

　行政処分がいまだ出されていない状況であり，かつ，当該行政処分を求める申請権が付与されていない場合の事前救済型抗告訴訟として，非申請型義務付け訴訟と差止訴訟があります。**将来自己に有利な行政処分の発動を求める場合には非申請型義務付け訴訟を提起し，将来自己に不利益な行政処分を阻止する場合には差止訴訟を提起することになります。**

　非申請型義務付け訴訟の典型例としては，違反建築物の隣接居住者が，特定行政庁に対して是正措置（建築基準法9条1項）を義務付ける訴訟が挙げられます。差止訴訟の典型例としては，景観利益を害される周辺住民が県知事による公有水面埋立免許（公有水面埋立法2条1項）を差し止める差止訴訟を提起する訴訟が挙げられます。

コラム4　法令上の申請権の判定方法

　本文で見たとおり，法令上の申請権の有無を判定することは訴訟選択論において重要ですが，法令上の申請権の判定は必ずしも簡単ではありません。

　法令に基づく申請権は，法令の明文または法令の解釈上認められる場合に認められますが，まずは法令の明文からチェックしていくことになります。具体的には，授益的処分[11]を求める申請権および応答義務を定めた法令（法律・条例や法律・条例の委任を受けた法規命令）の定めがないかを確認していきます。たとえば，生活保護法は，申請保護の原則（同7条本文）を定めた上で，同24条1項は「保護の開始を申請する者は，厚生労働省令で定めるところにより，次に掲げる事項を記載した申請書を保護の実施機関に提出しなければならない」，同条3項は「保護の実施機関は，保護の開始の申請があつたときは，保護の要否，種類，程度及び方法を決定し，申請者に対して書面をもつて，これを通知しなければならない」と定めており，申請権─応答義務の仕組みが明文により実

---

11)　求める行為は「処分」（行訴法3条2項）または「裁決」（同条3項）に該当する処分性のあるものでなければなりません。「不作為の違法確認の訴えが許容されるためには，当該申請が処分を求めているものであることを要する」とした裁判例として，福岡高裁那覇支判平成9・11・20判時1646号54頁。

装されています。

　これに対して，外部的効果を有する法令ではなく，国民の権利義務に直接関わらない行政規則（通達，要綱等）において申請や応答の手続が定められているにすぎない場合には，「法令」に基づく申請権が定められているといえるのかが問題になります。このような場合には，下位法令や通達等が定める制度の仕組みから根拠規定に係る立法者意思を読み取るアプローチ[12]が有効でしょう。最判平成15・9・4判時1841号89頁（ノート16-17・百選II152）は「労災就学援護費に関する制度の仕組み」に照らして労働者災害補償保険「法は，労働者が業務災害等を被った場合に，政府が，法第3章の規定に基づいて行う保険給付を補完するために，労働福祉事業として，保険給付と同様の手続により，被災労働者又はその遺族に対して労災就学援護費を支給することができる旨を規定しているものと解するのが相当である」と判断しています。この判決は，「労災保険給付と同様に，労働基準監督署長に対する給付申請とそれに対する応答という手続によることが法律上予定されている（＝法律上の申請権がある）と解釈された」と評されています[13]。もちろん，下位法令や通達等が定める制度の仕組みから立法者意思を推知しても法令上の申請権—応答義務を観念できない場合には，単に行政規則にしか根拠を有しない申請にすぎないと解釈されることもあるでしょう[14]。

3　第1ステップ：仮の救済の選択論

（1）　行政法事例問題における出題形式

　行政法事例問題では，訴訟選択論とともに仮の救済の選択論が問われることがあります。たとえば，次のような設問の場合，仮の救済の選択論について検討することになります。

　「行政事件訴訟法によりどのような法的手段を採ることが必要か」
　「○○を阻止するために考えられる法的手段（訴訟とそれに伴う仮の救済措置）を
　　検討し，それを用いる場合の行政事件訴訟法上の問題点を中心に論じなさい」

　他方で，「なお，仮の救済については検討しなくてよい」というように，明示

---

12)　西川28頁45）〔德地淳〕。
13)　西川28頁45）〔德地〕。
14)　東京地判平成27・12・15判時2302号29頁参照。

的に仮の救済の選択論に関して解答対象から除外されている場合も多く，このような場合には，当然，仮の救済の選択論について論じる必要はありません。

　行政法事例問題でよく問われるのは，抗告訴訟と実質的当事者訴訟（または争点訴訟）との関係で，いかなる仮の救済措置が採れるかです。そのため，本書では，抗告訴訟と実質的当事者訴訟（または争点訴訟）の仮の救済に絞って解説します。

（2）　抗告訴訟の仮の救済申立て

ア　民事保全法上の仮処分の排除と代償措置

　民事訴訟では，仮の救済手段として民事保全手続が定められています。民事保全手続には，金銭債権について将来の強制執行を保全するための**仮差押え**（民事保全法 20 条），特定物の引渡請求権等を保全の目的とする**係争物に関する仮処分**（同 23 条 1 項），争いがある権利関係について債権者に生ずる著しい損害または急迫の危険を避けるためこれを必要とするときに発する**仮の地位を定める仮処分**（同条 2 項）の 3 つがあります。

　これに対して，「行政庁の処分その他公権力の行使に当たる行為」を阻害するような民事保全法における仮処分は，本案訴訟が行政事件か民事事件かを問わず，排除されています（行訴法 44 条）。もっとも，抗告訴訟においても終局判決に至るまでに一定の時間を要し，時間の経過により原告が損害を受ける可能性があるため，仮の救済措置が不可欠です。そのため，民事保全法の適用を排除した代償措置として，行訴法では，仮の救済措置が定められています。

　具体的には，取消訴訟，無効等確認訴訟に対応する仮の救済措置として**執行停止**（行訴法 25 条 2 項，29 条，38 条 3 項），（申請型および非申請型）義務付け訴訟に対応する仮の救済措置として**仮の義務付け**（同 37 条の 5 第 1 項），差止訴訟に対応する仮の救済措置として**仮の差止め**（同条 2 項）の制度が定められています。不作為の違法確認訴訟に対応する仮の救済制度は定められていませんので，不作為の違法確認訴訟の場合は申請型義務付け訴訟を併合提起した上で，仮の義務付け（同条 1 項）を求めることにより，仮の救済を実現することになります。

イ　執行停止の要件

　処分取消訴訟の提起は，処分の効力，処分の執行または手続の続行を妨げま

せん（執行不停止原則。行訴法25条1項）。①処分の効力の停止，②処分の執行の停止または③手続の続行の停止をするためには，執行停止の申立てをする必要があります（同条2項）。①は最も強力な執行停止であるため，②③により目的を達することができる場合に，①を行うことはできません（同項但書。効力停止の補足性）。

執行停止の申立てをする場合，①〜③のいずれの申立てを行うべきかを検討する必要があります。①処分の効力の停止は，営業停止処分や懲戒免職処分のように，後続する執行行為や手続続行が想定されないような場合に用いられます。②処分の執行の停止は，行政処分により課された義務履行確保措置を停止する場合に用いることが想定されます（例：退去強制令書の発付処分の執行としてなされる出入国管理及び難民認定法52条に基づく外国人の収用および送還の停止）。③手続の続行の停止は，先行処分を前提として一連の手続として行われる後行処分を停止する場合に用いることが想定されます（例：国税徴収法に基づく滞納処分としての差押処分の手続続行の停止を行い，後続する換価のための公売手続を阻止する）[15]。

執行停止は，「処分の取消しの訴えの提起があつた場合」（行訴法25条2項本文），すなわち適法な処分取消訴訟の係属があった場合が手続的要件となっています。そのため，処分性，原告適格，訴えの利益，出訴期間等の訴訟要件を充足した適法な処分取消訴訟が係属していなければ，執行停止申立ては却下されます。

執行停止の実体的要件は，①重大な損害を避けるための緊急の必要性（同条2項本文），②公共の福祉に重大な影響を及ぼすおそれがあるとき（同条4項），③本案について理由がないとみえるとき（同項）の3つです。①が積極要件，②③が消極要件であり，①は申立人が，②③は相手方が主張，疎明すべき事項ですから，申立人としては特に①に重点を置いた主張・疎明が必要となります。

①の判断にあたっての第一次的考慮事項は「損害の回復の困難の程度」，第二次的考慮事項は「損害の性質及び程度」ならびに「処分の内容及び性質」です（行訴法25条3項）。第一次的考慮事項では損害の原状回復可能性や事後的金銭賠償の実効性を考慮することになり，代替性のある財産的利益の場合には事後的

---

15)　執行停止の対象となる「処分の執行」および「手続の続行」の意義について，小早川光郎＝青柳馨編著『論点体系　判例行政法2』（第一法規，2017年）564〜565頁〔不破大輔〕。

金銭賠償で足りると判断される可能性もありますが，第二次的考慮事項で「損害」の「性質」のみならず「程度」も勘案する必要があり，申立人に対してどの「程度」の影響があるのかを精査することになります。これに対して，非財産的損害（人格的損害）の場合には事後的金銭賠償では足りないと判断されやすいです。また，第二次的考慮事項のうち「処分の内容及び性質」では，処分により得られる利益と申立人の損害との利益衡量がなされます。

ウ　仮の義務付け・仮の差止めの要件

仮の義務付けは「義務付けの訴えの提起があつた場合」（行訴法37条の5第1項），仮の差止めは「差止めの訴えの提起があつた場合」（同条2項），すなわち適法な本案訴訟（義務付け訴訟，差止訴訟）の係属があった場合が手続的要件となっていますので，取消訴訟と同様に本案訴訟の訴訟要件がすべて充足されていなければ仮の義務付けや仮の差止めは却下されます。

仮の義務付けおよび仮の差止めの実体的要件は，①償うことのできない損害を避けるための緊急の必要性（同条1項），②本案について理由があるとみえるとき（同項），③公共の福祉に重大な影響を及ぼすおそれがあるとき（同条3項）です。①②が積極要件，③が消極要件であり，①②は申立人が，③は相手方が主張，疎明すべき事項とされています。①の損害要件は本案訴訟（義務付け訴訟，差止訴訟）の「重大な損害」要件よりも厳しく，損害回復の困難性の程度が著しい場合と理解されています。また，執行停止の場合と異なり，②が申立人の主張，疎明事項とされていますので，この点でも申立人に重い負担が課されています。

（3）　実質的当事者訴訟の仮の救済

「行政庁の処分その他公権力の行使に当たる行為」を阻害するような民事保全法における仮処分は，実質的当事者訴訟を本案とする場合であっても排除される可能性はあります。もっとも，「行政庁の処分その他公権力の行使に当たる行為」を阻害しなければ，実質的当事者訴訟を本案訴訟とする民事保全法上の民事保全手続は利用可能と解されます[16]。

実質的当事者訴訟を本案訴訟とする民事保全手続を用いる場合，仮の地位を定める仮処分（民事保全法23条2項）を選択すべき場合が多いです。この場合，

①被保全権利の存在および②保全の必要性の2つの要件を検討することになります。

【図表1-5　仮の救済措置の実体的要件】

本案訴訟	仮の救済	実体的要件
処分取消訴訟	執行停止	①重大な損害を避けるための緊急の必要性 ②公共の福祉に重大な影響を及ぼすおそれがあるとき ③本案について理由がないとみえるとき ＊処分の効力の停止の場合，補足性要件あり
裁決取消訴訟	執行停止	同上
無効等確認訴訟	執行停止	同上
不作為の違法確認訴訟		
義務付け訴訟	仮の義務付け	①償うことのできない損害を避けるための緊急の必要性 ②本案について理由があるとみえるとき ③公共の福祉に重大な影響を及ぼすおそれがあるとき
差止訴訟	仮の差止め	同上
当事者訴訟または争点訴訟	仮地位仮処分	①被保全権利の存在 ②保全の必要性

4　第2ステップ：訴訟要件論

（1）　行政法事例問題における出題形式

　行政法事例問題では，特に抗告訴訟の訴訟要件を充足するか否かを検討させる出題が，多く出されます。訴訟要件充足性を検討させる出題は，選択した当該抗告訴訟の訴訟要件を，ある程度，網羅的に検討させる**網羅的訴訟要件検討型**と，特定の訴訟要件を指定して検討させる**特定訴訟要件検討型**に分かれま

---

16)　西川208頁注543）〔森田亮〕。なお，近年，学説では，行訴法44条は法定抗告訴訟について定められた仮の救済を潜脱するような仮処分を排除する趣旨と解釈し，抗告訴訟を提起できず当事者訴訟を提起できる場合には民事保全法上の仮処分を申し立てることができると解する見解が有力に唱えられています。宇賀克也「当事者訴訟における仮処分について」行政法研究28号（2019年）vi頁。

す。特定の訴訟要件を指定して検討させる問題は，**処分性，原告適格，狭義の訴えの利益**といった行政法の花形論点に絞って検討させるものが多いです。たとえば，次のような設問の場合，訴訟要件充足性について検討することになります。

「○○決定が違法であることを前提にして，提起すべき訴訟とその訴訟要件について，事案に即して説明しなさい」（訴訟選択論＋網羅的訴訟要件検討型）

「○○決定は，抗告訴訟の対象たる処分に当たるか」（特定訴訟要件検討型・処分性検討型）

「本件指定の処分性の有無に絞り，○○法及び同法施行令の規定に即して検討しなさい」（特定訴訟要件検討型・処分性検討型）

「本件通知は，取消訴訟の対象となる処分に当たるか」（特定訴訟要件検討型・処分性検討型）

「本件訴訟は適法か。Ｘの原告適格の有無に絞って論じなさい」（特定訴訟要件検討型・原告適格検討型）

「○○処分の取消訴訟において，Ｘに原告適格は認められるか」（特定訴訟要件検討型・原告適格検討型）

「Ｘは，本件取消訴訟における自己の原告適格について，どのような主張をすべきか」（特定訴訟要件検討型・原告適格検討型）

「本件処分の取消訴訟の係属中に営業停止期間が満了した後には，いかなる訴訟要件が問題となり得るか」（特定訴訟要件検討型・狭義の訴えの利益検討型）

（2）　取消訴訟の訴訟要件

```
＊処分・裁決の取消訴訟の訴訟要件一覧
　①処分性
　②原告適格
　③狭義の訴えの利益
　④被告適格
　⑤管轄裁判所
　⑥出訴期間
　⑦不服申立前置（個別法で前置が定められている場合）
```

　取消訴訟の訴訟要件は，①処分性（行訴法3条2項），②原告適格（同9条），③狭義の訴えの利益（同条1項括弧書き参照），④被告適格（同11条），⑤管轄（同12条），⑥出訴期間（同14条），⑦不服申立前置（同8条，不服申立前置主義が採用されている場合）の7つです。このうち特に①～③の3つの訴訟要件を併せて広義の訴えの利益といい，実務でも争点になりやすく，司法試験や予備試験でもよく問われる花形論点です。

　①処分性は，「行政庁の処分その他公権力の行使に当たる行為」（行訴法3条2項）という対象行為の側面から，②原告適格は「法律上の利益を有する者」（同9条1項）という訴訟追行資格の側面から定型的審査を行う訴訟要件です[17]。処分性および原告適格の判定方法は，2章ⅠおよびⅡをご参照ください。

　③狭義の訴えの利益は，客観的側面からみて当該訴訟を維持・追行する法律上の利益があるかを問題にする訴訟要件です。狭義の訴えの利益は，明文の定めなく当然に要求される訴訟要件ですが，行訴法9条1項括弧書きは「処分又は裁決の効果が期間の経過その他の理由によりなくなつた後においてもなお処分又は裁決の取消しによつて回復すべき法律上の利益を有する者を含む」との規定を置き，処分・裁決の失効後も当然に訴え却下とはならず，取消しにより回復できない法律上の利益が残存する限り，訴えの利益は肯定されることを明らかにしています。たとえば，地方議会議員の除名処分後に期間経過により任期満了という事情が発生した場合，除名処分が遡及的に取り消されても地方議会議員の地位を回復することはできないものの，俸給または歳費の請求権等の点で回復すべき法律上の利益があれば狭義の訴えの利益は認められます。

　処分性ある係争行為を対象行為として，原告適格ある者が出訴する場合には，通常は，狭義の訴えの利益も認められます。もっとも，処分性および原告適格が認められる事例でも，処分の取消し・変更，法令の改廃，期間の経過，処分の執行，工事の完了等の処分後の事情の変動により，狭義の訴えの利益が失われるケースがあります。

　④被告適格は，原則として，処分・裁決をした行政庁が所属する国または公共団体です（行訴法11条1項）。平成16年行訴法改正前は処分・裁決をした行政

---

17)　大橋Ⅱ122頁。

庁に被告適格がありましたが（行政庁主義），平成16年行訴法改正により，被告適格が簡明化され，処分庁の属する行政主体（公法上の権利義務の帰属主体）へと被告適格が変更されました（行政主体主義）。

　⑤管轄裁判所は，原則として，被告の普通裁判籍の所在地を管轄する裁判所または処分・裁決をした行政庁の所在地を管轄する裁判所です（行訴法12条1項）。

　⑥行政処分により形成された法律関係の早期安定の観点から，出訴期間が訴訟要件として要求されています。取消訴訟の出訴期間として，まず処分・裁決があったことを知った日から6か月という主観的出訴期間（行訴法14条1項本文）が定められています。**処分・裁決を「知った日」とは，処分・裁決を現実に了知した日をいい，処分内容の詳細や不利益性の認識は不要です**[18]。本人に対する処分書・裁決書の郵送がされた日，本人以外の受領権者（同居の家族，会社の担当役職者，代理人弁護士等）が現実に了知した日，（処分書交付に代えて行われる）適法な公告・告示がなされた日，処分の相手方ではない第三者が出訴する場合には第三者に対する告知日または処分の相手方への告知を知った日などが，「知った日」の候補日となります[19]。また，処分の相手方の知・不知にかかわらない，処分または裁決の日から1年という客観的出訴期間（同条2項）が定められています。主観的出訴期間・客観的出訴期間のいずれについても「正当な理由」（行訴法14条1項但書，2項但書）による例外がありますが，事務繁忙，病気，出張，法律の不知等は「正当な理由」に該当しないと解する見解があります[20]。

　⑦行政処分を争う場合に行政不服審査と取消訴訟のいずれを選択するのかは原則として自由です（自由選択主義。行訴法8条1項本文）。もっとも，例外的に，取消訴訟の前に不服申立てを前置することが法律で定められている場合には，不服申立前置が原則として訴訟要件として要求されます（同項但書。ただし同条2項1〜3号に例外規定あり）。

（3）　無効等確認訴訟の訴訟要件

　無効等確認訴訟は，出訴期間や不服申立前置の制約から解放された時機に遅

---

18)　最判平成28・3・10判時2306号44頁。ノート5版5-3〔C〕・百選Ⅰ56。
19)　実務的研究74〜75頁。西川86〜87頁〔直江泰輝〕参照。
20)　西川91頁〔直江〕。

```
＊無効等確認訴訟の訴訟要件一覧
　　　　①処分性
　　　　②原告適格（行訴法36条）
　　　　③狭義の訴えの利益
　　　　④被告適格
　　　　⑤管轄裁判所
```

れた取消訴訟と呼ばれます。そのため，取消訴訟の7つの訴訟要件のうち出訴
期間や不服申立前置の訴訟要件を考える必要はありません。残り5つの訴訟要
件のうち，②原告適格（行訴法36条）以外の4つの訴訟要件（①③④⑤）は取消訴
訟と同様です。

　行訴法36条は，ⓐ当該処分または裁決に続く処分により損害を受けるおそれ
のある者，ⓑその他当該処分または裁決の無効等の確認を求めるにつき法律上
の利益を有する者で，ⓒ当該処分もしくは裁決の存否またはその効力の有無を
前提とする現在の法律関係に関する訴えによって目的を達することができない
ものに無効等確認訴訟の原告適格を認めています。ⓒの消極要件がⓐとⓑの積
極要件に一元的にかかると解釈する一元説では，ⓐⓒの訴訟要件を必要とする
訴訟形態とⓑⓒの訴訟要件を必要とする訴訟形態の2つを定めているものと解
釈します。これに対して，ⓐを充たす訴訟（予防訴訟）とⓑⓒを充たす訴訟（補
充訴訟）を二元的に定めたものと解する二元説も有力です。ただし，ⓐの積極要
件を充たす場合，ⓒの消極要件も充たすことが多いと解釈すれば，一元説と二
元説の対立は大きいものではありません。

　ⓑの「法律上の利益を有する者」は，行訴法9条1項と同義であり，同条2
項の必要的考慮事情は明文で準用されていませんが，処分の相手方以外の第三
者の原告適格が問題になる場合には同条2項の考慮要素が参照されると解釈さ
れています。

　ⓒの補充性要件に関しては，処分・裁決の存否またはその効力の有無を前提
とする「現在の法律関係に関する訴え」の解釈と，当該訴えによって「目的を
達することができないもの」の解釈が問題になります。「現在の法律関係に関す
る訴え」とは行政処分の無効を前提とする当事者訴訟（行訴法4条）または民事
訴訟（争点訴訟。同45条）をいい，「目的を達することができないもの」とは，当

該当事者訴訟または民事訴訟と比較して無効等確認訴訟のほうが「より直截的で適切な争訟形態」である場合を指します（もんじゅ訴訟・最判平成4・9・22民集46巻6号1090頁参照。ノート20-2・百選Ⅱ174）。たとえば，原子炉設置許可処分無効確認訴訟と人格権に基づく原子炉建設・運転差止訴訟を比較すると，人格権に基づく差止訴訟は原子炉設置許可処分の無効を前提としない民事訴訟であって，そもそも「現在の法律関係に関する訴え」に該当しません（もんじゅ訴訟）。これに対して，照応原則（換地の位置，地積等が従前地と照応するように定められなければならないという原則）違反による換地処分無効確認訴訟が提起された事案では，換地処分の無効を前提とした従前の土地の所有権確認訴訟等を「現在の法律関係に関する訴え」と捉えて，換地処分無効確認訴訟と比較し，私人間の個別の訴えによる解決は必ずしも適当ではなく，所有権等の権利保全目的ではないという紛争の実態を踏まえ，換地処分無効確認訴訟のほうが「より直截的で適切な争訟形態」と判断されました（最判昭和62・4・17民集41巻3号286頁。ノート20-1・百選Ⅱ173）。このように©の補充性要件では，比較対象となる処分無効を前提とした当事者訴訟または民事訴訟（争点訴訟）を想定し，無効等確認訴訟と比較しながら，「より直截的で適切な争訟形態」がいずれであるかを判定していく必要があります。

（4）　不作為の違法確認訴訟の訴訟要件

> **＊不作為の違法確認訴訟の訴訟要件一覧**
> ①処分性
> ②原告適格（法令に基づく申請をした者）
> ③狭義の訴えの利益
> ④被告適格
> ⑤管轄裁判所

　不作為の違法確認訴訟の基本的な訴訟要件としては，①求める応答行為の処分性，②原告が法令に基づく申請権を有し（行訴法3条5項），申請をした者であること（同37条。原告適格）が必要となります。処分性のない行政活動の不作為，法令に基づく申請権に基づかない単なる職権発動の求めに対する不作為，法令に基づく申請権を有する者であっても実際に申請をしていない場合には，いずれも訴訟要件を欠くことになります。

③狭義の訴えの利益は，不作為状態が継続する限り通常は存在しますが，不作為状態が解消された場合には消滅します。

④被告適格（行訴法38条・11条）や⑤管轄裁判所（同38条・12条）については，取消訴訟の規定が準用されています。

なお，不服申立前置に関する条文の準用はありますが（行訴法38条4項・8条），不服申立前置を定める個別法がないため，実際上は訴訟要件になることはありません。

（5）　申請型義務付け訴訟の訴訟要件

> **＊申請型義務付け訴訟の訴訟要件一覧**
> 　①処分性
> 　②法令に基づく申請・審査請求に対する不作為または拒否処分
> 　③原告適格（法令に基づく申請・審査請求をした者）
> 　④不作為の違法確認訴訟，取消訴訟または無効等確認訴訟との併合提起等
> 　⑤狭義の訴えの利益
> 　⑥被告適格
> 　⑦管轄裁判所

申請型義務付け訴訟は，私人に対して法令により申請権が付与されていることを前提として，不作為状態の継続または申請拒否がなされた場合に，申請認容処分を義務付ける訴訟類型です。そのため，①義務付け対象の係争行為が処分性のある処分・裁決（行訴法3条2項，3項）であることを前提として，②当該処分・裁決が不作為状態であること（不作為型。同37条の3第1項1号）または申請拒否状態であること（拒否処分型。同項2号）という**事前救済の必要性**があり，③原告適格として法令に基づく申請または審査請求をした者であること（同条2項）が求められます。

申請型義務付け訴訟では申請権の存在が前提とされるため，非申請型義務付け訴訟のような事前救済の緊急性や補充性の訴訟要件は課されていませんが，その代わり不作為型申請型義務付け訴訟では不作為の違法確認訴訟，拒否処分型申請型義務付け訴訟では取消訴訟または無効等確認訴訟との**併合が強制**される等の要請があります（④。行訴法37条の3第3項等）。併合提起された訴訟につ

いて「請求に理由があると認められ」ること（同条5項）という要件については本案勝訴要件と捉える見解もありますが，実務上は訴訟要件と解される傾向にあります（そのため，併合提起された取消訴訟等が請求棄却される場合，申請型義務付け訴訟は却下されます）。

　⑤狭義の訴えの利益は，行訴法上で法定された訴訟要件を充足する場合には，通常充たされます。

　⑥被告適格（行訴法38条・11条）や⑦管轄裁判所（同38条・12条）については，取消訴訟の規定が準用されています。

（6）　非申請型義務付け訴訟の訴訟要件

```
＊非申請型義務付け訴訟の訴訟要件一覧
    ①処分性
    ②一定の処分（処分の特定性）
    ③重大な損害を生ずるおそれ
    ④補充性
    ⑤狭義の訴えの利益
    ⑥原告適格
    ⑦被告適格
    ⑧管轄裁判所
```

　非申請型義務付け訴訟は法令上の申請権がない場合において例外的に事前救済を認める訴訟類型のため，厳格な訴訟要件が定められています。すなわち，非申請型義務付け訴訟の訴訟要件としては，①②一定の処分がされないことにより，③重大な損害を生ずるおそれがあり（重大な損害要件），かつ，④その損害を避けるため他に適当な方法がないとき（補充性要件）であることが必要とされています（行訴法37条の2第1項）。

　①「一定の処分」の「処分」は，行訴法3条2項の「処分」と同義であるため，義務付けの対象行為には処分性が要求されます。行政指導等の単なる事実行為を義務付けることはできません。

　②裁判所が判断可能な程度に処分が特定されていれば，処分の「一定」性は充たされます。処分要件の一部が共通していても条文上別個の処分とされてい

る場合には「一定」の処分の範囲に包含されるとはいえませんが，効果裁量以外の処分要件がすべて共通している場合には効果裁量が認められる限度で，処分の一定性を認めるべきでしょう[21]。たとえば，建築基準法 9 条 1 項に基づく除却命令，移転命令，改築命令といった性質の異なる処分であっても，効果裁量の限度内として，処分の「一定」性が認められるべきでしょう[22]。

③重大な損害要件の判断においては，「損害の回復の困難の程度」を「考慮」するものとし，「損害の性質及び程度」ならびに「処分の内容及び性質」をも「勘案」する，という解釈指針が法定されています（行訴法 37 条の 2 第 2 項）。

④補充性要件に関しては，民事訴訟による差止請求ができるだけでは補充性は否定されるものではありませんが，個別法で他の救済手段が定められている場合や取消訴訟，無効等確認訴訟等の他の抗告訴訟により救済が可能な場合には補充性要件が認められない場合があります[23]。

⑤狭義の訴えの利益は，法定の訴訟要件を充足する限り，通常，認められます。

⑥非申請型義務付け訴訟では，申請型義務付け訴訟のように申請権の有無により原告適格を画することはできませんが，**取消訴訟と同様の合理的な範囲内に原告適格を画する観点から「法律上の利益を有する者」**（行訴法 37 条の 2 第 3 項）**という訴訟要件が定められています。**解釈指針に関しても，取消訴訟の定めが準用されています（同条 4 項・9 条 2 項）。

⑦被告適格（行訴法 38 条・11 条）や⑧管轄裁判所（同 38 条・12 条）については，取消訴訟の規定が準用されています。

（7） 差止訴訟の訴訟要件

差止訴訟は，事後救済ではなく，例外的に事前救済を認める訴訟類型のため，厳格な訴訟要件が定められています。すなわち，差止訴訟の訴訟要件としては，①②一定の処分・裁決がなされようとしている場合において，③一定の処分または裁決がされることにより重大な損害を生ずるおそれがあること（重大な損害要件）が必要です。ただし，④「その損害を避けるため他に適当な方法があると

---

21) 改正行訴執務資料 27 頁。

22) 改正行訴執務資料 27 頁参照。

23) 実務解説 254〜260 頁〔松尾剛行〕参照。

```
＊差止訴訟の訴訟要件一覧
        ①処分性
        ②一定の処分・裁決がなされる蓋然性
        ③重大な損害を生ずるおそれ
        ④補充性
        ⑤原告適格
        ⑥狭義の訴えの利益
        ⑦被告適格
        ⑧管轄裁判所
```

き」には，差止訴訟は適法に提起できません（補充性要件。行訴法37条の4第1項但書）。

　①「一定の処分又は裁決」（行訴法3条7項）の「処分」または「裁決」は，行訴法3条2項の「処分」，同条3項の「裁決」と同義であるため，差止訴訟の対象行為には処分性が要求されます。

　②裁判所が判断可能な程度に処分が特定されていれば，処分の「一定」性は充たされます（義務付け訴訟の「一定の処分」と同様に解されます）。また，差止訴訟は，一定の処分または裁決が「されようとしている場合」であること（蓋然性）が訴訟要件として必要です（行訴法3条7項）。行政調査や事前行政手続の進行状況，類似事例の処理状況，行政処分の効果裁量の有無等を考慮し，蓋然性要件の有無は判断されます[24]。

　③重大な損害要件の判断においては，「損害の回復の困難の程度」を「考慮」するものとし，「損害の性質及び程度」ならびに「処分又は裁決の内容及び性質」をも「勘案」する，という解釈指針が法定されています（行訴法37条の4第2項）。差止訴訟の重大な損害要件について，東京都教職員国旗国歌訴訟（予防訴訟）（最判平成24・2・9民集66巻2号183頁。ノート20-5・百選Ⅱ200）は，処分がされた後に取消訴訟・執行停止等で容易に救済を受けることができず，事前差止めの方法によるのでなければ救済を受けることが困難なもの，と敷衍しています。この判決では，裁判所の差止判決による事前救済の必要性に着目し，反

---

24)　実務解説280〜284頁〔伊藤建〕参照。

復継続的かつ累積加重的な損害が生じる危険が認められるケースなどが当てはまるという考え方が示されています。

　④補充性は，非申請型義務付け訴訟と異なり，消極要件として定められています（行訴法37条の4第1項但書）。重大な損害要件を充足する場合には通常，補充性を充たすため，消極要件として定められています。

　⑤原告適格は，取消訴訟と同様に，「法律上の利益を有する者」（行訴法37条の4第3項）に認められます。解釈指針に関しても，取消訴訟の定めが準用されています（同条4項・9条2項）。差止訴訟は前にずらされた取消訴訟とも呼ばれるように，訴訟提起のタイミングは異なるものの取消訴訟と活用場面が共通しますので，取消訴訟の原告適格と平仄が合わせてあります。

　⑥狭義の訴えの利益は，法定の訴訟要件を充足する限り，通常は認められます。

　⑦被告適格（行訴法38条・11条）や⑧管轄裁判所（同38条・12条）については，取消訴訟の規定が準用されています。

5　第3ステップ：本案論

(1)　行政法事例問題における出題形式

　行政法事例問題では，抗告訴訟の本案勝訴要件を充足するか否かを検討させる出題が多く出されます。たとえば，次のような設問の場合，本案論について検討することになります。

> 「Xは，本件取消訴訟において，本件命令のどのような違法事由を主張することが考えられるか。また，当該違法事由は認められるか」
> 「本件処分の取消訴訟につき，本案の違法事由としてXはどのような主張をすべきか，手続上の違法性と実体上の違法性に分けて，想定されるYの反論を踏まえつつ検討しなさい」
> 「Xは，本件処分の無効確認訴訟において，本件処分が無効であることについて，どのような主張をすべきか。想定されるYの反論を踏まえて，検討しなさい」

（2）　抗告訴訟における本案勝訴要件の概要

【図表1-6　抗告訴訟の本案勝訴要件一覧】

種別	本案勝訴要件
取消訴訟	処分・裁決の違法性
無効等確認訴訟	無効確認訴訟　：処分の無効事由（処分の重大かつ明白な瑕疵等） 有効確認訴訟　：処分の有効性 存在確認訴訟　：処分の存在 不存在確認訴訟：処分の不存在
不作為の違法確認訴訟	「相当の期間」の経過
申請型義務付け訴訟	①覊束処分：処分・裁決すべきことが根拠規定から明らかであること ②裁量処分：処分・裁決をしないことが裁量権逸脱・濫用であること
非申請型義務付け訴訟	①覊束処分：処分すべきことが根拠規定から明らかであること ②裁量処分：処分をしないことが裁量権逸脱・濫用であること
差止訴訟	①覊束処分：処分・裁決すべきでないことが根拠規定から明らかであること ②裁量処分：処分・裁決をすることが裁量権逸脱・濫用であること

ア　取消訴訟の本案勝訴要件

　取消訴訟の本案勝訴要件は，処分・裁決の違法性です。取消訴訟の本案勝訴要件の詳細については，本書2章IIIをご参照ください。

イ　無効等確認訴訟の本案勝訴要件

　行政処分が当然無効であるというためには処分に重大かつ明白な瑕疵がなければならず[25]，無効原因となる重大・明白な違法とは処分要件の存在を肯定する処分庁の認定に重大・明白な誤認があると認められる場合をいいます[26]（重大明白説）。また，瑕疵が明白とは，処分成立の当初から，誤認であることが外形上客観的に明白である場合をいいます（外形上一見明白説）[27]。ただし，処分による不利益を甘受させることが，著しく不当と認められるような例外的な事情

---

25)　最判昭和36・3・7民集15巻3号381頁（ノート5-10）。
26)　最判昭和34・9・22民集13巻11号1426頁（百選I79）。
27)　前掲注25）最判昭和36・3・7（ノート5-10）等。

がある場合，明白性要件が不要とされる場合もあります（例外的事情基準）[28]。よって，無効確認訴訟の本案勝訴要件は，処分の重大かつ明白な瑕疵等ということになります。

　無効等確認訴訟には，無効確認訴訟以外にも，有効確認訴訟，存在確認訴訟，不存在確認訴訟があります。有効確認訴訟は処分の有効性（処分の存在および処分要件充足性），存在確認訴訟は処分の存在，不存在確認訴訟は処分の不存在[29]が本案勝訴要件になります。

ウ　不作為の違法確認訴訟の本案勝訴要件

　不作為の違法確認訴訟の本案勝訴要件は，「相当の期間」（行訴法3条5項）の経過です。「相当の期間」は，特段の事情がない限り，処分・裁決をするのに通常必要とする期間をいい，法定期間，標準処理期間，平均審理期間等が重要な判断要素になります[30]。

エ　申請型義務付け訴訟の本案勝訴要件

　申請型義務付け訴訟の本案勝訴要件は，①覊束処分の場合，処分・裁決すべきことが根拠規定から明らかであること，②裁量処分の場合，処分・裁決をしないことが裁量権逸脱・濫用であることです（行訴法37条の3第5項）。

オ　非申請型義務付け訴訟の本案勝訴要件

　非申請型義務付け訴訟の本案勝訴要件は，①覊束処分の場合，処分すべきことが根拠規定から明らかであること，②裁量処分の場合，処分をしないことが裁量権逸脱・濫用であることです（行訴法37条の2第5項）。

カ　差止訴訟の本案勝訴要件

　差止訴訟の本案勝訴要件は，①覊束処分の場合，処分・裁決すべきでないことが根拠規定から明らかであること，②裁量処分の場合，処分・裁決をすることが裁量権逸脱・濫用であることです（行訴法37条の4第5項）。

---

28)　最判昭和48・4・26民集27巻3号629頁（ノート5-11・百選I 80）。
29)　処分の不存在は行政行為の瑕疵の極限形態と考えれば無効事由と同程度ないしそれ以上の瑕疵が要求されますが，不存在確認訴訟はこのような瑕疵がある場合に限定した訴訟ではないという理解もあります。この点の議論状況について，河村199頁注（50）参照。
30)　実務解説184頁〔朝倉亮太〕。

（３）　本案上の主張制限

ア　原告側および被告側の主張制限の概要

　通常の民事訴訟であれば事実審の口頭弁論終結時まで原則としていつでも攻撃防御方法を提出できますが[31]，行政訴訟では，一定の場合に本案上の主張が制限されることがあります。

　行訴法では，原告側の主張制限として，自己の法律上の利益に関係のない違法の主張制限（行訴法10条1項）および裁決取消訴訟における原処分の違法の主張制限（同条2項。原処分主義）を定めています。

　また，解釈論上，被告側の主張制限として，処分理由の差替えの可否（処分時とは異なる主張や事実により処分の適法性を基礎づけることの可否）という問題があります。被告は，行政処分の効力を維持するための一切の法律上および事実上の根拠を主張することができるのが原則ですが，処分の同一性や理由附記の趣旨の観点から，例外的に処分理由の差替えが制限されることがあります[32]。たとえば，公務員の懲戒処分は個々の非違行為に対する制裁であるため，非違行為aに対する懲戒処分Aと非違行為bに対する懲戒処分Bは異なる行政処分と捉えられますので，Aの取消訴訟においてaと密接関連性のないbの主張をすることは，処分の同一性の観点から許されません（最判昭和59・12・18労判443号16頁参照）。また，理由附記の趣旨は，行政庁の恣意的判断を抑制するとともに，不服申立ての便宜を図る点にあり，無制限に訴訟段階で理由の差替えを認めると，これらの趣旨が損なわれるおそれがありますが，処分段階で具体的な理由附記がされることをもって理由附記の趣旨がひとまず実現されたと考えられる場合には格別の不利益がない限り理由の差替えが認められることもあります（ノート19-1［A］）。

イ　自己の法律上の利益に関係のない違法の主張制限

　行訴法10条1項の「自己の法律上の利益に関係のない違法」の解釈については，行政法事例問題でよく出題されますので，押さえておく必要があります。

---

31)　例外として，時機に遅れた攻撃防御方法の却下があります（民訴法157条）。
32)　詳細は，実務解説120〜124頁〔大島義則〕。最判昭和56・7・14民集35巻5号901頁（ノート19-1・百選Ⅱ179），最判平成11・11・19民集53巻8号1862頁（ノート19-1［A］・百選Ⅱ180）参照。

取消訴訟は原告の権利・利益侵害の救済を目的とする主観訴訟であるため，同項は取消訴訟の主観訴訟性に由来する当然の主張制限と解されています[33]。そのため，①処分の本来的効果として原告の権利利益が侵害される場合（侵害処分の相手方等が取消訴訟を提起する場合）には原則として原告はすべての違法事由を主張可能である一方で，②処分の本来的効果によっては原告の権利利益が侵害されていない場合（いわゆる処分の相手方以外の第三者が取消訴訟を提起する場合）には原告は自らの原告適格を基礎付ける根拠規定に違反した違法のみを主張できるとして，①二面関係と②三面関係を区別した解釈論が強く唱えられています[34]。

　もっとも，この見解に立った場合には，特に処分の相手方以外の第三者が訴訟提起した場合の本案上の主張が制限されすぎるため，第三者の原告適格の問題と同様に，行訴法9条2項の解釈指針を参照して主張できる範囲を緩和すべきとする見解も唱えられています。

　行訴法10条1項違反の主張は，主張自体失当とされ，他の本案上の主張に理由がなければ（訴えが却下されるのではなく）請求が棄却されます[35]。

6　第4ステップ：訴訟の終了論

（1）　行政法事例問題における出題形式

　行政法事例問題において訴訟の終了論が直接的に問われることは多くはありませんが，訴訟の終了論のうち判決効論は，訴訟選択論や訴訟要件論の出題の中に溶け込ませて出題されることがあります。

　まず原告は訴訟形態の選択を行う際に，想定される判決の判決効によって権利・利益の救済がなされるか（判決効論）を考慮する必要があります。たとえば，「Xは，どのような訴訟を提起すべきか。行政事件訴訟法第3条第2項に定める取消訴訟について，考えられる取消しの対象を2つ挙げ，それぞれの取消判決の効力を踏まえて検討しなさい」という出題があった場合には，取消判決の効力論を踏まえて，訴訟形態を選択する論述が期待されます。このような出題では，取消対象となる行政処分の法的効果が取消判決の形成力によって遡及的に

---

33)　杉本40頁参照。
34)　実務的研究190〜193頁参照。
35)　西川155頁〔石田明彦〕。

消滅することにより原告の権利・利益が救済されるか，取消判決の拘束力に関係行政庁が拘束されることで原告の権利・利益が救済されるか，などを具体的に検討していく必要があります。

　また，判決効論は，処分性や狭義の訴えの利益といった花形論点の中で問題になることも多いです。たとえば，処分性の有無を判断するにあたって，実効的権利救済の要請を考慮して処分性を拡大する理由付けにする場合があり，保育所廃止条例・横浜市保育所民営化事件（最判平成 21・11・26 民集 63 巻 9 号 2124頁。ノート 16-10・百選 II 197）では，この実効的権利救済の論証の中で処分の取消判決・執行停止決定に第三者効（行訴法 32 条）があることを考慮しました。また，東京 12 チャンネル事件（最判昭和 43・12・24 民集 22 巻 13 号 3254 頁。ノート 19-6 POINT・百選 II 166）では，同一周波をめぐって競願関係に立つ表裏一体の免許拒否処分と免許付与処分がある場合において，免許拒否処分を受けた者が自らの免許拒否処分のみを争う場合にも狭義の訴えの利益があるかが問題になりましたが，取消判決の拘束力により判決の趣旨に従って競願者全体で審査がやり直されることから，狭義の訴えの利益が肯定されました。このように判決効論は，問題文の中で明示的には問われていなくても，必要に応じて各訴訟要件の中で検討する必要があります。

（2）　判決効論

ア　既判力

　抗告訴訟および当事者訴訟の確定判決は，確定判決によって示された判断の後訴への通用力たる既判力（行訴法 7 条・民訴法 114 条）を有します。民事訴訟である争点訴訟の確定判決も，当然，既判力（民訴法 114 条）を有します。

イ　執行力・形成力

　抗告訴訟および当事者訴訟の確定判決は，民事訴訟の判決と同様に，基本的には給付訴訟であれば執行力（強制執行を発動させる効力[36]），形成訴訟であれば形成力（形成判決の権利関係・法律関係を変動させる効力[37]）を有します。

　取消訴訟の請求を認容する取消判決は，係争処分を処分時に遡って失効さ

---

[36]　高橋宏志『重点講義民事訴訟法（上）（第 2 版補訂版）』（有斐閣，2013 年）69 頁。
[37]　高橋・前掲注 36）75 頁。

【図表1-7　判決効の一覧表】

	既判力	形成訴訟の形成力 給付訴訟の執行力	拘束力	第三者効
取消訴訟	○	形成力	○（33条）	○（32条）
無効等確認訴訟	○	×（確認判決）	○（38条1項・ 33条）	△。38条1〜3項で準用はないが，解釈で認める見解あり
不作為の違法確認訴訟	○	×（確認判決）	○（38条1項・ 33条）	×
義務付け訴訟	○	形成力 ＊形成訴訟説の場合	○（38条1項・ 33条）	×
差止訴訟	○	形成力 ＊形成訴訟説の場合	○（38条1項・ 33条）	×
当事者訴訟	○	訴訟類型による	○（41条1項・ 33条）	×（41条で準用なし）
争点訴訟	○	訴訟類型による	×（45条で準用なし）	×（45条で準用なし）

＊義務付け訴訟や差止訴訟を給付訴訟と解する見解も有力ですが，本書では形成訴訟説に立っています。

せ，当初から処分がなされなかったのと同じ状態にする形成力を有します。

　無効等確認訴訟や不作為の違法確認訴訟については，無効等や不作為違法を確認する確認判決が出されるため，執行力や形成力は有しません。

　義務付け訴訟および差止訴訟の請求を認容する義務付け判決や差止判決は，本来的には義務のないところに義務を創設する形成力を有します。

　ウ　拘束力

　取消訴訟における取消判決は，その事件について，処分・裁決をした行政庁その他の関係行政庁を拘束します（拘束力。行訴法33条）。取消判決の形成力によって行政処分の効力が遡及的に消滅したとしても，行政庁が再度，同一行為をすることは必ずしも防止できないため，取消判決による権利救済の実効性を確保するために，既判力とは異なる特殊な効力が実定法により付与されていま

す（特殊効力説）。取消訴訟以外の抗告訴訟および当事者訴訟にも，拘束力は発生します（同38条1項・33条，41条1項・33条）。

　判決主文に包含されるものに限り既判力は生じますが，拘束力は，判決主文が導き出されるのに必要な事実認定および法律判断（判決理由中の判断）にまで及びます（最判平成4・4・28民集46巻4号245頁）。**拘束力の具体的内容としては，反復禁止効，案件処理のやり直し義務，不整合処分の取消義務および原状回復義務が挙げられます**[38]。

　拘束力の消極的効果として，同一事情・同一理由・同一手続による同一内容の処分の繰り返しが禁止される反復禁止効が発生します（行訴法33条1項）。

　拘束力の積極的効果として，申請拒否処分等の取消判決により，案件処理のやり直し義務が発生します（同条2項）。すなわち，取消判決の形成力により申請拒否処分等が処分時に遡って失効したとしても応答処分がなされていない状態に戻るだけですが，拘束力により判決の趣旨に従った応答処分をする義務が発生します（手続違法の場合には，同条3項参照）。

　また，行訴法33条1項の解釈により，違法状態除去義務として法状態の除去を行う不整合処分の取消義務および事実状態の除却を行う原状回復義務まで発生するかが問題となります。まず，関連する数個の処分または競願関係にある表裏一体的処分がある場合，取り消された処分と法的に整合しない関連処分の取消義務が発生します（不整合処分の取消義務）。これに対して拘束力により原状を回復すべき作為義務（原状回復義務）まで発生するかについては，争いがあります。拘束力により原状回復義務までは生じず，処分が取り消された結果としての実体法上の義務として原状回復義務が発生する余地があると解する見解が有力です。

エ　第三者効

　取消訴訟における取消判決の形成力は，第三者に対しても効力を有します（第三者効。行訴法32条1項）。第三者効を定める行訴法32条1項は他の抗告訴訟に準用されていませんが，**無効等確認訴訟についての第三者効については，肯定説と否定説が対立しています**。

---

[38]　拘束力の概要については，櫻井＝橋本311〜312頁参照。以下の記述も，同頁を参考にしています。また，違法状態除去義務については，芝池140〜141頁参照。

　肯定説は，無効確認訴訟は出訴期間経過後のいわば時機に遅れた取消訴訟であって取消訴訟と同様に考えるべきであること，無効確認訴訟でも執行停止決定には第三者効が認められていること（行訴法 32 条 2 項，38 条 3 項・25 条 2 項）などを理由にあげます。これに対して，否定説は，第三者効は形成力の問題であって無効等確認訴訟には形成力はないから第三者効が発生する余地はないことを理由に挙げています。

コラム 5　国賠法の概要

1　国賠法の概要

　本書は，主として，行政争訟法のうち行訴法に関する処理手順を解説することを目的としていますが，行政法事例問題では国賠法の問題も出題されることがあるため，国賠法の概要についても，簡単に解説しておきます。

　国賠法は，公権力の行使に関する国家賠償責任（1 条），公の営造物の設置・管理の瑕疵に関する国家賠償責任（2 条），賠償責任者（3 条），民法の適用（4 条），他の法律の適用（5 条），相互保証主義（6 条）という全 6 条から構成される短い法律です。このうち，行政法事例問題で出題されやすいのが，公権力の行使に関する国家賠償責任（1 条 1 項）と公の営造物の設置・管理の瑕疵に関する国家賠償責任（2 条 1 項）です。

2　公権力の行使に関する国家賠償責任（1 条 1 項）

　公権力の行使に関する国家賠償責任（国賠法 1 条 1 項）の要件は，①国または公共団体の公権力の行使にあたる公務員の行為，②職務関連性，③違法性，④故意または過失，⑤損害，⑥因果関係の 6 つです。

　①の「公権力の行使」とは，純粋な私経済作用および国賠法 2 条の作用を除くすべてと解釈されています（広義説。判例・通説）。「公権力の行使」を行った者は身分上の公務員ではなくとも「公務員」と扱われ，公権力の行使を行った者が帰属する法主体が「国又は公共団体」とされますので，①の要件は実質的には「公権力の行使」該当性判断に収斂します[39]。

　②の職務関連性要件は，客観的に外形から職務執行といえるかという外形標準説に基づき判断されます。非番の時間帯に警察官が職務質問を装いつつ強盗殺人した場合，こ

39）　たとえば，児童養護施設内傷害事件（最判平成 19・1・25 民集 61 巻 1 号 1 頁。ノート 23-4・百選Ⅱ226）は，社会福祉法人の設置運営する児童養護施設における養育監護行為を，都道府県の公権力の行使に当たる公務員の職務行為と解しました。

の強盗殺人は職務行為とはいえませんが，外形標準説に基づき職務関連性が認められます（川崎駅警察官強盗殺人事件・最判昭和31・11・30民集10巻11号1502頁。ノート23-5・百選Ⅱ223）。

　③の加害行為の違法性要件は，職務上通常尽くすべき注意義務を尽くしたか否かにより判断されます（職務行為基準説）。職務行為基準説の下でも，事件類型に応じて，具体的な違法性の判断方法が異なってきます（類型論）。裁判官の裁判，検察官の起訴・公訴追行[40]，国会議員の立法行為または立法不作為[41]，行政処分の違法[42]，規制権限不行使の違法[43]，行政指導の違法[44]等の代表的な事件類型の違法性判断方法はチェックしておくといいでしょう。

　④故意または過失の要件のうち，故意は違法に損害を与えることを認識しながら加害行為を行うことですが，国賠法では故意が問題になることは少ないです。過失とは，予見可能性を前提とした結果回避義務違反をいいます。なお，行政庁は，組織的に決定を行うため，過失判断にあたっても広く組織的な過失の有無が判断されることがあります（組織的過失論[45]）。

　⑤損害の要件に関しては，加害行為がなかった場合の利益状態と加害行為がなされた場合の利益状態との差額が損害とされます（差額説。ただし，立証困難な損害については民訴法248条）。

　⑥違法な加害行為と損害との間には，相当因果関係が必要です。

3　公の営造物の設置・管理の瑕疵に関する国家賠償責任（2条1項）

---

40)　芦別国賠事件（最判昭和53・10・20民集32巻7号1367頁。ノート23-9・百選Ⅱ222）。裁判官の裁判行為については，ノート23-9 POINT参照。

41)　在宅投票制度廃止事件（最判昭和60・11・21民集39巻7号1512頁。ノート23-10），在外国民選挙権事件（最大判平成17・9・14民集59巻7号2087頁。ノート23-11・百選Ⅱ220），再婚禁止期間事件（最大判平成27・12・16民集69巻8号2427頁）。

42)　奈良税務署長過大更正事件（最判平成5・3・11民集47巻4号2863頁・百選Ⅱ213），不法滞在者国民健康保険事件（最判平成16・1・15民集58巻1号226頁。ノート23-17）。

43)　ナイフ保管一時懈怠事件（最判昭和57・1・19民集36巻1号19頁。ノート23-12），宅建業法監督処分事件（最判平成元・11・24民集43巻10号1169頁。ノート23-13・百選Ⅱ216），筑豊じん肺訴訟（最判平成16・4・27民集58巻4号1032頁。ノート23-14），水俣病関西訴訟（最判平成16・10・15民集58巻7号1802頁。ノート23-15・百選Ⅱ219）。

44)　品川マンション事件（最判昭和60・7・16民集39巻5号989頁。ノート8-2・百選Ⅰ121），武蔵野マンション（教育施設負担金）事件（最判平成5・2・18民集47巻2号574頁。ノート8-4・百選Ⅰ95）。

45)　組織過失を認めたものとして，東京予防接種禍訴訟（東京高判平成4・12・18判時1445号3頁。ノート23-19）。

　公の営造物の設置・管理の瑕疵に関する国家賠償責任（2条1項）の要件は，①道路，河川その他の公の営造物の設置または管理に瑕疵があったこと，②損害の発生およびその額，③①と②の因果関係です。

　①の要件のうち「公の営造物」とは，国または公共団体により，直接公の目的のために供用される個々の有体物および物的施設をいいます。道路，河川が典型例であり，動産（車両，臨海学校の飛込み台，温泉供給装置，テニスコートの審判台）を含みます。

　①の要件のうち「営造物の設置又は管理」の「瑕疵」[46]とは，ⓐ営造物が通常有すべき安全性を欠くことをいい（高知落石事件。最判昭和45・8・20民集24巻9号1268頁。ノート24-1・百選Ⅱ230），ⓑ「瑕疵」の有無は，当該営造物の構造，用法，場所的環境および利用状況等諸般の事情を総合考慮して具体的個別的に判断します（最判昭和53・7・4民集32巻5号809頁。ノート24-4）。ⓒ国賠法2条の責任は無過失責任ですが，事故発生の予見可能性または回避可能性がなく，不可抗力の場合には免責されます。

　②の損害は差額説により判断され，③の因果関係としては①②との間の相当因果関係が必要です。

---

46)　（物理的瑕疵ではなく）機能的瑕疵（供用関連瑕疵）であっても，「瑕疵」に該当します（大阪空港事件。最大判昭和56・12・16民集35巻10号1369頁。ノート24-6・百選Ⅱ236）。

Ⅲ　4つの主要行政紛争モデル

1　4つの主要行政紛争モデルの分析視点

（1）　概要

　訴訟選択論→訴訟要件論→本案論→訴訟の終了論（特に判決効論）という行政法事例問題の思考ステップについて説明しましたが，Ⅲでは，さらに，**典型的な行政紛争事例をモデル化した4つの主要行政紛争モデルという補助線**を導入していきます。

　本書で説明する4つの主要行政紛争モデルのいずれに該当するかを把握できれば，選択すべき抗告訴訟の種類がある程度決まり，訴訟類型に応じた訴訟選択論および本案論の検討項目が決まってきます。また，訴訟要件論や本案論で特に注意すべき論点についても抽出することができます。

　もちろん，本書で説明する4つの主要行政紛争モデルは，抗告訴訟を用いる典型的な行政紛争事例をモデル化したものですから，すべての行政法事例問題を説明できるわけではない点には注意してください[47]。

（2）　二面関係／三面関係

　第1に，行政紛争事例は，大きく二面関係と三面関係に分けて捉えることができます。

　二面関係は，行政と処分の相手方の二者間における法律関係が問題となるケースであり，行政が処分の相手方に対して行政処分を行う場合が念頭に置かれます。

　これに対して，三面関係では，行政，処分の相手方に加えて，処分の相手方ではない第三者が登場します。行政が処分の相手方に対して行政処分を行う権限を有している場合に，処分の相手方ではない第三者が処分の相手方に不利益処分（監督処分）を出すように求めたり，行政が処分の相手方に対して授益的処分を行うことを第三者が阻止したりするような場面です。

---

47)　たとえば，抗告訴訟以外の訴訟類型の説明には不向きであり，不特定の相手方に対する一般処分等も射程範囲外となります。

行政紛争事例は，二面関係／三面関係という大きな軸で分析していくことが有用です。

（3）　不利益処分／申請に対する処分

第2に，係争処分が「不利益処分」と「申請に対する処分」のいずれに該当するか，という軸を持っておくことも有用です。

行手法上，「処分」とは「行政庁の処分その他公権力の行使に当たる行為」（行手法2条2号）と定義されており，その対象は行訴法3条2項の処分と同一です[48]。行手法は「処分」のすべてを手続的に規律するものではありませんが，典型的な行政処分である「不利益処分」と「申請に対する処分」の2類型に対して手続的規律をかけています。

「不利益処分」（行手法2条4号本文）とは，行政庁が，法令に基づき，特定の者を名あて人として，直接に，これに義務を課し，またはその権利を制限する処分です（ただし，同条4号但書のものは除外されます）。作為義務を課す処分としては物件の除去命令，施設の改善命令，不作為義務を課す処分としては営業停止命令，建築物の使用禁止命令，権利制限処分としては許認可等の取消し等が挙げられます。国民に対する不利益的な効果を有する義務賦課・権利制限処分については，事前に意見を述べる機会等の手続保障を行う必要性が強いです。そのため，①告知・聴聞（聴聞または弁明の機会の付与手続。同13条以下），②文書閲覧（同18条），③理由附記（同14条），④処分基準の設定・公表（努力義務。同12条）という適正手続4原則に即した手続保障規定が，行手法3章に置かれています。

「申請」（行手法2条3号）とは，法令に基づき，行政庁の許可，認可，免許その他の自己に対し何らかの利益を付与する処分を求める行為であって，当該行為に対して行政庁が諾否の応答をすべきこととされているものをいいます。「申請に対する処分」の手続的規律は，行手法2章に置かれています。申請に対する処分では，申請者サイドからの申請書の提出が予定されているため，行手法には告知・聴聞の機会および告知・聴聞の際の文書閲覧制度が置かれておらず，その代わり次のような申請→申請の審査→応答処分という申請プロセスに

---

48)　行政手続条例も行手法と同様の規律になっていることが多いですが，以下では行手法を念頭に置いて解説します。

即した手続保障規定が置かれています。

①審査基準の設定・公表（行手法5条1〜3項）：行政庁は，申請により求められた許認可等をするかどうかをその法令の定めに従って判断するために必要とされる基準（審査基準。同2条8号ロ）を，許認可等の性質に照らしてできる限り具体的に定め，原則として公表しておかなければなりません。

②標準処理期間の設定・公表（行手法6条）：行政庁は，申請が到達してから当該申請に対する処分をするまでに通常要すべき標準的な期間（標準処理期間）を定めるよう努め，これを定めたときはこれを公にしておかなければなりません。

③申請に対する審査，応答（行手法7条）：行政庁は，申請が到達したときは，遅滞なく申請の審査を開始する義務があります。また，申請書に不備があるなど形式上の要件に適合しないときの行政庁の応答義務として，速やかに申請者に補正を求めるか，または許認可等を拒否しなければなりません。

④申請拒否処分の際の理由の提示（行手法8条）：申請により求められた許認可等を拒否する場合には，申請者に対し，原則として処分の理由を示さなければなりません。書面による処分の場合，書面により理由を示さなければなりません。

⑤その他の努力義務：申請者等に対する情報提供（行手法9条），申請者以外の者の利害を考慮すべきケースにおける公聴会の開催等（同10条），複数の行政庁が関与する処分に関する共管事務の迅速処理等（同11条）が努力義務として定められています。

（4）　4つのタイプの導出

以上の二面関係／三面関係と不利益処分／申請に対する処分という視点から，マトリックスを描くと，図表1-8のとおり4つの主要な行政紛争をモデル化することができます。各モデルの詳細については，2以降で概説していきます。

【図表1-8　4つの主要行政紛争モデル】

	二面関係	三面関係
不利益処分	不利益処分阻止モデル	不利益処分発動モデル
申請に対する処分	申請に対する処分発動モデル	申請に対する処分阻止モデル

2　不利益処分阻止モデル：二面関係×不利益処分

（1）　典型的紛争パターンと概念図

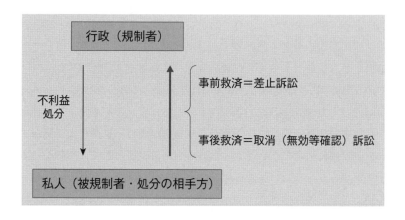

　　不利益処分阻止モデルは，「二面関係」と「不利益処分」を組み合わせて導出されます。行政が処分の相手方（処分の名あて人）に対して不利益処分を出し，当該不利益処分を事前または事後に阻止するために処分の相手方（処分の名あて人）が争うパターンとなります。具体的には，医師法に基づく医業停止処分，特定商取引法に基づく業務停止処分について，処分の相手方である医師や事業者が争う場面がこれに該当します。

　　「不利益処分」の種類としては，行手法上の聴聞手続を行う聴聞相当処分と弁明の機会の付与を行う弁明相当処分の2種類があります。

　　不利益処分のうち許認可等の取消処分，名あて人の地位・資格の剥奪処分，役員解任処分等といった不利益度の高いものは聴聞を要することが法定されており（法定聴聞。行手法13条1項1号イ〜ハ），これ以外の処分であっても行政庁の裁量により聴聞を行うことができます（任意聴聞。同号ニ）。

　　聴聞相当処分よりも不利益度の低い処分は，弁明相当処分とされており，典型的には免許停止，施設の改善処分等がこれに該当します（同項2号）。

（2）　訴訟選択論

ア　事前救済——差止訴訟

　不利益処分阻止モデルの紛争類型において，行政処分が出る前に，将来の不利益処分を阻止するための事前救済手段は，当該行政処分の差止訴訟（行訴法3条7項）です（訴訟選択視点③-3。訴訟選択視点については17頁以下参照。以下同じ）。行政処分の出る前には事後救済型抗告訴訟である取消訴訟や無効等確認訴訟は利用できず（訴訟選択視点③-1），申請権がありませんので申請権を前提とした不作為の違法確認訴訟や申請型義務付け訴訟は利用できません（訴訟選択視点③-2）。たとえば，医師に対して厚生労働大臣による医業停止処分が行われようとしている場合，処分の名あて人である当該医師は当該医業停止処分の差止訴訟を提起することになります。

　また，差止訴訟の提起に併せて，仮の差止めの申立て（行訴法37条の5第2項）を行っておくべき場合もあります。たとえば，差止訴訟を提起したとしても，差止訴訟係属中に医業停止処分がなされてしまうことがあるため（この場合，医業停止処分差止訴訟は医業停止期間の経過により狭義の訴えの利益が失われ，却下されてしまいます），このようなことが想定される場合には，損害の発生・拡大を防止するために事前に仮の差止めの申立てを行うかを検討しておく必要があります。

イ　事後救済——取消訴訟・無効等確認訴訟

　不利益処分阻止モデルの紛争類型において，行政処分が出た後に事後救済を図る方法としては，当該行政処分の取消訴訟（行訴法3条2項，3項）または無効等確認訴訟（同条4項）を挙げることができます（訴訟選択視点③-1）。**取消訴訟の出訴期間（同14条）内であれば取消訴訟，出訴期間を過ぎていれば無効等確認訴訟を提起することになります。**たとえば，医師に対して厚生労働大臣による医業停止処分が行われた場合，出訴期間内であれば当該医師は当該医業停止処分の取消訴訟を提起することになり，出訴期間を過ぎていれば当該医業停止処分の無効確認訴訟を提起することになります。

　また，取消訴訟の提起に併せて執行停止の申立て（行訴法25条2項）を行っておくべき場合もあります。たとえば，医業停止処分の取消訴訟を提起しただけでは医業停止処分の執行は停止されず（執行不停止原則。同条1項），医業が継続できないことにより損害が発生・拡大するおそれがあります。また，取消訴訟係

属中に医業停止期間が過ぎてしまえば，取消訴訟の狭義の訴えの利益が失われ，取消訴訟が却下されてしまいます。このようなことが想定される場合には執行停止の申立てを行うかを検討しておく必要があります。

ウ　取消訴訟と差止訴訟の分担関係

上記のとおり同様の事案であったとしても，訴訟提起のタイミングによって事前救済型抗告訴訟の差止訴訟と事後救済型の取消訴訟を使い分けていくことになります（差止訴訟が別名「前にずらされた取消訴訟」と呼ばれる所以です）。それでは，取消訴訟と差止訴訟のいずれを提起すべきかの役割分担については，どのように考えていけばよいでしょうか。

差止訴訟の重大損害要件について，東京都教職員国旗国歌訴訟（予防訴訟）（最判平成24・2・9民集66巻2号183頁。ノート20-5・百選Ⅱ200）は，取消訴訟等＋執行停止ルートという事後救済型抗告訴訟では「容易」に救済できず，事前救済型抗告訴訟としての差止訴訟でなければ救済が「困難」であれば，損害の回復の「困難の程度」等（行訴法37条の4第2項）を考慮して差止訴訟の利用を認めました[49]。**形式的・排他的に取消訴訟と差止訴訟の利用分担を決定するというよりは，取消訴訟等＋執行停止ルートの救済容易性および差止訴訟によらない場合の救済困難性という指標に基づきながら，総合的に訴訟選択について判断していくことになるでしょう。**

エ　差止訴訟と予防的確認訴訟の分担関係

東京都教職員国旗国歌訴訟（予防訴訟）（前掲最判平成24・2・9）は，差止訴訟と実質的当事者訴訟としての予防的確認訴訟との分担関係についても，重要な判例法理を形成しています。

この事件では，勤務成績の評価を通じた昇給等に係る不利益という行政処分以外の処遇上の不利益が反復継続的かつ累積加重的に発生・拡大する危険が現に存在する状況の下では，職務命令に基づく義務不存在確認訴訟は，「行政処分以外の処遇上の不利益の予防を目的とする公法上の法律関係に関する確認の訴えとしては，その目的に即した有効適切な争訟方法であるということができ，確認の利益を肯定することができる」とされました[50]。

---

49)　最判解民平成24年度（上）134頁〔岩井伸晃＝須賀康太郎〕参照。
50)　橋本・基礎61頁。

この判例によれば，行政処分による不利益に対して事前救済を行うためには差止訴訟が，行政処分以外の処遇上の不利益を予防するためには公法上の実質的当事者訴訟としての予防的確認訴訟が用いられることになるでしょう。

（3）　訴訟要件論——処分性，原告適格

不利益処分阻止モデルは，行手法上の「不利益処分」を想定しています。そのため，前提として係争処分が処分性を有していることを確認する必要があります。通常，処分性が認められる定型的処分であれば，あえて大々的に処分性の有無を論じる必要はありませんが，処分性が論点になる場合には処分性の有無を論じていく必要があります[51]。

不利益処分阻止モデルでは，不利益処分の名あて人が原告になることが想定されています。不利益処分の名あて人には定型的に原告適格が認められるため，特に深く論じるまでもなく原告適格が肯定されることが多いです[52]。取消訴訟も差止訴訟も原告適格は「法律上の利益を有する者」（行訴法9条1項，37条の4第3項）に認められますが，不利益処分阻止モデルでは端的に不利益処分の名あて人であることをもって「法律上の利益を有する者」に該当することを指摘すれば足り，原告適格の判例の判断枠組みを展開して当てはめるまでもないことが多いでしょう。

（4）　本案論——本案上の主張制限

侵害処分の相手方等が取消訴訟を提起する場合，原則として原告はすべての違法事由を主張可能です。そのため，不利益処分阻止モデルでは，自己の法律上の利益に関係のない違法の主張制限（行訴法10条1項）はほとんど問題になりません。

---

51)　処分性の認められる定型的処分として規制行政における許可，免許等が挙げられ，処分性の認められない定型的非処分として土地の任意買収，物品の購入等が挙げられます（塩野Ⅱ103〜104頁）。

52)　原告適格の認められる典型的な例として，侵害処分（課税処分や建築物除却命令等）の相手方および申請拒否処分（営業免許拒否処分）の相手方が挙げられます（塩野Ⅱ125〜126頁）。二面関係における不利益処分および申請に対する処分の相手方については，容易に原告適格を認めることができることを指摘するものとして，大橋Ⅱ92頁。

　差止訴訟には行訴法10条1項は明文上準用されておらず，不利益処分阻止モデルの場面では，解釈上，同項を準用する必要性もほとんどないと考えられます。

コラム6　行政処分の相手方に準ずる者

1　行政処分の相手方に準ずる者の原告適格

　行政処分の相手方（名あて人）ではなくても，行政処分の直接的な法律上の効果として義務賦課または権利制限の対象になっている者には，原告適格が認められます。この考え方を示したものとして最判平成25・7・12判時2203号22頁があります。この判例では，国税徴収法47条1項に基づく差押処分の相手方以外の不動産の共有者について，原告適格が認められました。

　この判例は，「法律上の利益を有する者」（行訴法9条1項）とは，当該処分により自己の権利もしくは法律上保護された利益を侵害されまたは必然的に侵害されるおそれのある者をいうと解すべきであるとした上で，「処分の名宛人以外の者が処分の法的効果による権利の制限を受ける場合には，その者は，処分の名宛人として権利の制限を受ける者と同様に，当該処分により自己の権利を侵害され又は必然的に侵害されるおそれのある者として，当該処分の取消しを求めるにつき法律上の利益を有する者に当たり，その取消訴訟における原告適格を有するものというべき」としました。

　第三者の原告適格が問題になるケースでは当該第三者が「法律上保護された利益」を有するものであるかの解釈論が問題となりますが，「処分の名あて人以外の者が処分の法的効果による権利の制限を受ける場合」については「自己の権利」侵害性が問題になりますので，注意が必要でしょう。

2　本案上の主張制限

　行政処分の相手方（名あて人）と同様に，「処分の名あて人以外の者が処分の法的効果による権利の制限を受ける場合」には，行訴法10条1項に基づく本案上の主張制限を原則として受けないものと解されます[53]。

3　モデル選択

　処分の直接的な相手方ではない第三者であっても，処分の法的効果による権利制限を受ける者の場合には，処分の相手方（名あて人）と同様に扱われるため，4つの主要紛争モデルでも「三面関係」ではなく「二面関係」として処理されることが多いでしょう。

---

53)　西川154頁〔石田明彦〕参照。

3　申請に対する処分発動モデル：二面関係×申請に対する処分

（１）　典型的紛争パターンと概念図

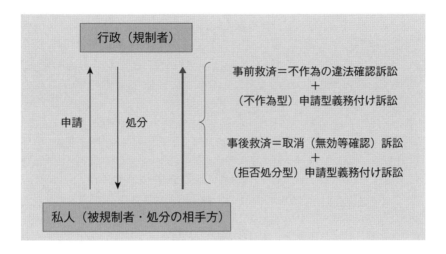

　申請に対する処分発動モデルは,「二面関係」と「申請に対する処分」を組み合わせて導出されます。申請者（処分の名あて人）が法令に基づく申請権に基づいて行政に対して申請を行ったところ,応答処分がなされない場合または拒否処分がなされた場合において,「申請に対する処分」の発動を求めて申請者（処分の名あて人）が争うパターンです。具体的には情報公開法に基づく行政文書開示請求権という申請権を有する者が,行政の不作為または拒否処分（行政文書不開示決定）について争う場面などが,このパターンに該当します。

　行手法上の「申請に対する処分」の手続は,申請者に実体法上,申請権が付与されていることを前提としています。申請権に基づかない事実行為としての求めに対して職権授益処分がなされることがありますが,このような場合には厳密には申請に対する処分発動モデルでは処理できないので注意が必要です（コラム７参照）。

コラム7　二面関係における職権授益処分に対する救済方法

　職権授益処分についても，二面関係と三面関係の問題を観念することができます。三面関係における職権授益処分の取扱いについては，コラム8（64頁）の解説に委ね，ここでは二面関係における職権授益処分の救済方法について，若干の解説を行います。

　申請権に基づかない事実行為として職権授益処分の発動の求めを「市民」が「行政」に対して行ったところ，「行政」が「市民」に対して何の職権授益処分もしない場合や拒否処分を行う場合があります[54]。たとえば，新小学1年生に対して小学校への通学校指定処分を行わない状態である場合や希望とは異なる通学校指定処分がなされた場合が想定できます。

　職権授益処分の不作為状態に対しては，申請権を観念できないため不作為の違法確認訴訟や（不作為型）申請型義務付け訴訟を提起しても不適法却下されます。もっとも，（申請型義務付け訴訟よりも訴訟要件面でのハードルがかなり高くなりますが）「市民」が「行政」に対して職権授益処分の発動を求める非申請型義務付け訴訟を提起することはできます（申請権なし＋事前救済＋処分義務付けのケースと整理できます。訴訟選択視点③-3）。

　すでになされた職権授益処分の求めに対する拒否処分に対しては，出訴期間内であれば取消訴訟，出訴期間を過ぎていれば無効等確認訴訟を提起することになります（訴訟選択視点③-1）。また，申請権が観念できないために拒否処分型の申請型義務付け訴訟は適法に提起できませんが，職権授益処分の発動を義務付ける非申請型義務付け訴訟を提起することはできるでしょう（訴訟選択視点③-3）。

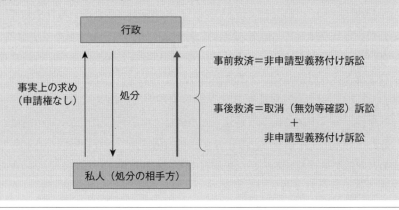

---

54)　①（申請権を前提とする）申請拒否処分については取消訴訟等＋申請型義務付け訴訟の併合提起，②（申請権のない申出に対する）授益処分申出拒否については取消訴訟・非申請型義務付け訴訟 or 非申請型義務付け訴訟，③（処分以外の行政措置の求めを拒否する）授益措置申出拒否については確認訴訟（当事者訴訟）という3つの救済ルートの交通整理を行うものとして，春日修「申請拒否処分類似行為の救済方法」愛知大学法学部法経論集220号（2019年）34～38頁。

（2）　訴訟選択論

ア　事前救済——不作為の違法確認訴訟＋申請型義務付け訴訟

　申請権がある場合における事前救済型抗告訴訟としては，不作為の違法確認訴訟および（不作為型）申請型義務付け訴訟があります（訴訟選択視点③-2）。そのため，申請に対する処分発動モデルの紛争類型において，申請者が申請権を行使しているにもかかわらず申請に対する応答処分がなされない場合，不作為の違法確認訴訟（行訴法3条5項）および（不作為型）申請型義務付け訴訟（同3条6項2号・37条の3第1項1号）を提起することができます。たとえば，生活保護法に基づく生活保護申請をした申請者に対して何らの決定もなされない状態である場合，不作為の違法確認訴訟を提起するとともに生活保護開始決定を義務付ける義務付け訴訟を提起することになります。

　不作為の違法確認訴訟には仮の救済制度はありませんが，申請型義務付け訴訟には仮の義務付け制度（行訴法37条の5第1項）が用意されています。たとえば，生活保護の申請が無視され，緊急に保護開始決定を受ける必要がある場合には，保護開始を仮に義務付ける仮の義務付けの申立てを検討することになります。

イ　事後救済——取消訴訟・無効等確認訴訟＋申請型義務付け訴訟

　申請拒否処分がなされた後に救済を求める場合，出訴期間（行訴法14条）内であれば拒否処分の取消訴訟，出訴期間を過ぎていれば拒否処分の無効等確認訴訟を提起することになります（訴訟選択視点③-1）。併せて新たな申請に対する認容処分を義務付けるべく，（拒否処分型）申請型義務付け訴訟（同3条6項2号・37条の3第1項2号）を提起することができます（訴訟選択視点③-2）。すなわち，既になされた申請拒否処分に対しては事後救済型抗告訴訟としての取消訴訟または無効等確認訴訟で対応する一方で，新たな将来の申請認容処分を獲得するために事前救済型抗告訴訟の申請型義務付け訴訟を提起することになります。

　取消訴訟または無効等確認訴訟の仮の救済制度としては執行停止の申立てがありますが，申請拒否処分がなされた後に申請拒否処分の執行停止を求めても何の権利・利益も確保できないため，このような執行停止は申立ての利益を欠くものとして却下されます。そのため，仮の救済としては，申請型義務付け訴訟に併せて，申請に対する処分の発動を仮に義務付ける仮の義務付けの申立て

をすることになるでしょう（行訴法37条の5第1項）。

（3）　訴訟要件論──処分性，原告適格

　申請に対する処分発動モデルが妥当するためには，法令上の申請権（行政庁の応答義務）の存在が必要です。申請者の申請権（行政庁の応答義務）が認められる場合，申請者の手続的権利侵害または申請に係る処分を得る可能性を奪う点において申請者に対する法律上の地位に対する影響を及ぼすものとして処分性が認められます[55]。

　また，申請に対する処分に対して取消訴訟・無効等確認訴訟を提起する場合にも原告適格が必要ですが（行訴法9条1項，36条），申請拒否処分の相手方には定型的に原告適格が認められます[56]。

（4）　本案論──本案上の主張制限

　処分の本来的効果として原告の権利利益が侵害される場合（侵害処分の相手方等が取消訴訟を提起する場合），原則として原告はすべての違法事由を主張可能です。そのため，申請に対する処分発動モデルでは，自己の法律上の利益に関係のない違法の主張制限（行訴法10条1項）はほとんど問題になりません。

　取消訴訟以外の抗告訴訟には行訴法10条1項は明文上準用されておらず，申請に対する処分発動モデルの場面では解釈上，同項を準用する必要性もほとんどないと考えられます。

55）　西川36頁〔廣谷章雄〕。
56）　大橋Ⅱ92頁。

4　不利益処分発動モデル：三面関係×不利益処分

（1）　典型的紛争パターンと概念図

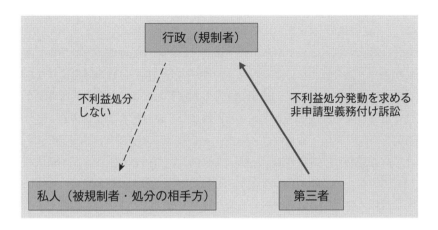

　不利益処分発動モデルは,「三面関係」と「不利益処分」を組み合わせて導出されます。行政が処分の相手方（名あて人）となるべき者に対して不利益処分（監督処分）を出すことを怠っている場合に, 行政の監督処分不発動に不服のある第三者が処分の相手方となるべき者に対して不利益処分の発動を求めていくパターンです。具体的には, 違反建築物の建築主に対して特定行政庁が違反是正措置命令（建築基準法9条1項）を出すことを怠っている場合に, 当該建築物の倒壊により生命, 身体の危険のある隣家居住者が違反是正措置命令の発動を求めようとする場面などが, これに該当します。

（2）　訴訟選択論──非申請型義務付け訴訟

　不利益処分発動モデルの場合, 将来の不利益処分（監督処分）の発動を第三者が求めていく紛争局面であるため, 事後救済型抗告訴訟は問題になりません。この場合, 申請権がない場合において将来の処分を義務付ける事前救済型抗告訴訟である非申請型義務付け訴訟を提起していくことになります（訴訟選択視点③-3）。

　仮の救済措置としては, 仮の義務付けの申立てがあります（行訴法37条の5第

1 項）。

（3）　訴訟要件論——処分性，原告適格

　不利益処分発動モデルの救済方法である非申請型義務付け訴訟の訴訟要件として，「一定の処分」（行訴法 37 条の 2 第 1 項）の特定が要求されます。非申請型義務付け訴訟も抗告訴訟であるため，義務付け対象は処分性のある行為である必要があり，処分性のない事実行為（行政指導等）は義務付けの対象にはならないことには留意が必要です。処分の特定の程度としては裁判所が判断可能な程度に特定されていれば足りますが，原告側としては可能な限り具体的な処分性のある行為を特定して義務付けを求めていくことになります。

　非申請型義務付け訴訟の原告適格は「法律上の利益を有する者」（行訴法 37 条の 2 第 3 項）について認められますが，不利益処分発動モデルの場合には第三者が非申請型義務付け訴訟を提起することになります。そのため，出訴する第三者が「法律上の利益を有する者」に該当するかが争点になります。非申請型義務付け訴訟の原告適格の判断枠組みは，取消訴訟の場合と同様ですので，具体的な判断方法は，2 章 II をご参照ください。

（4）　本案論——本案上の主張制限

　非申請型義務付け訴訟では，取消訴訟の本案上の主張制限の規定（行訴法 10 条 1 項）は準用されていませんので，三面関係であったとしても同規定に基づく本案上の主張制限は問題とならないと考えることができます[57]。

---

57)　なお，非申請型義務付け訴訟について行訴法 10 条 1 項を解釈上準用する余地を示すものとして，条解行訴法 332 頁〔長屋文裕〕。

5　申請に対する処分阻止モデル：三面関係×申請に対する処分

（1）　典型的紛争パターンと概念図

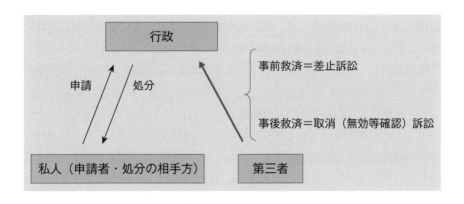

　申請に対する処分阻止モデルは,「三面関係」と「申請に対する処分」を組み合わせて導出されます。申請者が法令に基づく申請権に基づいて行政に対して申請を行い,行政が申請者に対して申請に対する処分を出しまたは出そうとしている場合において,当該申請に対する処分により不利益を被る第三者が申請に対する処分を阻止しようと争うパターンです。申請に対する処分は申請者（処分の相手方）に利益を与える授益的行政処分ですが,この授益の行政処分は処分の相手方ではない第三者に対しては不利益をもたらす場合があります。このような場合,不利益を被る第三者は,救済を求めて争っていく必要があります。具体的には,道路法32条1項に基づく道路占用許可申請に対して申請許可処分がなされ,または,なされようとしている場合において,それにより不利益を被る周辺住民が争う場面などが,これに該当します。

（2）　訴訟選択論

ア　事前救済——差止訴訟

　申請に対する処分が出される前であれば,処分の相手方ではない第三者は当該処分の事前阻止を求めて当該処分の差止訴訟を提起することになります（訴訟選択視点③-3）。

仮の救済として，差止訴訟の提起に伴い，仮の差止めの申立て（行訴法37条の5第2項）を行うことができます。

イ 事後救済——取消訴訟または無効等確認訴訟

申請に対する処分が出された後に第三者が事後的に当該処分を争う場合，出訴期間内であれば取消訴訟を，出訴期間経過後であれば無効等確認訴訟を提起することになります（訴訟選択視点③-1）。

仮の救済としては，取消訴訟または無効等確認訴訟の提起に伴い，執行停止の申立て（行訴法25条2項）を行うことができます。

ウ 取消訴訟と差止訴訟の分担関係

上記のとおり同様の事案であったとしても，訴訟提起のタイミングによって事前救済型抗告訴訟の差止訴訟と事後救済型抗告訴訟の取消訴訟等を使い分けていくことになります。取消訴訟等＋執行停止ルートという事後救済型抗告訴訟では「容易」に救済できず事前救済型抗告訴訟としての差止訴訟でなければ救済が「困難」であれば，損害の回復の「困難の程度」等（行訴法37条の4第2項）を考慮して差止訴訟を利用していくことになるでしょう。

景観利益を有する周辺居住者が公有水面埋立免許（公有水面埋立法2条1項）の差止訴訟を提起した鞆の浦訴訟（広島地判平成21・10・1判時2060号3頁。ノート20-5 POINT）では，埋立免許後に取消訴訟と執行停止申立てをしたとしても直ちに執行停止の判断がなされるとは考え難いとし，景観利益は一度損なわれたならば金銭賠償によって回復することは困難な性質であることなどが考慮され，重大な損害要件が認められました。

コラム8 三面関係における職権授益処分に対する救済方法

　二面関係における職権授益処分に対する救済方法については，コラム7（58頁）において解説しましたが，ここでは三面関係における職権授益処分に対する救済方法について若干の解説を行います。

　申請権に基づかない事実行為として職権授益処分の発動の求めを「市民」が「行政」に対して行った場合に関して，当該職権授益処分により不利益を被りまたは被るおそれのある「第三者」が救済を求めるケースが考えられます。

　職権授益処分が出される前であれば事前救済型抗告訴訟である差止訴訟を提起し（訴

訟選択視点③-3），職権授益処分が出された後であれば事後救済型抗告訴訟である取消
訴訟または無効等確認訴訟を提起することになるでしょう（訴訟選択視点③-1）。

　この場面では，申請に対する処分阻止モデル（三面関係×申請に対する処分）と類似の
救済方法により対応可能といえます。

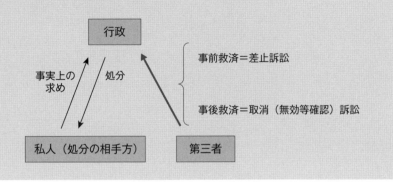

（3）　訴訟要件論——処分性，原告適格

　申請に対する処分阻止モデルにおいても，阻止対象となる行為は処分性のあ
る行為です。

　取消訴訟，（補充的）無効等確認訴訟および差止訴訟は，いずれも「法律上の
利益を有する者」に限り原告適格を認めています（行訴法9条1項，36条，37条の
4第3項）。申請に対する処分阻止モデルでは，処分の相手方ではない第三者が
出訴することになりますので，当該第三者が「法律上の利益を有する者」に該
当するのかが論点となります。第三者の原告適格に関する具体的な判断方法
は，2章Ⅱをご参照ください。

（4）　本案論——本案上の主張制限

　処分の相手方ではない第三者が取消訴訟を提起する場合，原告は自らの原告
適格を基礎付ける根拠規定違反の違法事由以外については，本案上の主張制限
（行訴法10条1項）を受ける可能性があります。

　無効等確認訴訟には行訴法10条1項は準用されておらず，処分の絶対的無効
は何人でも争えるものと考えるべきですから，解釈上も準用すべきではないと
考えられます[58]。

　差止訴訟にも行訴法10条1項は準用されていないことから，三面関係であったとしても同規定に基づく本案上の主張制限は問題とならないと考えることができます[59]。

---

58)　条解行訴法330〜331頁〔長屋〕。
59)　差止訴訟について行訴法10条1項を解釈上準用する余地を示すものとして，条解行訴法331〜332頁〔長屋〕。

Ⅳ　4段階検討プロセス・4つの主要行政紛争モデルの具体的適用
——予備試験の分析

1　はじめに

　4段階検討プロセス（本章Ⅱ）および4つの主要行政紛争モデル（本章Ⅲ）は，具体的な行政紛争事例の分析の際の1つの視点を提供します。ここでは予備試験を題材にして，具体的な活用方法の概要をみていきます。以下の解説には予備試験の問題のネタバレが含まれていますので，ご留意ください。なお，各年度の問題および詳細な解説については本書第3章をご参照ください。

2　平成23年予備試験

　平成23年予備試験は，架空の乙町モーテル類似旅館規制条例の下，Aがモーテル類似旅館の新築等をするため乙町長の同意を得るための申請権を行使したところ（同条例3条），乙町長がこれに対して不同意決定（同4条）を行った事例です。この事例は，A・乙町との二面関係におけるAの申請権および乙町長の応答義務が問題になっている事例であるため，（設問1で不同意決定の処分性を肯定する場合には）申請に対する処分発動モデルに該当します。

　設問1は申請に対する応答処分である不同意決定の処分性を問う特定訴訟要件検討型に属する訴訟要件論の出題です。

　設問2は申請に対する処分発動モデルの訴訟選択論およびこれに伴う訴訟要件論の出題です。設問2では申請に対する処分発動モデルにおける事後救済が問われているため，不同意決定の取消訴訟および（拒否処分型）申請型義務付け訴訟に訴訟選択が定まり，後は各訴訟類型の訴訟要件を網羅的に検討していくことになります（網羅的訴訟要件検討型）。

3　平成24年予備試験

　平成24年予備試験は，架空の乙市下水道条例の下，乙市長Bが指定工事店Aに対して，指定工事店指定取消処分（同条例11条2項・乙市下水排水設備指定工事店に関する規則11条）を行った事例です。A・B間の二面関係において，Bによ

る不利益処分である指定工事店指定取消処分をA自身が争うケースであるため，不利益処分阻止モデルに該当します。

平成24年予備試験では問題文自体が「本件処分の取消訴訟」と訴訟選択をすでに終え，「訴訟要件については検討しなくてよい」として訴訟要件論は設問の対象外とされており，すでに選択された訴訟形態に即した本案論について問われています。

4　平成25年予備試験

平成25年予備試験は，周辺居住者CがA市の景観計画に適合するようにA市長に事業者Bに対して変更命令（景観法17条1項）という不利益処分（監督処分）を出してもらいたい事例です。A市長・B・第三者Cの三面関係においてCが不利益処分の発動を求めていく場面であるため，不利益処分発動モデルに該当します。

設問1では，不利益処分発動モデルの訴訟選択論および仮の救済の選択論が問われていますので，非申請型義務付け訴訟および仮の義務付け申立てを選択していくことになります。

設問2は非申請型義務付け訴訟の訴訟要件論を網羅的に問う網羅的訴訟要件検討型の出題ですが，不利益処分発動モデルで問われやすい処分の相手方ではない第三者Cの原告適格論が特に問題となってきます。

5　平成26年予備試験

平成26年予備試験は，やや変則的な出題であり，申請に対する処分発動モデルと不利益処分阻止モデルのモデル間選択自体が主要論点となっています。A県の管理するB漁港の公共空地につき3年ごとに占用許可を受けてきたCが，引き続き占用許可を受けるべく，A県知事に対して占用許可申請を行ったところ，A県知事は不許可処分をしたという事例です。占用許可申請を拒否する処分と理解する法律論を採用する場合には申請に対する処分発動モデルに該当するものと理解され，占用許可の撤回処分（不利益処分）と理解する法律論を採用する場合には不利益処分阻止モデルに該当するものと理解されます。

申請に対する処分発動モデルと不利益処分阻止モデルとでは，行政手続法の

規律の相違（申請に対する処分 or 不利益処分），訴訟選択論の相違（取消訴訟＋（拒否処分型）申請型義務付け訴訟 or 取消訴訟のみ），仮の救済手段の相違（仮の義務付け or 執行停止）といった規律の大きな違いがあるため，設問1ではこれら紛争モデル間における比較を行っていくことが求められています[60]。

　設問2では，本案論が問われています。

6　平成27年予備試験

　平成27年予備試験では，A県知事による河川区域の指定（河川法6条1項3号）およびコテージの除却命令（同75条1項）の2つの係争行為が登場します（係争行為の特定）。河川区域の指定は相手方のいない不特定の者に対する一般処分ですが，設問1では当該指定の法的効果を受ける可能性があるCが当該指定について出訴します。当該指定に処分性があるのであればA県・Cの二面関係において当該指定を阻止していくので，不利益処分阻止モデルに準じる紛争類型といえます。設問2では，A県・Cの二面関係において，A県知事のCに対するコテージの除却命令という不利益処分が問題となっていることから，不利益処分阻止モデルに該当します。

　設問1では，「本件取消訴訟以外にCが提起できる行政訴訟の有無までは，検討しなくてよい」として訴訟選択論は設問の対象外とされており，さらに訴訟選択論のうち河川区域の指定の処分性に絞った検討をすれば足りるものとされています（訴訟要件論・特定訴訟要件検討型のうち処分性検討型）。

　設問2では，問題文自体が訴訟選択論についてコテージ除却命令取消訴訟と選択・指定していることを前提として，本案論について問うています。

7　平成28年予備試験

　平成28年予備試験では，Y県公安委員会のX社に対する3か月の飲食店営業停止処分（風営法34条2項）が問題となっています。X社・Y県の二面関係において，X社が飲食店営業停止処分という不利益処分を阻止していくため，不利益処分阻止モデルに該当します。また，問題文において当該処分の取消訴訟

---

60)　なお，申請に対する処分（授益的処分）と比較して不利益処分のほうが行政裁量の幅が狭くなる傾向があり，平成26年予備試験ではこのような本案論の面での比較も求められています。

および執行停止申立てをしたことが記載されており，訴訟選択論および仮の救済の選択論自体は問題文自体がすでに終えています。

　設問1では，これを前提に当該処分の取消訴訟係属中に営業停止期間が満了した場合の狭義の訴えの利益が問われています（訴訟要件論・特定訴訟要件検討型のうち狭義の訴えの利益検討型）。

　設問2では，当該処分の取消訴訟における本案論（手続的違法事由および実体的違法事由）が問われています。

8　平成29年予備試験

　平成29年予備試験では，産業廃棄物業者である株式会社Aが甲県知事Bに対して産業廃棄物処理施設の設置許可申請（廃棄物処理法15条1項）をしたところ，BがAに対して10か月間の許可留保を行った後に申請に対する許可を行ったという事例です。

　設問1は，申請に対する処分である許可の留保に関する国家賠償請求訴訟についての出題であり，構図としては申請に対する処分発動モデルの場面ですが，抗告訴訟については問題となっていません。国家賠償請求についてはコラム5（46頁）を参照してください。

　設問2は，三面関係において申請に対する処分である当該許可を阻止するために，当該許可の取消訴訟を周辺居住者C1およびC2が提起するものですから，申請に対する処分阻止モデルに該当します。申請に対する処分阻止モデルでは第三者の原告適格論が争点になりやすく，設問2でも第三者であるC1およびC2の原告適格論が問われています（訴訟要件論・特定訴訟要件検討型のうち原告適格検討型）。

9　平成30年予備試験

　平成30年予備試験では，すでになされたY県知事のXに対する勧告（Y県消費生活条例48条）およびこれからなされる可能性のある勧告不服従の公表（同50条）の2つの係争行為が問題となっています。勧告および公表のいずれについても仮に処分性が認められるのであれば，本問はX・Y県の二面関係において勧告および公表という不利益処分を阻止していくものとして不利益処分阻止

モデルに該当します（本問では，問題文自体が訴訟選択をしており，事後救済型抗告訴訟としての勧告取消訴訟および事前救済型抗告訴訟としての公表差止訴訟が想定されています）。

　設問1は，勧告および公表の処分性を問うものであり，訴訟要件論・特定訴訟要件検討型のうち処分性検討型の出題です。

　設問2は，勧告取消訴訟の本案論が問題となっています。

10　平成31（令和元）年予備試験

　平成31（令和元）年予備試験の設問1は，BがA県知事に対して広告用電光掲示板の設置をするための申請（A県屋外広告物条例6条1項）をしたところ，A県知事がBに対して許可処分をした事例において，当該許可処分の相手方ではない第三者Cが当該許可処分の取消訴訟を提起するものです。A県・B・第三者Cの三面関係において，第三者Cが申請に対する処分を阻止していく場面であるため，申請に対する処分阻止モデルに該当します。訴訟選択論に関しては当該許可処分の取消訴訟と問題文自体が選択・指定しており，設問1ではこの訴訟選択を前提にして第三者Cの原告適格を論じることが求められています（訴訟要件論・特定訴訟要件検討型のうち原告適格検討型）。

　設問2は，A県・Bの二面関係において，BのA県知事に対する申請（A県屋外広告物条例6条1項）に対するA県知事による不許可処分が問題となっており，申請に対する処分発動モデルに該当します。訴訟選択論に関しては当該不許可処分の取消訴訟と問題文自体が選択・指定しており，設問2はこの訴訟選択を前提にして取消訴訟の本案論について論じることを求めるものです。

11　令和2年予備試験

　令和2年予備試験では，産業廃棄物業者BがA市長に対して事前協議の申入れ（A市開発事業の手続及び基準に関する条例4条）をしたところ，A市長がBに対して協議拒否の通知を行った事例です。当該通知の処分性が認められる場合，A市・B間の二面関係において（通知を取り消すことにより）申請に対する処分の発動を求めていく場面といえますので，申請に対する処分発動モデルに該当します。訴訟選択論に関しては，通知の取消訴訟と問題文自体が選択・指定して

います。

　設問1は，行政救済法ではなく行政法総論からの出題であり，A市・B間における開発協定という行政契約の法的拘束力が問われています。通知取消訴訟の本案論の問題とも整理できるでしょう。

　設問2は，通知の処分性を問うものであり，訴訟要件論・特定訴訟要件検討型のうち処分性検討型の出題です。

12　令和3年予備試験

　令和3年予備試験では，A・B県の二面関係において，廃棄物処理法に基づく許可を受けているAがB県知事に対して事業範囲の変更許可申請（同14条の5第1項）をしたところ，B県知事がAに対して，一定の条件を付して許可処分（申請に対する処分）をした事例です。当該条件に不満を持つAが出訴して，当該条件の制約のない許可処分を引き出そうとする場面であることから，申請に対する処分発動モデルに該当します。

　設問1では，「本件条件に不満を持つAは，どのような訴訟を提起すべきか」という設問であり，訴訟選択論が問題となっています。また，その前提として，「考えられる取消しの対象を2つ挙げ」るように求められており，係争行為の特定の作業も必要となってきます。また，「それぞれの取消判決の効力を踏まえて検討しなさい」との設問から，判決効論（形成力，拘束力）を踏まえて訴訟選択論を検討していく必要があります。

　設問2では，本件条件の違法性という取消訴訟の本案論が問われています。

13　令和4年予備試験

　令和4年予備試験は，B町教育委員会がC古墳をB町指定文化財に指定した処分（B町文化財保護条例4条1項）について，C古墳が存する土地所有者D自身（二面関係）が，当該処分の内容の明確性や手続等を争うという場面を想定した出題です。当該処分は，処分の相手方のいない対物処分であることから，行政手続法上の不利益処分には該当しませんが，二面関係においてDが自らに対する不利益を排除する局面であるため，不利益処分阻止モデルに準ずるものとして考えていくことができます。

　設問1では，Dが「取消訴訟の提起を断念し，無効確認訴訟を提起したいと考えている」ことを前提に，「Dが当該取消訴訟の提起を断念した理由」を問う訴訟選択論と，Dの無効確認訴訟における原告適格（行訴法36条）を問う訴訟要件論が問題となっています（訴訟要件論・特定訴訟要件検討型のうち原告適格検討型）。

　設問2では，無効確認訴訟の本案論が問われています。

【図表1-9　予備試験分析表】

年度	個別法	紛争類型	4段階検討プロセス
H23	乙町モーテル類似旅館規制条例	申請に対する処分発動モデル	1　設問1 ・訴訟要件論・特定訴訟要件検討型のうち処分性検討型（申請に対する応答処分の処分性） 2　設問2 ・訴訟選択論：申請に対する処分発動モデルのうち事後救済の訴訟選択論（取消訴訟＋（拒否処分型）申請型義務付け訴訟） ・訴訟要件論：取消訴訟および（拒否処分型）申請型義務付け訴訟に関する網羅的訴訟要件検討型
H24	乙市下水道条例	不利益処分阻止モデル	1　問題文の前提 ・訴訟選択論：本件処分の取消訴訟 ・訴訟要件論：問いから除外 2　設問：本案論 ・実体的瑕疵：処分要件充足性，比例原則 ・手続的瑕疵：聴聞，理由附記の瑕疵
H25	景観法	不利益処分発動モデル	1　設問1 ・訴訟選択論：非申請型義務付け訴訟 ・仮の救済の選択論：仮の義務付け 2　設問2 ・訴訟要件論・網羅的訴訟要件検討型 ・特に第三者の原告適格論（周辺住民モデル・景観利益）

年度	個別法	紛争類型	4 段階検討プロセス
H26	漁港漁場整備法	申請に対する処分発動モデルと不利益処分阻止モデル	1　設問 1：モデル間選択 ・行政手続法の規律の相違（申請に対する処分 or 不利益処分） ・訴訟選択論の相違：取消訴訟＋（拒否処分型）申請型義務付け訴訟 or 取消訴訟のみ ・仮の救済の選択論の相違：仮の義務付け or 執行停止 ・本案論の相違：行政裁量の広狭 2　設問 2：本案論 ・地自法 238 条の 4 第 7 項の法律論 ・漁港漁場整備法 39 条 2 項の法律論
H27	河川法	河川区域の指定：不利益処分阻止モデルに準ずる コテージの除却命令：不利益処分阻止モデル	1　設問 1 ・訴訟選択論：問いから除外（指定無効確認訴訟） ・訴訟要件論・特定訴訟要件検討型のうち処分性検討型：河川区域の指定の処分性 2　設問 2 ・本案論：裁量統制ツールとしての信義則
H28	風営法	不利益処分阻止モデル	1　問題文の前提 ・訴訟選択論：飲食店営業停止処分の取消訴訟 ・仮の救済選択論：執行停止 2　設問 1：訴訟要件論 ・訴訟要件論・特定訴訟要件検討型のうち狭義の訴えの利益検討型 3　設問 2：本案論 ・手続的瑕疵（理由附記と処分基準の適用関係） ・実体的瑕疵（処分基準からの逸脱）
H29	廃棄物処理法	設問 1：申請に対する処分発動モデルの場面ではあるが，国賠の問題 設問 2：申請に対する処分阻止モデル	1　設問 1 ・国家賠償法上の違法性（許可留保の行政指導の違法性） 2　設問 2 ・訴訟要件論・特定訴訟要件検討型のうち原告適格検討型 ＊訴訟選択論（問題文にて選択・指定）：産業廃棄物処理施設の設置許可取消訴訟

年度	個別法	紛争類型	４段階検討プロセス
H30	Ｙ県消費生活条例	不利益処分阻止モデル	1　設問１：訴訟要件論・特定訴訟要件検討型のうち処分性検討型 ・勧告の処分性 ・公表の処分性 ＊訴訟選択論：事後救済型抗告訴訟としての勧告取消訴訟および事前救済型抗告訴訟としての公表差止訴訟と問題文自体が選択・指定 2　設問２：本案論 ・勧告の裁量性 ・処分要件該当性 ・効果裁量の逸脱・濫用（比例原則）
H31 R1	Ａ県屋外広告物条例	設問１：申請に対する処分阻止モデル 設問２：申請に対する処分発動モデル	1　設問１ ・訴訟要件論・特定訴訟要件検討型のうち原告適格検討型 ＊訴訟選択論：当該許可処分の取消訴訟と問題文自体が選択・指定 2　設問２ ・取消訴訟の本案論：委任命令の合法性 ＊訴訟選択論：当該不許可処分の取消訴訟と問題文自体が選択・指定
R2	都市計画法，Ａ市開発事業の手続及び基準に関する条例	申請に対する処分発動モデル	1　設問１ ・行政法総論からの出題：行政契約の法的拘束力 2　設問２ ・訴訟要件論・特定訴訟要件検討型のうち処分性検討型：精神的表示行為（通知）の処分性 ＊訴訟選択論：通知の取消訴訟と問題文自体が選択・指定
R3	廃棄物処理法	申請に対する処分発動モデル	1　設問１：訴訟選択論 ・係争行為の特定（本件条件と本件許可の２つ） ・判決効論（形成力，拘束力） ・本件条件の取消訴訟と本件許可取消訴訟の比較検討 2　設問２：本案論 ・裁量統制のツール：比例原則，信頼保護

年度	個別法	紛争類型	4段階検討プロセス
R4	B町文化財保護条例	不利益処分阻止モデルに準ずるもの	1 設問1 ・訴訟選択論：無効確認訴訟 ・訴訟要件論・特定訴訟要件検討型のうち原告適格検討型：無効確認訴訟の原告適格（行訴法36条） 2 設問2 ・無効確認訴訟の本案論

第2章

主要論点における行政法解釈の技法

橋本博之

I　処分性

1　処分性とは

　処分性とは，行政の行為のうち，取消訴訟を含む抗告訴訟の対象となる「行政処分」を画する解釈問題です。処分性は，抗告訴訟の意義や構造を決定付ける問題であると同時に，行政に関わる紛争について司法的救済の「受け皿」を決定する役割を果たします。処分性が否定される場合，「受け皿」となる訴訟類型は，行政事件であれば当事者訴訟（行訴法4条後段の定める実質的当事者訴訟），通常の民事事件であれば民事訴訟です。加えて，処分性は，行政活動の最も典型的な行為形式である行政処分（行政行為）を定義付ける問題でもあり，行政裁量や行政手続などを理解する「鍵」でもあります。

　判例は，「抗告訴訟の対象となる行政処分に当たる」ことを，処分性があると表現します。また，行訴法3条1項は，「抗告訴訟」を「行政庁の公権力の行使に関する不服の訴訟」と定めます。このことから，以下の図式が成り立ちます。

> 抗告訴訟の対象＝行政処分＝行政庁の公権力の行使（不行使を含む＊）

　＊条文に「関する」とあることから，不行使を含むと解釈できます。

　次に，行訴法3条2項・3項には，「処分」と「裁決」という概念が登場します。行訴法3条2項は，「行政庁の処分その他公権力の行使に当たる行為（次項に規定する裁決，決定その他の行為を除く）」を「処分」と呼び，同条3項は，「審査請求その他の不服申立て……に対する行政庁の裁決，決定その他の行為」を「裁決」というと定めます。行政庁の処分その他公権力の行使に当たる行為とは，処分と裁決の全体です。

> **抗告訴訟の対象＝行政処分＝行政庁の処分その他公権力の行使に当たる行為**
> （処分＋裁決。行訴法3条2項＋3項）

　処分性とは，行政庁の処分その他公権力の行使に当たる行為（行訴法3条2項），あるいは，処分（同条2項）または裁決（同条3項）の該当性の解釈問題，と整理できます。

　なお，行訴法3条2項の条文は，「行政庁の処分その他公権力の行使に当たる行為」と書かれています。「A その他 B」という規定は A と B の併置を意味し，「A その他の B」であれば A が B の例示（A は B に包摂）です。

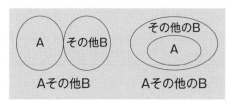

　ゆえに，処分性が認められるのは，「行政庁の処分」と「その他公権力の行使に当たる行為」の両方です。

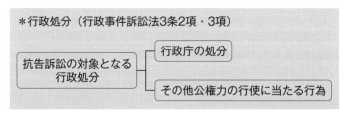

2　判例の定式

　次に，判例の定義を見てみましょう。一例として，東京地裁行政部の決定文（東京地決平成29・2・3判例集未登載）を引用します。

> 「抗告訴訟の対象となる行政処分とは，公権力の主体である国又は公共団体が行う行為のうち，その行為によって直接国民の権利義務その他の法的地位を形成し又は変動することが法律又は条例によって認められているものをいう（最高裁昭和39年10月29日第一

小法廷判決・民集18巻8号1809頁等参照)。」

　他方，学生の方々に質問すると，上記にも引かれている昭和39年の最判の定義を使っているようです。以下，引用します。旧行政事件訴訟特例法下のものですが，現在の行訴法についても「処分性のリーディング・ケース」[1]と理解されています。

> 「行政事件訴訟特例法1条にいう行政庁の処分とは，……行政庁の法令に基づく行為のすべてを意味するものではなく，公権力の主体たる国または公共団体が行う行為のうち，その行為によって，直接国民の権利義務を形成しまたはその範囲を確定することが法律上認められているものをいう」。

　処分性の有無は，上記の定式を当てはめて判定するのが基本です。この「当てはめ」を行うため，定義を踏まえた処分性判定の指標（抽象的な基準を具体的なケースに当てはめて結論を導く「目安」）が問題となります。処分性判定の指標は，①係争行為の公権力性，②法律上の地位に対する影響（法的地位の形成・変動），の2点に集約できます[2]。

＊処分性判定の指標
　①公権力性　＋　②法律上の地位に対する影響（法的地位の形成・変動）

　処分性の問題とは，当事者が抗告訴訟で争いたいと考えている行政の行為について，その根拠規範（個別法）を解釈し，上記①②の指標を意識しつつ，判例の定義を当てはめて，抗告訴訟の対象性の有無を判定する作業です。
　なお，処分性の有無は，根拠規範（個別法）により定性的に決まります。判例は，事案によって処分性の有無が変わる，あるいは，原告により処分性の有無

1）　塩野Ⅱ104頁。
2）　定義から導かれる指標とは別に，根拠法令上，当該行為に係る行政不服申立てが法定されるなど，当該行為につき取消訴訟の対象性を前提とする趣旨の規定があれば，行政処分とする立法者意思が示されているものとして，処分性は肯定されます。いずれにしても，根拠法令に示された立法者意思が処分性判定の指標になる，と理解することが大切です。

が変わるという解釈はとりません。処分性の判定（当てはめ）において，救済の必要性や，紛争の成熟性等の要素を解釈に取り込むことはありますが，判例ベースで考える限り，個別の事案ごとに処分性が異なることにはなりません。

　処分性を否定した場合には，実質的当事者訴訟ないし民事訴訟が救済の受け皿になるケースが考えられます。その際，受け皿のひとつとなる確認訴訟において，確認の利益は，法令により定性的に定まるのではなく，事案ごとに個別に判断されます。この違いは，訴訟類型選択を考える場合の重要なポイントですから，ぜひ覚えておいてください。

3 「当てはめ」の解釈技法

　上記の2つの指標は，判例の定義を当てはめて結論を導くツールとして，少し「粗い」ものです[3]。判例のロジックを理解し，自分の起案につなげるため，もう一段階「目の細かい」指標を知っておくことも必要です。行政処分に関する判例の定義の上記②の部分は，4つに分解できます（下記の下線A～D）。

> 　行政庁の処分とは，行政庁の法令に基づく行為のうち，公権力の主体たる国または公共団体が行う行為のうち，その行為によって，A直接B国民のC権利義務を形成しまたはその範囲を確定することがD法律上認められているものをいう。

　上記の4つの指標と公権力性の指標を合わせると，5つの指標があることになります。以下，これらの指標に関わる当てはめの解釈技法を整理します。具体的な判例については，93頁以降の【付表】にまとめてあります。

---

3) 　処分性が肯定されることが自明に近いケース，処分性を否定した上で当事者訴訟の可能性を探るケースなどでは，「粗い」指標の方が使いやすいと考えられます。

①係争行為の公権力性

⇒当該行為が，法が認めた優越的地位に基づき，法律関係を一方的に変動させる
　行為であるとの判定にかかわる。
⇒私法上の行為（契約など）との判別，公共施設の設置・供用（嫌忌施設の建設・
　稼働★など）の法的性質の解釈，給付行政における決定（給付拒否決定★★など）の
　法的性質の解釈で問題となる。

★　公共施設の設置・稼働について，処分性を認めて抗告訴訟で争うのか，人格権に基づく民事差止訴訟で争うか，訴訟類型選択・仮の救済の選択が問題になります。

★★　給付を拒否する行政決定が，行政処分（申請に対する処分）か，契約の申込みに対する応答行為かを判定するパターンです。申請拒否処分を争う抗告訴訟か，民事訴訟（給付の訴え）かという訴訟類型選択の問題になります。

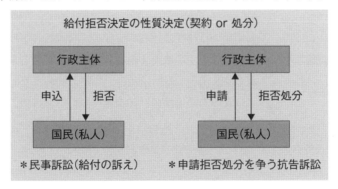

　図左では，国民の側に給付を受ける請求権があるかが争点となりますが，図右では，申請拒否処分の違法（裁量権の逸脱・濫用の有無，手続的瑕疵の有無など）が争点となります。処分性の有無は，当事者の争い方を左右することにも注意しましょう。

②「法律上の地位に対する影響」を構成する4要素

②＝A 「直接」という要素
⇒当該行為が，直接的・個別具体的な法的効果をもつ行為である（一般的・抽象的な法的効果にとどまらない）ことの判定にかかわる。
⇒一般的・抽象的な法的規律を定める行為（行政基準・条例の制定行為★など），直接的な名あて人のない行為（一般処分・対物処分★★など），行政過程の中間段階の行為（計画決定行為★★★など）の処分性判定で問題となる。

★　行政基準を定める行為，条例制定行為等は，通常，特定人の具体的な権利義務に直接の影響を及ぼすものではなく，処分性は否定されます（一般的・抽象的な権利義務を規律するのみ）。しかし，これらの行為についても，具体的な執行行為を経ることなく特定人に具体的な法的効果を及ぼす（行政処分と実質的に同視できる）と解釈できれば，処分性を認める余地が生じます（条例制定行為をダイレクトに抗告訴訟で争うなど）。

★★　形式上は名あて人のない行政庁の行為について，当該行為が特定人に具体的な法的効果を発生させるか否か，法的仕組みに照らした解釈により処分性の判定が行われることがあります（処分性が認められれば，一般処分，対物処分などと呼ばれるケースです）。告示による二項道路の一括指定について，当該告示が個人の権利義務に対して直接影響を与えるとして処分性を肯定した判例（最判平成14・1・17民集56巻1号1頁。ノート16-8・百選Ⅱ149）が典型です。

★★★　複数の行為が連鎖して行政プロセスが進行する場合の，中間段階（最終段階ではないという意味）の行為の処分性は，国民に直接具体的な法的効果を発生させるかという観点から解釈されます。計画決定行為について，その法的効果が一般的・抽象的なものに過ぎないか，個別具体的・直接的なものかを判別します。行政過程のどの段階（タイミング）で抗告訴訟を使えるか，という問題（「紛争の成熟性」とも表現されます）と重なります。

　例として，小田急高架訴訟の事案をイメージしてみましょう。

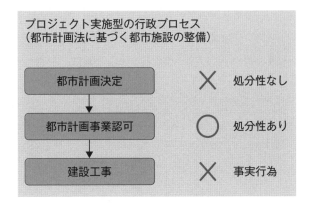

　小田急高架訴訟では，平成 6 年の都市計画事業認可を争う取消訴訟について原告適格が肯定され（最大判平成 17・12・7 民集 59 巻 10 号 2645 頁。ノート 17-11・百選 II 159），それに先行する平成 5 年の都市計画変更決定の違法が判断されています（最判平成 18・11・2 民集 60 巻 9 号 3249 頁。ノート 9 − 1・百選 I 72）。都市計画決定の処分性が否定されているため，先行処分→後行処分として行政処分が連続するパターンではなく，違法性の承継は論点となっていません。

②＝B　「国民の」という要素
⇒当該行為が，国民に対する外部効果をもつ行為であること（行政組織内部の法的効果にとどまらないこと）の判定にかかわる。
⇒当該行為のもつ法的効果が行政機関内部にとどまるもの（通達★などの内部行為），行政機関相互の行為★★，公務員に対する職務命令などの処分性判定で問題となる。処分性否定のロジックとして登場することが多い。

★　通達は，行政組織内部の行為として行政機関を法的に拘束するとしても，国民（行政主体の外側にいる法主体）との関係で直接具体的な法的効果を生じるものではないとして，処分性を否定されるのが通常です（もちろん，肯定例もあります）。

★★　行政機関相互の行為についても，国民との関係で直接具体的な法的効果

を生じないとして処分性が否定されるのが通常です。例として，消防法に基づいて消防長（村の機関）が知事（県の機関）に対してした同意拒否行為につき処分性を否定した判例（最判昭和 34・1・29 民集 13 巻 1 号 32 頁。ノート 16-12・百選 I 16）を紹介します。

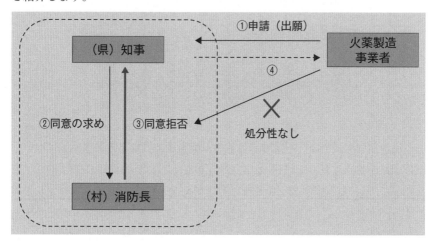

上記の図において，時間軸は①→④と進行します。裁判では③の取消しが争われており，紛争の時点で④はまだ実現してないと想定されます。判例によれば，③について処分性は否定されるので，原告（事業者）としては，④の行為（申請拒否処分が想定されます）を待ってその取消訴訟を提起し，その訴えにおいて同意拒否が違法であると主張することが正しい方法になります。現在の行訴法下であれば，事前救済型（処分獲得型）の抗告訴訟として，申請型義務付け訴訟を提起することがファーストチョイスと考えられます。

②＝C 「権利義務を形成し又はその範囲を確定する」という要素（法的規律の要素）
⇒当該行為が，国民の法的地位を変動させること（法的効果を有さない事実行為でないこと★）の判定にかかわる。
⇒行政庁が国民に法律的見解を表示する行為（通告，通知，勧告など★★）が，具体的な法的効果を生じさせない行為として処分性が否定されるか，抗告訴訟の対象となる行政処分といえるかの判別で問題となる。相手方に一定の不利益を与えるけれども，法的地位を変動させるものではないとして処分性が否定されるケース★★★も見られる。

★　行政庁が法律的見解を表示する行為は，一般的には，単なる事実行為（表示行為）として処分性が否定されます。処分性が争われるケースには，行政指導との判別が問題になるもの（勧告，通知等の行為），それ以外の事実行為との判別が問題になるもの（公表，調査等）があります。

★★　判例は，法令または条例上通知，告知，勧告等とされる行為について，関連する法令の「仕組み解釈」に基づいて処分性を柔軟に解釈し，抗告訴訟の対象行為として認めることがあります。行政主体による事実行為（行政指導，観念の通知など）との判別が問題となるパターンです。

例として，検疫所長の通知に処分性を認めた判例（最判平成16・4・26民集58巻4号989頁。ノート16-5）を紹介します。

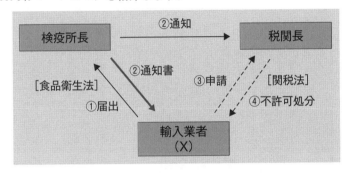

時間軸は，①→④と進みます。②は2か所あります（先後関係が不明という趣旨です）。③④は，本件紛争の時点より将来のプロセスとして想定されるものです。①は「届出」ですから，普通に考えると行政機関の応答行為は予定されません（行手法37条）。検疫所長の輸入業者Xに対する通知書の交付行為は，食品衛生法違反の品物だから積み戻しをするか，廃棄するかを指示する行政指導であるとも考えられます。しかし，判例は，食品衛生法に基づき食品の輸入届出をした者に対して検疫所長が行う通知（当該食品が同法に違反する旨の通知）について，輸入届出をした者への応答として法に根拠を置くものであり，通知により税関長による輸入許可が受けられなくなるという法的効力を有するとして，処分性を肯定しました。Xが持ち込んだ食品について，食品衛生法に違反するという行政側の判断が，関税法上の申請手続（③④）において再度なされることは

なく，法の仕組みにおいて検疫所長による判断が最終的なものであり，そうである以上，Xとして検疫所長の通知を抗告訴訟で争うことができると解釈すべきであるという考え方が読み取れます。

　もうひとつ，医療法の勧告に処分性を認めた判例（最判平成17・7・15民集59巻6号1661頁。ノート16-7・百選Ⅱ154）を紹介しておきます。時間軸は左から右に進みます。縦方向の青い破線が紛争のタイミングを示しており，それより右側は，将来生じるであろう行政過程を記しています。

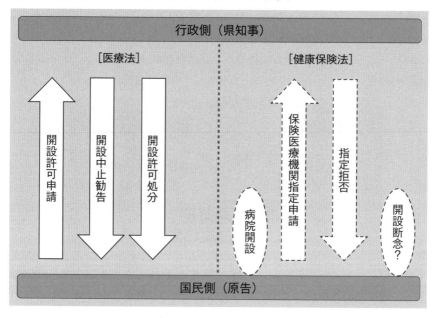

　この事案では，病院を開設しようとする者（X）に対して，医療法に基づき，知事は開設許可処分（申請を認容する処分）を出しています。自分の申請が認容されているのですから，普通に考えると，Xはこの処分を争うことはできません。ところが，この処分の直前，知事はXに対して同法に基づく勧告（病院開設中止の勧告）をしており，Xがこれに従わないと健康保険法上の保険医療機関の指定は受けられない，との「予告」を通知します。これをとらえて，判決では，勧告に従わない場合，「相当程度の確実さをもって，病院を開設しても保健医療機関の指定を受けることができなくなるという結果をもたらす」とされています。

要するに，病院開設につき医療法上の許可は出すけれども，地域医療の規模・病床数などを抑制するという行政側の意図に従わせるため，別の法律が規律する健康保険制度とリンクさせて勧告に実質的な強制力を持たせる，というわけです。

判例は，上記の勧告について，医療法上は行政指導であるが，これに従わないと実際上病院の開設を断念せざるを得ないことになることを指摘しています。Xにとって，勧告のタイミングをとらえて抗告訴訟で争えるようにしないと，合理的な紛争解決の途が閉ざされることをとらえた判断と考えられます。

★★★　判例は，都市計画法における開発許可申請の過程での公共施設管理者の同意拒否行為の処分性を否定しました。同意拒否行為により開発許可申請ができず，その結果として開発行為を行うことができなくなったとしても，開発を行おうとする者の権利ないし法的地位が侵害されたものとはいえないという理由付けをしています（最判平成7・3・23民集49巻3号1006頁。ノート16-3・百選Ⅱ151）。外形的に法的地位に影響するように見えても，法的仕組みに照らして，係争行為は法律関係を変動させていない，というロジックになっています[4]。

> ②＝D　「法律上認められている」という要素
> ⇒当該行為が，法律ないし条例に基づく行為であること（法規性のない規範に基づく行為，根拠規範のない行為でないこと★）の判定にかかわる。
> ⇒給付行政（侵害留保原則により法律の根拠が要請されない）において，通達・要綱など法規性のない規範に基づいてなされる行政決定の処分性の有無（抗告訴訟か，民事訴訟・当事者訴訟かという訴訟類型選択の問題となる）につき問題となる。

---

4)　同判決は，都市計画法上，原則として開発行為が禁止されている市街化調整区域において，同意がなければ開発許可申請もできなくなる，という事案です（逆に，市街化調整区域内で開発許可がされれば，予定建築物の建築を可能にする法的地位を獲得できます。最判平成27・12・14民集69巻8号2404頁・ノート18-4［A］）。最高裁は，元々ゼロのものについて同意を得て許可申請すれば「法的地位」を獲得できる，という解釈に依拠しています。しかし，開発許可を申請しようとする者が協議を求めたところ，行政側が恣意的ないし違法に同意拒否をするケースがあり得るのですから，同判決のように救済方法を切り捨ててしまうことには疑問も残ります。

★　法律・条例に根拠があることは，公権力性の要素を肯定する場合など，他の要素の判別と一体化して用いられることがあります（侵害留保原則に立つなら，法律・条例の根拠がないのに公権力性を認めることはありません）。

　以上，処分性について，判例の定義の構成要素を分析し，それらの要素がどのように「当てはめ」られるか，整理してみました。

　処分性の判定は，事案（個別法）ごとにさまざまな要素を適切に解釈して結論を導く必要があり，単純に判例の定義を分解して順番に当てはめを書けばOKとは行きません。上記の整理を自分自身の「考え方」の基軸として頭に入れておき，問題を解く際には，パターンが類似する判例のロジックをイメージして答案構成するとよいでしょう。

4　実効的権利利益救済の考慮

　判例は，処分性を肯定することが，「実効的な権利救済を図るという観点」から「合理性がある」という趣旨を述べることがあります。**浜松市土地区画整理事業事件★**（最大判平成20・9・10民集62巻8号2029頁。ノート16-15・百選Ⅱ147），**横浜市保育所民営化事件★★**（最判平成21・11・26民集63巻9号2124頁。ノート16-10・百選Ⅱ197），**旭川市クリーニング店廃止通知事件**（最判平成24・2・3民集66巻2号148頁。ノート16-6［A］）などが代表例です。これらの判例は，処分性の判別が自明でなく，根拠法令の丁寧な仕組み解釈によって処分性肯定の結論を導く場合に，補強的な理由付けとして，抗告訴訟を用いることが手続的に合理的であることを述べます。

　これらの判例は，係争行為が「行政庁の処分」の定義に当てはまることを示した上で，「実効的な権利救済を図るために合理的である」，あるいは，「抗告訴訟において当該行為の適法性を争い得るとすることには合理性がある」等を付加しています。要するに，①「行政庁の処分」の定義への当てはめと，②実効的権利救済という観点からの合理性の論証について，①を肯定した上で補強理由として②を付け加える，という二段構えのロジックになっています。事例問題として処分性の有無が問われるような場合は，処分性の判別が自明ではない（だから問題となっている）と考えられますから，②の理由付けについても，基本

的には書く方向で検討すべきです。

★　浜松市土地区画整理事業事件（上述）

　この事案では，市町村が施行する土地区画整理事業の事業計画の決定・公告という「行政の行為」について，「処分性」の有無が争われています。上述した，複数の行為が連鎖して行政プロセスが進行する場合の中間段階の行為の処分性が問題となる典型例です。

　行政プロセスは，事業計画の決定・公告→仮換地の指定→換地処分と進行します。仮換地の指定と換地処分は当然に処分性が認められる一方，事業計画の決定・公告についてかつての判例では処分性が否定されていましたが，最高裁は判例変更して処分性を認めます。そこでのロジックの流れは，次のようになっています。

> 事業計画の決定がされることにより，事業施行地区内の宅地所有者等は，所有権等に対する「規制を伴う土地区画事業整理事業の手続に従って換地処分を受けるべき地位に立たされる」のであり，「その法的地位に直接的な影響が生ずる」。

↓

> 換地処分等の取消訴訟において，事業計画の違法を主張し，その主張が認められたとしても，事情判決をされる可能性が相当程度あり，「宅地所有者等の被る権利侵害に対する救済が十分に果たされるとはいい難い。そうすると，事業計画の適否が争われる場合，実効的な権利救済を図るためには，事業計画の決定がされた段階で，これを対象とした取消訴訟の提起を認めることに合理性がある」。

　上記の部分に続けて，判決文は，①事業計画の決定は，施行地区内の宅地所有者等の法的地位に変動をもたらすものであって，抗告訴訟の対象とするに足りる法的効果を有する，②実効的な権利救済を図るという観点から見ても，事業計画の決定を対象とした抗告訴訟の提起を認めるのが合理的である，③したがって，事業計画の決定は，行訴法3条2項にいう「行政庁の処分その他公権力の行使に当たる行為」である，と進みます。①のみで「行政庁の処分」の定義を充足するとも考えられるところ，②の部分（救済機能の面から手続の合理性を論

証する部分）で補強的な理由付けを行い，③で全体として処分性肯定の結論を導いています。

★★　横浜市保育所民営化事件（上述）

　保育所の廃止を定める条例制定行為について，「行政庁の処分と実質的に同視し得る」として処分性を肯定した判例です。事件当時の児童福祉法では，保護者が選択した保育所への入所承諾の際，保育の実施期間が指定される仕組みになっており，実施期間の満了より前に条例により保育所が廃止されると，当該保育所において保育を受けることを期待し得る法的地位を奪う結果を生じさせるとして，条例制定行為の処分性を認めた重要判決です。

　この判決のロジックは，次のような構造になっています。

児童福祉法の定める保育の実施の仕組みは，保育所について「保護者の選択を制度上保障したもの」であり，特定の保育所で現に保育を受けている児童およびその保護者は「保育の実施期間が満了するまでの間は当該保育所における保育を受けることを期待し得る法的地位を有する」。

⬇

本件条例は，他に行政庁の処分を待つことなく，その施行により各保育所廃止の効果を発生させる。当該保育所に現に入所中の児童およびその保護者という「限られた特定の者らに対して，直接，当該保育所において保育を受けることを期待し得る上記の法的地位を奪う結果を生じさせる」のであり，本件条例の制定行為は，「行政庁の処分と実質的に同視し得る」。

⬇

公立保育所で保育を受けている児童・保護者が，廃止条例の効力を争って当事者訴訟・民事訴訟を提起して勝訴判決・保全命令を得たとしても，市町村としては保育所の存続につき実際の対応に困難をきたす。「処分の取消判決や執行停止の決定に第三者効（行政事件訴訟法32条）が認められている取消訴訟において当該条例の制定行為の適法性を争い得るとすることには合理性がある。」

　判決は，現に保育の実施を受けている児童・保護者について個別法に基づく

「法的地位」があることを論証した上で，特定の保育所の廃止を定める条例には，その施行により，直接，限られた特定の者らの法的地位を奪う結果を生じさせることから，行政庁の処分と実質的に同視し得るとしています。この部分（上記の2番目）までで行政処分の定義を充足するための「当てはめ」はできているのですが，判決は，さらに，当事者訴訟・民事訴訟との手続的な比較において，条例制定行為の処分性を認めることに「合理性」があると判示しています。

　なお，実効的権利利益救済の考慮については，処分性判定のための指標を当てはめる場面で使われている，すなわち，「実効的な権利救済の要請は従前の定式の中で潜在的に判断されてきている」というケースもあります[5]。処分性の定義への「当てはめ」の中に溶け込ませる解釈方法と，プラスアルファの理由付けとして付加する解釈方法の2つがあり得る，と整理できます。

5　その他公権力の行使に当たる行為

　行訴法3条2項にいう「その他公権力の行使に当たる行為」は，権力的性質の事実行為を含んでいます[6]。行政による行為のうち，「行政庁の処分」の定義に合致しないものであっても，一定の権力的事実行為について，処分性が認められる（抗告訴訟を使って争うことができる）ことがあります。宇賀先生のテキストでは，「代執行，直接強制，即時強制のように，行政庁が一方的に私人の身体，財産等に実力を行使して，行政上望ましい状態を実現する事実行為」がこれに相当すると説示されています[7]。このような事実行為について抗告訴訟の対象とすることにより，公権力性を排除して国民（原告）の権利利益の司法的救済を図ることが可能になります。すなわち，権力的事実行為が継続的性質を持つものであれば，取消訴訟などで権利利益の侵害が継続する状態を排除できるし，権利利益の侵害が将来に向けて反復継続する，あるいは，将来確実に権利利益侵害が発生するケースであれば，差止めなど事前救済が可能になります。

　もっとも，「その他公権力の行使に当たる行為」は，概念として広いものであ

---

　5)　行政法ガールII 128頁。
　6)　杉本9頁は，「行政庁が一方的に行う事実行為的処分で相手方の権利自由の侵害の可能性をもつもの」と表現しています。
　7)　宇賀・概説II 162頁。

り，上記の権力的事実行為に限定されるとは言い切れません。これを広げて考えることができれば，制裁的性質をもつ公表や，相当程度の確実性をもって特定人に不利益な結果をもたらす勧告などについて，「その他公権力の行使に当たる行為」として処分性を認めるという可能性があると考えられます。

6　処分性の有無の解釈（まとめ）

　処分性を肯定するためには，基本的に，上述した指標（大きく括った2指標または分析的にとらえた5指標）を全て肯定することが必要です。もっとも，結論肯定の「当てはめ」をする際，上記指標の各要素のうち特に問題になるものに焦点を合わせた論述（紛争類型に合致した指標の摘出）をするのが普通です。この点を意識した判例学習が特に必要です。

　最後に，処分性について結論肯定で「当てはめ」をする場合の注意点をまとめておきましょう。

①係争行為について，根拠となる条文をチェックする。

②行訴法3条2項を引用し，「行政庁の処分」の判例の定義を明示する。

③行政庁の処分の定義のうち，「公権力性」と「国民の法的地位を直接・具体的に形成・変動させる」について，当てはめを行う。

④公権力性の要素については，法律・条例に根拠があり，一方的に法的地位を形成・変動させるため，公権力の行使といえる等を論証する。個別法の条文の引用を忘れない。

⑤「国民の法的地位を直接・具体的に変動させる」ことについて，定義を構成する要素のうち，その事案で焦点となる要素を摘示した上で詳しい「当てはめ」を行う。

⑥⑤の「当てはめ」は，類似事案の判例のロジックを借用できないか考える。「直接」性の要素であれば，「○○処分を受けるべき法的地位に立たされる」，「限られた特定の者に対して直接○○の法的地位を奪う結果を生じさせる」，法的規律の要素であれば，「○○という処分が受けられなくなるという法的効力を有する」，「○○という法的義務が発生する」などの判例上のキーフレーズを，「当てはめ」に埋め込む。

⑦処分性を肯定した後で（行政処分の定義を充足することを論証した後で），処分性

を認めること（抗告訴訟の対象とすること）について，「原告の実効的な権利救済を図るために合理的である」など，手続上の合理性について付記することを考える。特に，処分性を認めないと裁判で争う機会が実質的に失われる一方，取消判決や執行停止決定により合理的救済が図れる場合については，付記する方向でイメージする。

＊　行政過程における紛争のタイミング（紛争の成熟性），抗告訴訟と民事訴訟ないし当事者訴訟との振り分けのどちらが問題になるか，イメージしてみる。それに応じて，事案や法の仕組みを「見える化」して答案構成するとよい。

＊＊　上記以外に，不服申立ての対象となることが法律・条例に明記されている場合，申請制度（申請権があること）が条文から明らかな場合（行政側の応答義務が法定されているなど），当該行為に違背した場合に罰則が定められている場合（法的義務の成立が明らか），行政手続の適用除外から処分であることの立法者意思が逆算される場合など，処分性を肯定する解釈技術がある。

【付表　処分性の有無に関する主要判例（○＝結論肯定　×＝結論否定）】
▶指標①（公権力性・その１）＝私法上の行為との区別

×	国有財産法上の普通財産の売払い（最判昭和 35・7・12 民集 14 巻 9 号 1744 頁。ノート 16-1 ） ※行政実務上，売渡申請書の提出⇒払下許可の形式をとっているからといって，私法上の売買であるという法律上の性質に影響は及ぼさない。
×	農地法による農地の売払い（最大判昭和 46・1・20 民集 25 巻 1 号 1 頁。百選 Ⅰ44） ※法規命令（農地法施行令）を農地法の定める売払制度の趣旨に照らして違法・無効とした判例。強制買収農地の売払いの処分性を否定。
○	供託物取戻請求に対する供託官の却下（最大判昭和 45・7・15 民集 24 巻 7 号 771 頁。ノート 16-1 ［A］） ※個別法上，却下処分について行政不服申立てできることが法定。供託関係が民法上の寄託関係であるからといって，民法上の履行拒絶ではない。
○	国税還付金の納付すべき国税への充当（最判平成 6・4・19 判時 1513 号 94 頁） ※機能的には相殺と異ならないが，法規の定めとその趣旨から処分性を認める。個別法において，定められた行政機関に対し，一定の場合に一方的に充当することを義務付け，充当した場合の通知も義務付けている。

▶指標①（公権力性・その２）＝給付行政における拒否決定（申請に対する処分か否か）

○	助成金支給要綱に基づく受給申請の拒否　（大阪高判昭和54・7・30判時948号44頁） ※要綱が根拠であっても，給付制度全体の趣旨・目的から，受給申請について行政庁として応答をなすべきことが一般法理上義務付けられていると解釈できる。
○	労災就学援護費の不支給決定（最判平成15・9・4判時1841号89頁。ノート16-17・百選Ⅱ152） ※労災就学援護費は，通達（支給要綱）を根拠とするが，法は，保険給付を補完するため，労働福祉事業として保険給付と同様の手続により，労災就学援護費を支給できる旨を規定していると解釈できる。被災労働者・遺族が具体的に労災就学援護費の支給を受けるためには，労働基準監督署長に申請し，所定の支給要件を具備していることの確認を受けなければならず，署長の支給決定により初めて具体的な支給請求権を取得する。労災就学援護費の支給・不支給の決定は，法を根拠とする優越的地位に基づいて一方的に行う公権力の行使であり，被災労働者・遺族の権利に直接影響を及ぼす法的効果を有する。

▶指標①（その３・公権力性）＝公共施設の設置・稼働（嫌忌施設の差止め）

×	ごみ焼却場の設置（最判昭和39・10・29民集18巻8号1809頁。ノート5−1・百選Ⅱ143） ※焼却場は都の所有地の上に私法上の契約により設置され，都が設置を計画し計画案を都議会に提出した行為は都の内部的手続行為にとどまる。
○	国営空港の供用（最大判昭和56・12・16民集35巻10号1369頁。ノート15-4・百選Ⅱ144） ※国営空港の供用は，運輸大臣の有する空港管理権と航空行政権の不可分一体的な行使の結果であり，夜間飛行差止請求は，不可避的に航空行政権の行使の取消変更ないしその発動を求める請求を包含する。
○	自衛隊機運航の統轄・規制（最判平成5・2・25民集47巻2号643頁。ノート15-5） ※自衛隊機の運航に関する防衛庁長官の権限の行使は，その運航に必然的に伴う騒音等について周辺住民の受忍を義務付けるのであり，周辺住民との関係において，公権力の行使に当たる行為である。

○　自衛隊機運航の統轄・規制（最判平成 28・12・8 民集 70 巻 8 号 1833 頁。ノート 20-5 ［A］・百選Ⅱ145）

※防衛大臣による自衛隊機運航の統轄・規制が公権力の行使に当たることを前提に，「重大な損害を生ずるおそれ」を認めて差止訴訟を適法とする。

▶指標②＝A（直接具体的な法的効果・その1）＝規範定立行為・一般処分

×　水道料金値上げを定める条例の制定（最判平成 18・7・14 民集 60 巻 6 号 2369 頁。ノート 16-9・百選Ⅱ150）

※本件条例は，水道料金を一般的に改定するものであって，限られた特定の者に対してのみ適用されるものではなく，本件条例制定行為を行政庁が法の執行として行う処分と実質的に同視することはできない。

○　保育所を廃止する条例の制定（最判平成 21・11・26 民集 63 巻 9 号 2124 頁。ノート 16-10・百選Ⅱ197）

※本件条例は，他に行政庁の処分を待つことなく保育所廃止の効果を発生させ，限られた特定の者らに対して，直接，当該保育所において保育を受けることを期待し得る法的地位を奪う結果を生じさせるものであり，その制定行為は，行政庁の処分と実質的に同視し得る。

×　環境基準の告示（東京高判昭和 62・12・24 行集 38 巻 12 号 1807 頁）

※環境基準は，政策上の達成目標ないし指針を示すものであって，国民に対する法的拘束力のある規範と解することはできない。

○　医療費値上げの職権告示（東京地決昭和 40・4・22 行集 16 巻 4 号 708 頁。ノート 19-5）

※当該告示は，行政庁の他の処分を待つことなく，直接に国民の具体的な権利義務ないし法律上の利益に法律的変動をひきおこすという限りで，行政行為と何ら異なるところはない。

○　二項道路の一括指定告示（最判平成 14・1・17 民集 56 巻 1 号 1 頁。ノート 16-8・百選Ⅱ149）

※本件告示によって二項道路の指定の効果が生じる以上，指定の効果が及ぶ個々の道は二項道路とされ，その敷地所有者は具体的な私権の制限を受ける。二項道路一括指定も，個別の土地についてその本来の効果として，具体的な私権制限を発生させるものであり，個人の権利義務に対して直接影響を与える。

▶指標②＝A（直接・具体的な法的効果・その２）＝計画決定行為・中間段階行為

○	市町村施行土地区画整理事業の事業計画決定・公告(最大判平成20・9・10民集62巻8号2029頁。ノート16-15・百選Ⅱ147) ※施行地区内の宅地所有者等は，事業計画の決定がされることによって，法定された規制を伴う土地区画整理事業の手続に従って換地処分を受けるべき地位に立たされ，その意味で，法的地位に直接的な影響が生じる。換地処分等を対象として取消訴訟を提起することはできるが，事情判決がされる可能性が相当程度あることから，事業計画の適否が争われる場合，実効的な権利救済を図るためには，事業計画の決定がされた段階で，これを対象とした取消訴訟の提起を認めることに合理性がある。
○	市町村営土地改良事業の事業施行認可（最判昭和61・2・13民集40巻1号1頁） ※国営・都道府県営の土地改良事業の事業計画認可について，法は行政不服申立ての対象となることを定め，行政処分であることを前提としている。市町村営事業の事業施行認可は，これと地位・役割を同じくする。
○	第二種市街地再開発事業の事業計画決定・公告（最判平成4・11・26民集46巻8号2658頁。ノート16-15参考判例） ※事業計画の決定は，その公告の日から，土地収用法上の事業の認定と同一の法律効果を生じるものであるから，市町村は，決定の公告により，法に基づく収用権限を取得し，その結果として，施行地区内の土地の所有者等は，特段の事情のない限り，自己の所有地等が収用されるべき地位に立たされる。施行地区内の宅地の所有者等は，30日以内に対償の払い渡しを受けるか建築施設の部分の譲受け希望の申出をするかの選択を余儀なくされる。そうすると，公告された再開発事業計画の決定は，施行地区内の土地の所有者等の法的地位に直接的な影響を及ぼす。
×	都市計画法に基づく用途地域の指定（最判昭和57・4・22民集36巻4号705頁。ノート16-16・百選Ⅱ148） ※都市計画区域内において用途地域を指定する決定は，地域内の土地所有者等に建築基準法上新たな制約を課すことは否定できないが，かかる効果は，新たにそのような制約を課する法令が制定された場合と同様の当該地域内の不特定多数の者に対する一般的抽象的なものにすぎない。当該地域内で具体的な建築行為を妨げられる者は，建築の実現を阻止する具体的な行政処分をとらえ，地域指定が違法であることを主張して当該処分の取消しを求めることにより権利救済の目的を達する途が残されている。

▶指標②＝B（国民に対する法的効果）＝内部行為か否か

×	墓地埋葬法に係る通達変更（最判昭和43・12・24民集22巻13号3147頁。ノート16-11・百選Ⅰ52） ※通達は，行政組織内部における命令にすぎず，一般の国民は直接これに拘束されない。本件通達が直接に原告の権利を侵害したり，新たに受忍義務を課したりするものとはいえない。本件通達が発せられたからといって，直ちに原告において刑罰を科せられるおそれがあるともいえない。
○	函数尺所持を違法とする通達（東京地判昭和46・11・8行集22巻11＝12号1785頁。ノート16-11参考判例） ※通達は，原則として行政内部の命令にすぎないが，国民の権利利益に密接な関連を有し，これを争わせるのでなければ権利救済を達成しえないような例外的な場合には，その取消しを求めることができる。
×	教育長の各校長宛の通達（最判平成24・2・9民集66巻2号183頁。ノート20-5・百選Ⅱ200） ※本件通達は，行政組織の内部における上級行政機関から下級行政機関に対する示達ないし命令にとどまり，それ自体によって教職員個人の権利義務を形成しまたはその範囲を確定することが法律上認められているものとはいえない。
×	消防長の知事に対する同意拒否（最判昭和34・1・29民集13巻1号32頁。ノート16-12・百選Ⅰ16） ※消防長の同意は，知事に対する行政機関相互間の行為であって，これにより対国民との直接の関係においてその権利義務を形成しまたはその範囲を確定する行為とは認められない。知事の不許可処分に対して適法に取消訴訟を提起した上で，不許可処分の前提となった消防長の同意拒絶の違法を主張できる。
×	大臣の特殊法人に対する認可（最判昭和53・12・8民集32巻9号1617頁。ノート16-13・百選Ⅰ2） ※本件認可は，行政機関相互の行為と同視すべきものであり，行政行為として外部に対する効力を有するものではなく，これによって直接国民の権利義務を形成しまたはその範囲を確定する効果を伴うものではない。

×	公務員に対する職務命令（最判平成24・2・9民集66巻2号183頁。ノート 20-5） ※職務命令は，教育公務員としての職務の遂行のあり方に関する校長の上司としての職務上の指示を内容とするものであり，教職員個人の身分や勤務条件に係る権利義務に直接影響を及ぼすものではない。

▶指標②＝C（法的地位の変動）＝単なる法律的見解表示行為か否か

×	公務員の採用内定通知の取消し（最判昭和57・5・27民集36巻5号777頁。ノート16-2 参考判例） ※採用内定通知は，事実上の行為にすぎず，相手方は直ちに東京都職員としての地位を取得するものではなく，都知事も職員として採用すべき義務を負わない。採用内定を受けた者の法律上の地位ないし権利関係に影響を及ぼすものではない。
×	交通反則金納付の通告（最判昭和57・7・15民集36巻6号1169頁。ノート16-2） ※通告により，通告を受けた者が反則金を納付すべき法律上の義務が生ずるわけではない。通告を争う抗告訴訟が許されると，本来刑事手続における審判対象として予定されている事項を行政訴訟手続で審判することとなり，法がこれを容認しているものとは到底考えられない。
×	開発許可に係る公共施設管理者の同意拒否（最判平成7・3・23民集49巻3号1006頁。ノート16-3・百選Ⅱ151） ※同意が得られなければ，公共施設に影響を与える開発行為を適法に行うことはできないが，同意を拒否する行為それ自体は，開発行為を禁止または制限する効果をもつものではない。同意を拒否する行為が，国民の権利ないし法律上の地位に直接影響を及ぼすものではない。
○	税関長による輸入禁制品該当の通知（最判昭和54・12・25民集33巻7号753頁。ノート16-4） ※輸入禁制品該当の通知を受けると，輸入申告者は，当該貨物を適法に輸入する道を閉ざされる。輸入申告者が被るこのような制約は，通知によって生ずるに至った法律上の効果である。通知は，申告者に対し，申告に係る貨物を適法に輸入することができなくなるという法律上の効果を及ぼす。

○	検疫所長による食品衛生法違反の通知（最判平成16・4・26民集58巻4号989頁。ノート16-5） ※本件通知は，食品衛生法に根拠を置くものであり，本件食品について，関税法の定める証明・確認ができなくなり，その結果，輸入の許可も受けられなくなる。本件通知は，上記のような法的効果を有するものであり，取消訴訟の対象となる。
○	登記機関による還付通知不可の通知（最判平成17・4・14民集59巻3号491頁。ノート16-6・百選Ⅱ155） ※拒否通知により，登記等を受けた者は，簡易迅速に還付を受けることができる手続を利用することができなくなる。通知は，登記等を受けた者について上記の手続上の地位を否定する法的効果を有するものとして，抗告訴訟の対象となる行政処分に当たる。
○	病院開設中止の勧告（最判平成17・7・15民集59巻6号1661頁。ノート16-7・百選Ⅱ154） ※本件勧告は，当該勧告を受けた者に対し，これに従わない場合には相当程度の確実さをもって，病院を開設しても保険医療機関の指定を受けることができなくなるという結果をもたらす。勧告を受けた者は，実際上病院の開設を断念せざるを得ないことになる。
○	有害物質使用特定施設廃止の通知（最判平成24・2・3民集66巻2号148頁。ノート16-6［A］） ※本件通知は，通知を受けた者に，調査および報告の義務を生じさせ，その法的地位に直接的な影響を及ぼす。後続の命令につき取消訴訟は可能であるが，実効的な権利救済を図るという観点からみても，通知がされた段階で，これを対象とする取消訴訟の提起が制限される理由はない。

▶指標②＝D（法律上の根拠）

×	市長による3号道路該当性の判定（最判平成30・7・17判時2391号10頁） ※建築基準法42条1項3号は客観的に要件を充たす道をそのことのみをもって当然に道路とする趣旨であり，市長が判定する法令上の根拠も見当たらない。

II　原告適格

1　第三者の原告適格

　原告適格とは，処分性が肯定されるとして，誰が訴えを提起できるか，という取消訴訟を提起する資格の問題です。訴えを提起するには「訴えの利益」が必要ですが，取消訴訟では，争いの対象である行政処分の取消しを求めるにつき「法律上の利益を有する者」に限って訴えを提起できます（行訴法9条1項）。この論点は，行政処分の相手方以外の第三者が原告となるケースで，典型的に現れます。

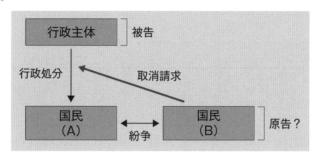

　図では，Bに原告適格が認められれば，Bは，Aに対する行政処分の違法を裁判で争うことができます。図のような紛争類型は，行政処分が直接の規制対象ではない第三者の利害関係に関わるケース（三面関係）で生じます。また，行政処分が相手方にメリットをもたらす場合（授益処分）について，第三者が取消しを争うケースが典型です。行政処分の相手方ではない第三者の原告適格は，行政処分が複雑な利害調整機能を果たすケースにおいて，誰がその行政処分を裁判により争うことができるか，という解釈問題と言えます。

　同じ紛争パターンについて，行政処分の根拠規範である法律・条例に着目すると，次の図のようになります。

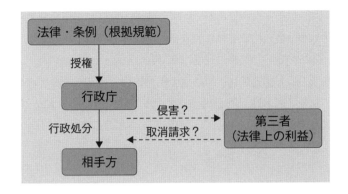

　第三者の原告適格では，根拠規範（個別法）の解釈として行政処分の取消しを求める「法律上の利益」が問題になりますが，個別法の該当条文上，その処分が第三者に及ぼす法的効果について明確に書かれていることはまれです。個別法が行政庁の行為規範である以上，処分が相手方ではない者にどのような法的影響を与えるかまで規律する必要がないからです。したがって，処分が相手方でない者の権利・利益にどのような影響を与えるかについて，判例の解釈枠組みという「補助線」を用いた個別法の解釈が必要になります。

2　判例の解釈枠組み

　行訴法9条1項は，行政処分（処分＋裁決）の取消訴訟の原告適格について，係争処分の取消しを求める「法律上の利益」を有する者に認められる，と定めます。この「法律上の利益」の解釈について，**①法律上保護された利益説，②法的な保護に値する利益説**，の対立が見られます。①説は，「法律上の利益」を係争処分の根拠法令が保護している利益とする一方，②説は，根拠規範たる法令にとらわれず，裁判所による救済の必要性があれば柔軟に原告適格を認めるべきとします。②説は，行政処分によって「事実上の利益」が侵害される（または侵害されるおそれのある）者であっても，取消訴訟を提起して争う資格を認める余地を残す，という考え方です。①説は根拠法令が保護する利益か否かという「法令解釈」から結論を導くのに対し，②説は係争処分が違法であった場合に被るおそれがある侵害の実態まで視野に収めることを主張します。

　元々，①説が通説・判例であり，原告適格の拡大を志向する②説が対抗する

という基本構図があったのですが，①説の側が，原告が主張する被侵害利益の内容・性質・態様等を法令解釈に取り込み，具体的な紛争状況を解釈に反映させる工夫をしたため，②説との対立は相対化されています。

　判例の採る法律上保護された利益説の中身について，もう少し詳しく検討しましょう。最判平成 26・1・28 民集 68 巻 1 号 49 頁（ノート 17-1［A］・百選 II 165）を参照します（下線は筆者）。

> 　行訴法 9 条 1 項にいう処分の取消しを求めるにつき「法律上の利益を有する者」とは，「当該処分により自己の権利若しくは法律上保護された利益を侵害され，又は必然的に侵害されるおそれのある者をいうのであり，<u>当該処分を定めた行政法規が，不特定多数者の具体的利益を専ら一般的公益の中に吸収解消させるにとどめず，それが帰属する個々人の個別的利益としてもこれを保護すべきものとする趣旨を含む</u>と解される場合には，このような利益もここにいう法律上保護された利益に当たり，当該処分によりこれを侵害され又は必然的に侵害されるおそれのある者は，当該処分の取消訴訟における原告適格を有する」。

　行政処分の相手方でない第三者の原告適格を解釈する場合，判例は，**処分要件説**と呼ばれる解釈方法を用います。すなわち，処分の相手方でない者が侵害されたと主張する利益（原告の被侵害利益）が，係争処分の根拠規範である法律・条例によって処分要件ないし考慮要素に含まれる場合に，原告適格を基礎付ける「法律上の利益」を肯定する，という解釈方法です。根拠規範が係争処分の考慮要素とする以上，その利益を侵害されたと主張する者には取消訴訟を提起する資格がある，というロジックです。

　判例は，一貫して上記の解釈枠組みに依拠するのですが，最高裁は，処分要件説に重要な制約を課します。この転機をもたらしたのが，主婦連ジュース訴訟判決（最判昭和 53・3・14 民集 32 巻 2 号 211 頁。ノート 14-3・百選 II 128）です。

3　主婦連ジュース訴訟——公益か私益か？

　主婦連ジュース訴訟とは，食品表示のあり方をめぐって，公正取引委員会が，景表法に基づき，社団法人日本果汁協会らに対してした公正競争規約認定処分を，消費者団体等が争った事案です。ここで，景表法（事件当時のもの）の条文

を引用します。

> 1条　この法律は，商品及び役務の取引に関連する不当な景品類及び表示による顧客の
> 誘引を防止するため，……公正な競争を確保し，もって一般消費者の利益を保護する
> ことを目的とする。
> 10条②　公正取引委員会は，前項の協定又は協約（以下「公正競争規約」という。）が次の
> 各号に適合すると認める場合でなければ，前項の認定をしてはならない。（中略）
> 二　一般消費者及び関連事業者の利益を不当に害するおそれがないこと。（以下略）

　法は，認定の要件として「一般消費者」の利益を明示し，目的規定にも「一
般消費者の利益を保護する」と定めます。法律上保護された利益説＝処分要件
説に従うのであれば，係争処分について，根拠法令が「一般消費者の利益」を
考慮要素とすることは明らかです。しかし，最高裁は，上記の「一般消費者の
利益」は，一般公益を保護する結果として生じる「反射的な利益」ないし「事
実上の利益」であり，原告適格を基礎付けるものではない，とします。

　最高裁は，係争処分の根拠法令が保護する利益には個人的利益と一般的公益
の二種類があり，個人的利益のみが原告適格を基礎付けると説明します。一般
的公益により取消訴訟の原告適格を基礎付けられるとするなら，事実上誰でも
（この場合はジュースを購入する可能性がある以上誰でも）取消訴訟を提起できることに
なり，（立法ではなく）解釈で客観訴訟を認めることになってしまう，と懸念した
のでしょう。

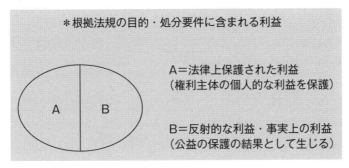

＊根拠法規の目的・処分要件に含まれる利益

A＝法律上保護された利益
（権利主体の個人的な利益を保護）

B＝反射的な利益・事実上の利益
（公益の保護の結果として生じる）

　しかし，一般消費者を保護する趣旨で景表法が定められ，立法者により公正
競争規約認定の仕組みと不服申立制度が構築されたにもかかわらず，その景表

法の解釈により一般消費者の利益を代表する消費者団体が認定を争う資格を否
定される，というのはいかにも奇妙です。私的利益の集合体が一般的公益であ
る以上，両者の区別があるとしても，どこで線引きするかは単なる水掛け論の
ように見えます。判決のロジックは，誰のための取消訴訟制度か？　という，
学説からの厳しい批判にさらされます。

　この判決から4年半の後，最高裁は，新たな考え方を示します。

4　長沼ナイキ基地訴訟——「個別的利益」の切り出し

　最判昭和57・9・9民集36巻9号1679頁（ノート17-2・百選Ⅱ171）は，農林
水産大臣による森林法に基づく保安林指定解除処分について，保安林の伐採に
より洪水緩和・渇水予防の点で直接に影響を被る一定範囲の住民の原告適格を
認めます。判決は，森林法の定める手続規定や，旧法からの沿革など，保安林
指定・解除の仕組みを詳細に検討する部分を含んでいるのですが，第三者の原
告適格の解釈枠組みの部分で，先行する主婦連ジュース訴訟判決とは重要な相
違が見られます。

　長沼ナイキ基地訴訟の判決文は，以下のように説示します。

> 「行政庁の処分が……法の保護する公益を違法に侵害するものであっても，そこに包含
> される不特定多数者の個別的利益の侵害は単なる法の反射的利益の侵害にとどまり，か
> かる侵害を受けたにすぎない者は，右処分の取消しを求めるについて行訴法9条に定め
> る法律上の利益を有する者には該当しない……。……他方，法律が，これらの利益を専
> ら右のような一般的公益の中に吸収解消せしめるにとどめず，これと並んで，それらの
> 利益の全部又は一部につきそれが帰属する個々人の個別的利益としてもこれを保護すべ
> きものとすることももとより可能であ〔る。〕」

　上記は，個々人の個別的利益と，一般的公益＝不特定多数者の利益・反射的
利益について，主婦連ジュース訴訟のように排他的に二分割するのではなく，
一般的公益の中に個々人の個別的利益が包含される，と説明しています。この
結果，最高裁は，係争処分の根拠法令が保護する「一般的公益」の中から，そ
こに「吸収解消」されない「個々人の個別的利益」を切り出す，という解釈方
法を生み出します。

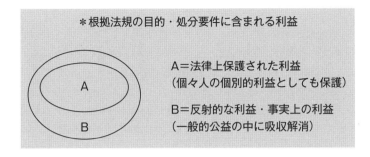

5　三段階のテスト

　長沼ナイキ基地訴訟判決を契機として，小早川光郎先生は，判例による法律上保護された利益説について，①不利益要件＝事実上何らかの不利益を受けていること，②保護範囲要件＝処分の根拠法令の保護する利益であること，③個別保護要件＝個々人の個別的利益として保護されていること，という三段階の当てはめをしている，と整理します[8]。判例の解釈枠組みは，原告側の被侵害利益について，①事実上の利益→②法律が一般的公益として保護する利益→③法律が個々人の個別的利益としても保護する利益，という順に絞り込むテストが行われている，という理解です。

　第三者の原告適格が争われるケースでは，係争処分の根拠法令について，原告の主張する被侵害利益を，一般的公益に吸収解消されず，個々人の個別的利益としても保護すべきものとする趣旨を含む，というキーフレーズを使って「切り出す」例がよく見られます。長沼ナイキ基地訴訟では，係争処分の根拠規範である森林法の規定が保護する「不特定多数者の受ける生活利益」から，「洪水緩和，渇水予防の点において直接に影響を被る一定範囲の地域に居住する住民」の利益を切り出しています。

8）　小早川・下Ⅲ256頁以下。

コラム 9　事実上の不利益

　小早川説では，最初に，原告の被侵害利益が事実上の不利益か否か，というテストが示されます。これは具体的にどのような局面でしょうか？

　たとえば，文化財保護法の定める特別名勝について，文化財保護委員会が現状変更許可処分をしたところ，地元住民らが争った事案（東京地判昭和 30・10・14 行集 6 巻 10 号 2370 頁）があります。判決では，地元の土産物店や旅館の利益等は反射的利益にとどまるとされ，事実上の不利益と判定したものと考えられます。

　また，法定外公共用物であった里道について，知事が用途廃止処分をしたところ，当該里道の利用者が取消訴訟を提起して争ったケース（最判昭和 62・11・24 判時 1284 号 56 頁）があります。最高裁は，里道利用者の原告適格を否定しますが，「生活に著しい支障を生ずるという特段の事情」が認められれば訴える資格を認める趣旨の判示が付されています。この事案でも，里道を日常的に使う利益が事実上の不利益に過ぎないのか，というテストがまず必要です。事件当時の法制度では，里道については，国有財産法に基づく財産管理がされる一方，公物管理法は存在していません。判例のロジックを説明するには，里道の（一定範囲の）利用者につき（公共用物の自由使用を超えた）何らかの使用権を観念して，それが供用廃止処分により侵害されると観念するのだろうと思われます。

6　判例の展開と行訴法 9 条 2 項の新設

　原告適格に関する判例法は，法律上保護された利益説の枠組みを維持しながら，次第に柔軟化します。その際，原告適格を拡大するため，次のような解釈方法が取り入れられます。

A　根拠法令の処分要件・考慮要素
　①行政法規の明文の規定のみでなく，法律の合理的解釈から導く。
　②係争処分の根拠法令と目的を共通にする関係法令を視野に入れて解釈する。
　③下位法令による処分要件の具体化・詳細化に着目する。

B　原告の被侵害利益
　①根拠法規が保護する利益の内容・性質を考慮する。
　②仮に処分が違法であった場合に生じる被害の態様・程度を考慮する。

　上記 B は，被侵害利益の評価において事実関係を取り込む解釈方法であり，保護に値する利益説との「接近」を示します。判例は，根拠規範の拡張と，事実関係を含めた被侵害利益の評価によって，法律上保護された利益を拡大します。

　さらに，2004 年に行訴法 9 条 2 項が新設され，処分の相手方以外の者が「法律上の利益」を有するか判断する際の解釈指針が明示されます。同項は，判例法の「到達点」を最大公約数として明示し，裁判所が処分の相手方以外の者の原告適格の有無を判断する際に**必要的考慮事項**として要求するものです。

＊第三者の原告適格の判定（行訴法9条2項）

①処分・裁決の根拠法令の文言のみによることなく判断

②処分・裁決の根拠法令の趣旨・目的を考慮
　└④目的を共通にする関連法令の趣旨・目的をも参酌

③処分において考慮されるべき利益の内容・性質を考慮
　└⑤処分・裁決が違法にされた場合の侵害利益の内容・性質，これが害される
　　態様・程度をも勘案

7　行訴法 9 条 2 項の解釈

　新設された行訴法 9 条 2 項の解釈について，最高裁は，**小田急高架訴訟判決**（最大判平成 17・12・7 民集 59 巻 10 号 2645 頁。ノート 17-11・百選Ⅱ159）により，方向性を示します。同判決は，建設大臣（当時）が東京都に対してした都市計画事業認可の取消訴訟について，当該事業が実施されることにより騒音，振動等による健康または生活環境に係る著しい被害を直接的に受けるおそれのある者の原告適格を肯定します。以下，同判決による原告適格論の骨組みを示します。

A　根拠法令・関係法令の趣旨・目的の検討

⇒都市計画法は，都市計画事業認可の基準として事業内容が都市計画に適合することを
　規定し，さらに，都市計画が公害防止計画に適合することを規定する。ゆえに，公害
　防止計画の根拠法令である公害対策基本法について，その趣旨・目的を参酌する。

⇒東京都の定める環境影響評価条例も，公害の防止等に適正な配慮が図られるようにす
　るという目的を共通にしている。

⇒都市計画事業認可に関する都市計画法の規定は，事業に伴う騒音，振動等によって，

事業地の周辺地域に居住する住民に健康または生活環境の被害が発生することを防止することを，趣旨・目的とする。

↓

B 処分において考慮されるべき利益の内容・性質・程度等の検討
⇒都市計画事業認可が違法であった場合に，当該事業に起因する騒音・振動等による被害を直接的に受けるのは，事業地周辺の一定範囲の地域に居住する住民に限られ，その被害の程度は，事業地に接近するにつれて増大する。
⇒当該地域に居住し続けることにより，上記の被害を反復・継続して受けた場合，その被害は，健康や生活環境に係る著しい被害にも至りかねない。
⇒違法な事業に起因する騒音・振動等により健康又は生活環境に係る著しい被害を受けないという具体的利益は，被害の内容，性質，程度等に照らせば，一般的公益の中に吸収解消させることが困難である。

↓

C 法律上保護された利益の判定
⇒都市計画法は，騒音，振動等によって健康または生活環境に係る著しい被害を直接的に受けるおそれのある個々の住民に対して，そのような被害を受けないという利益を個々人の個別的利益としても保護すべきものとする趣旨を含む。
⇒事業地周辺に居住する住民のうち，当該事業の実施による騒音，振動等による健康又は生活環境に係る著しい被害を直接的に受けるおそれのある者に，原告適格が認められる。

↓

D 具体的線引きによる原告適格の判定
⇒原告の居住地と事業地の距離関係に加えて，都条例の規定する関係地域が事業の実施が環境に著しい影響を及ぼすおそれがある地域として定められていることを考慮する。
⇒関係地域内に居住する原告らは，事業が実施されることにより騒音，振動等による健康または生活環境に係る著しい被害を直接的に受けるおそれのある者にあたる。

　上記 A では，処分要件を手がかりに公害対策基本法を関係法令に含め，さらに，目的の共通性から東京都環境影響評価条例を関係法令とします。あわせて，都市計画法の規定する処分要件・事前手続・趣旨目的等を検討し，都市計画事

業の認可に関する都市計画法の規定の趣旨・目的を導き出します。

　上記Bでは，処分が違法であった場合に原告側に生ずる被害への着目により，「個々人の個別的利益」の「切り出し」が行われます。事業による被害（健康または生活環境に係る著しい被害）が，事業地との距離により増大すること，居住することにより反復・継続して著しい被害となりえること等から，被害の内容，性質，程度等に照らして一般的公益の中に吸収解消させることが困難とされます。

　上記Cでは「法律上の利益」に関する解釈論上の結論が示されます。

　上記Dは，都条例の「関係地域」の居住者という線引きにより，原告適格が判定されます[9]。

8　処理手順の基本型——生命・健康侵害モデル

　上記のA→Dの「処理手順」は，根拠法令・関係法令の趣旨・目的から「拾い出し」た利益から，係争処分が違法であると仮定した場合に生じる被害の状況・態様を評価し，生命・健康の侵害のような，その性質上，一般的公益に吸収解消され難い「個々人の個別的利益」を「切り出す」作業です。

　この「処理手順」は，原告の被侵害利益の性質上，一般的公益に吸収解消されないもの（生命・健康など）について，最もうまく当てはまります。根拠規範の処分要件・考慮要素を検討し，その中に生命・健康など高次の法益が含まれており，それらが具体的に侵害されるリスクが認定できれば，その性質上，一般的公益に吸収解消されない，というロジックを組み立てればよいのです。

　他方で，被侵害利益が財産権，営業上の利益，教育環境・風俗環境など環境利益となるケースでは，上記の「処理手順」がうまく使えません。これに対応するには，紛争類型ごとに判例をとらえて「処理手順」を用意することが役立ちます。紛争類型は，原告適格を解釈するための「補助線」を与えてくれます。以下，紛争類型をパターン化するため，①第三者の形態，②被侵害利益の性質，③鍵となる法的仕組み，に着眼することとします。小田急高架訴訟は，次のよ

---

9)　この点，最高裁は，もんじゅ訴訟判決（最判平成4・9・22民集46巻6号571頁。ノート17-4・百選Ⅱ156）等で，係争処分の事業地と原告の居住地との「距離関係を中心として，社会通念に照らし，合理的に判断すべき」という規範を提示しています。

うに整理できます。

> ＊小田急高架訴訟の事案
>
> ①　第三者の形態＝公共事業の周辺住民
>
> ②　被侵害利益　＝健康または生活環境
>
> ③　法的仕組み　＝特になし（手続的参加のみ）

　小田急高架訴訟における第三者の形態は，行政処分に基づく公共事業・嫌忌施設稼働等を周辺住民が争う「周辺住民」型です。被侵害利益は「健康又は生活環境」であり，高次の（人格的利益の中でも要保護性が高い）法益である健康利益を含みます。このことから，被侵害利益の性質上一般的公益に吸収解消されないとして，個別保護利益を切り出すことができます。同時に，被侵害利益の侵害状況が，居住する住民→事業地に近い居住者→反復・継続して被害を受ける居住者，の順に著しい被害に至るという当てはめ（被害状況の現実性・具体性の評価）が可能です。手続的参加以外に被侵害利益を個別化する法的仕組みがないため，事業地からの騒音・振動等の被害が反復・継続して著しい被害に至るという，侵害の具体性・現実性の評価・認定が解釈のポイントになっています。

　以上を前提に，小田急高架訴訟における原告適格の「処理手順」を整理すると，次のようになります。

> 第1段階（拾い出し）
>
> ⇒原告の被侵害利益が係争処分の根拠法令の保護範囲に含まれるか検討
>
> ⇒根拠法令・関係法令の趣旨・目的を踏まえて解釈
>
> 第2段階（切り出し）
>
> ⇒個々人の個別的利益としても保護される利益であるかを検証
>
> ⇒生命・身体・健康という（高次の）利益に着眼
>
> ⇒利益侵害の具体性・現実性に着眼し，直接・重大・著しい侵害か検証
>
> 第3段階（具体的線引き）
>
> ⇒個々の原告について，原告適格の有無を具体的に判定
>
> ⇒距離関係を中心に，具体的な侵害につき社会通念に照らして合理的に判断

　以下，行政判例ノートの掲載判例のうち，上記の「処理手順」に該当するものをピックアップして要約しておきます。

◎長沼ナイキ基地訴訟（最判昭和 57・9・9 民集 36 巻 9 号 1679 頁。ノート 17-2・百選Ⅱ171）
⇒森林法に基づく保安林指定解除処分の取消訴訟について，保安林の伐採による理水機能の低下により洪水緩和，渇水予防の点において直接に影響を被る一定範囲の地域に居住する住民について，原告適格を肯定。

◎新潟空港訴訟（最判平成元・2・17 民集 43 巻 2 号 56 頁。ノート 17-3・百選Ⅱ183）
⇒航空法に基づく定期航空運送事業免許の取消訴訟において，当該免許に係る路線を航行する航空機の騒音によって社会通念上著しい被害を受けることとなる者について，原告適格を肯定。
⇒航空法の規定する処分要件について，<u>目的を共通する関連法規の関係規定の趣旨</u>まで踏まえ，航空機の航行による騒音障害の有無・程度が考慮要素に含まれると解釈。

◎もんじゅ訴訟（最判平成 4・9・22 民集 46 巻 6 号 571 頁。ノート 17-4・百選Ⅱ156）
⇒原子炉等規制法に基づく原子炉設置許可処分の無効確認訴訟（取消訴訟の出訴期間を徒過）において，（安全性審査に過誤・欠落があった場合に生じる）事故等による災害により直接的かつ重大な被害を受けることが想定される地域内に居住する者について，原告適格を肯定。
⇒具体的線引きについて，原告の居住する地域と原子炉の位置との<u>距離関係を中心として，社会通念に照らし合理的に判断する</u>，という規範を提示。原子炉から 29〜58 キロメートルの範囲内の居住者に原告適格を肯定。

◎川崎市急傾斜地マンション事件（最判平成 9・1・28 民集 51 巻 1 号 250 頁。ノート 17-7）
⇒都市計画法に基づく開発許可（がけ崩れのおそれがある土地に係るもの）の取消訴訟において，開発区域外であってもがけ崩れ等による直接的な被害を受けることが予想される範囲内の地域に居住する者に原告適格を肯定。ただし，財産権を有する者の原告適格は否定。

⇒都市計画法の定める許可基準について，同法の委任により定められた法規命令（施行令・施行規則）が<u>具体的かつ詳細な審査</u>を求めていることをもって，周辺住民の生命・身体等の安全を個別保護利益として切り出す手がかりとする。

◎岐阜県ゴルフ場造成事件（最判平成13・3・13民集55巻2号283頁。ノート17-7 [A]・百選Ⅱ157）

⇒森林法に基づく林地開発許可の取消訴訟において，開発行為による土砂の流出または崩壊，水害等の災害による直接的な被害を受けることが予想される範囲の地域に居住する者に原告適格を肯定。

⇒財産権，水の確保や良好な環境の保全に係る利益については，個別的利益として切り出すことを否定。

◎産業廃棄物処分業の許可（最判平成26・7・29民集68巻6号620頁。ノート17-13）

⇒廃棄物処理法に基づく産業廃棄物等処分業許可の取消訴訟において，最終処分場（産業廃棄物処理施設）の周辺に居住する住民のうち，当該処分場から有害な物質が排出された場合に大気や土壌の汚染，水質の汚濁，悪臭等によって健康または生活環境に係る著しい被害を直接的に受けるおそれのある者について，原告適格を肯定。

⇒産業廃棄物等処分業許可の要件として，最終処分場を有すべきものとされていることから，最終処分場の設置に係る処分要件（技術上の基準等）について，原告適格の解釈に含める。産業廃棄物処理施設の設置許可の要件（周辺地域の生活環境の保全についての適正な配慮)，<u>同許可申請の添付書類</u>（環境影響調査報告書）についても，個別保護要件の切り出しの手がかりとする。

9 処理手順の応用（その1）──財産権侵害と集団規定

　上記のように，周辺住民型の事例では，財産権侵害について法律上の利益から外す判例が見られます。生命・身体・健康と比べて，被侵害利益の高次性において劣ることが，原告適格論での当てはめに影響していると考えられます。利益の性質上一般的な公益に吸収解消されない，というキーフレーズが使いづらいのです。

　これに対して，判例は，建築基準法の定める集団規定を要件に含む処分の取

消訴訟では，財産権の侵害についても，原告適格を基礎付ける法律上の利益として認めます。まず，単体規定・集団規定という考え方について，説明しましょう。

　建築基準法に定める建築物の規制は，単体規定と集団規定に区分されます。単体規定とは個々の敷地や建築物それ自体の安全・衛生に関する規制の仕組みであり，集団規定とは建築環境の確保（建築物と都市の関係）を規律する規制の仕組みです。建築物の用途規制，高さの制限，大きさ（容積率，建ぺい率等）の制限，接道の規制などは，集団規定です。建築基準法に基づく行政処分について，集団規定による規制（処分要件が集団規定に関わるものである場合）であれば，財産権の相互関係の規律を趣旨とするものであり，同法1条（目的規定）が「国民の生命，健康及び財産の保護を図」ると明記することとあわせ，財産権侵害のおそれをもって原告適格を肯定することが可能になります。

　最高裁は，建築基準法の規定する総合設計許可の取消訴訟において，許可建築物の倒壊，炎上等により直接的な被害を受けることが予想される範囲の地域に存する建築物に居住しまたはこれを所有する者に原告適格を認めます（最判平成14・1・22民集56巻1号46頁。ノート17-8・百選II158）。同判決は，「居住者の生命，身体の安全等及び財産としてのその建築物」を個別的利益として切り出しています。原告適格を判定する処理手順は，以下のように整理できます。

A　根拠法令の趣旨・目的

⇒建築基準法の定める行政処分★の趣旨について，集団規定の仕組みが処分要件であること（処分要件である建築基準法令の中に集団規定が含まれること）から，隣接する建築物に対する危険の抑制も趣旨・目的に含むことを示す。

⇒建築基準法1条の目的規定において，財産の保護を図ることが目的に含まれていることを，併せて参照する。

↓

B　被侵害利益の内容・性質・態様等

⇒仮に行政処分が違法であれば（建築基準法令に違反していれば），地震，火災等により建築物が倒壊，炎上等する事態が生じた場合に，周辺の建築物及びその居住者に重大な被害が及ぶおそれがある。

⇒上記の一定範囲内の建築物について，居住者の生命，身体等の安全に加えて，財産権について，個々人の個別的利益としても保護されると解釈できる。

↓

C 具体的線引き
⇒行政処分に係る建築物との距離から，原告適格の有無を具体的に判別する。★★

★ 建築確認（建築基準法6条1項），除却命令等（同9条1項），総合設計許可（同59条の2第1項）などが考えられます。

★★ 建築物から同心円状の距離を認定して線引きの基準とするケースと，個々の建築物について侵害の具体性を合理的に判定するケースの両方があると考えられます。いずれも，距離や位置関係から火災による延焼のおそれ等を評価することになります。

※**建築基準法・集団規定の事案**
①　第三者の形態＝許可建築物の周辺住民
②　被侵害利益　＝財産権
③　法的仕組み　＝集団規定による規制

10　処理手順の応用（その2）──保護対象施設との距離制限規定

　係争処分の根拠法令上，保護対象施設との距離制限が定められているケースがあります。典型は，風営法に基づく風俗営業許可の取消訴訟（最判平成10・12・17民集52巻9号1821頁。ノート17-6・百選Ⅱ160），自転車競技法に基づく場外車券売場設置許可の取消訴訟★（サテライト大阪事件。最判平成21・10・15民集63巻8号1711頁。ノート17-12・百選Ⅱ161）です。係争処分による許可等の規制対象施設について，保護対象施設からの距離制限という仕組みが処分要件となっているパターンです。被侵害利益は，風営法の事例では「善良で静穏な環境の下で円滑

に業務をするという利益」，自転車競技法の事例では「健全で静穏な環境の下で
円滑に業務を行うことのできる利益」です。

> ※距離制限規制の事案
> ① 第三者の形態＝(周辺の) 保護対象施設・周辺住民等
> ② 被侵害利益　＝業務環境・生活環境等
> ③ 法的仕組み　＝保護対象施設からの距離制限

　判例は，上記パターンにおいて，保護対象施設の設置者・開設者につき原告
適格を肯定します。他方で，判例は，距離制限区域内の居住者が良好な風俗環
境・教育環境等を保全される利益について，根拠法令の保護範囲に入っている
としても，個別的利益として切り出せない（個々人の個別的利益として保護されてい
ない）とする傾向にあります。保護対象施設から一定の距離について業務を規制
する仕組みになっている場合，保護対象施設それ自体の被侵害利益は個別的利
益として切り出すことができるが，周辺住民等の利益については，一般的公益
に属する利益であって，原則として個別的利益として切り出せない，というロ
ジックです。

　なお，判例の結論とは異なり，周辺住民等の原告適格を肯定するのであれば，
行訴法9条2項を丁寧に当てはめ，距離制限規定の趣旨・目的，被侵害利益の
内容・性質の総合考慮という枠組みの中で，個別的利益として切り出せること
を具体的に主張することになるでしょう。

★　サテライト大阪事件

　事案は，自転車競技法に基づく場外車券発売施設の設置許可について，施設
周辺の病院経営者，居住者等が取消しを求めたものです。

　最高裁は，被侵害利益について，①交通，風紀，教育など広い意味での生活
環境の悪化（生活環境にかかわる利益），②文教または保健衛生にかかわる業務上
の支障（業務にかかわる利益），③良好な風俗環境など都市環境の悪化（都市環境に
かかわる利益）の3つに整理しています。また，この事案では，鍵となる法的仕
組みとして，設置許可要件（処分要件）のうち，ⓐ位置基準，ⓑ周辺環境調和基

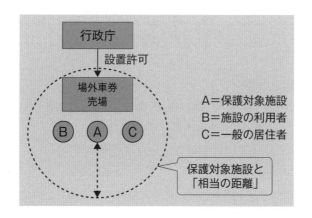

準，の2つが問題になります。最高裁は，法的仕組み@と被侵害利益②，法的仕組み⑥と被侵害利益③を，それぞれ結びつけて個別的利益の切り出しを論じています。被侵害利益①については，一般的公益として原告適格を否定します（法的仕組みと結びつけていません）。個別法について，以下に掲げておきます。

◎自転車競技法
4条①　車券の発売等の用に供する施設を競輪場外に設置しようとする者は，経済産業省令の定めるところにより，経済産業大臣の許可を受けなければならない。（以下略）
②　経済産業大臣は，前項の許可の申請があつたときには，申請に係る施設の位置，構造及び設備が経済産業省令で定める基準に適合する場合に限り，その許可をすることができる。

◎自転車競技法施行規則（経済産業省令）
14条①　法第4条第1項の規定により，……許可を受けようとする者は，次に掲げる事項を記載した許可申請書を，……経済産業大臣に提出しなければならない。（以下略）
②　前項の許可申請書には，次に掲げる図面を添付しなければならない。
　一　場外車券発売施設の見取図（敷地の周辺から千メートル以内の地域にある学校その他の文教施設及び病院その他の医療施設の位置……を記載した1万分の1以上の縮図による図面）（以下略）

15条①　法第4条第2項の経済産業省令で定める基準……は，次のとおりとする。
　一　学校その他の文教施設及び病院その他の医療施設……から相当の距離を有し，文

教上又は保健衛生上著しい支障を来すおそれがないこと。

（中略）

　四　施設の規模，構造及び設備並びにこれらの配置は，……周辺環境と調和したものであって，経済産業大臣が告示で定める基準に適合するものであること。

上記の施行規則15条1項1号が位置基準，同項4号が周辺環境調和基準であり，法4条1項の定める設置許可の処分要件となっています。また，施行規則14条2項が，申請の際の添付書類として「図面」を規定しています。

判決のロジックは，次のように整理できます。

A　（広い意味の）生活環境利益に関する解釈

⇒広い意味での生活環境の悪化を受けないという利益は，基本的には公益に属する利益であり，個々人の個別的利益として保護されたものではない。

B　位置基準に着目した解釈

⇒位置基準が保護するのは，第一次的には不特定多数者の利益，すなわち一般的公益に属する利益である。周辺住民，病院の利用者等の原告適格は否定される。

⇒位置基準は，医療施設等の開設者が被る文教または保健衛生にかかわる業務上の支障について，その支障が著しい場合に，当該場外施設の設置を禁止し当該医療施設等の開設者の行う業務を保護する趣旨をも含む。保護対象施設からの距離制限の仕組みから，当該施設の著しい業務上の支障は，個別的利益として切り出すことができる。

C　周辺環境調和基準に着目した解釈

⇒周辺環境調和基準は，良好な風俗環境を一般的に保護し，都市環境の悪化を防止するという公益的見地に立脚した規定である。「周辺環境と調和」という文言は甚だ漠然としており，周辺住民等の具体的利益を個々人の個別的利益として保護する趣旨は読み取れない。

上記について，処理手順の「補助線」に即して整理すると，次のようになります。

①紛争類型	②被侵害利益	③法的仕組み	原告適格の有無
周辺住民型	単なる生活環境	特になし？	×
周辺住民型（事業者）	事業上の支障	位置基準（相当の距離）	△*
周辺住民型	都市環境上の利益	位置基準	×
周辺住民型	都市環境上の利益	周辺環境調和基準	×

＊著しい支障といえるか，距離・位置関係を中心に社会通念に照らし合理的に判断

　小田急高架訴訟判決で，最高裁は，「健康又は生活環境」の著しい被害について，地域的な切り分け・個別化が可能であれば周辺住民等の原告適格は肯定される，と解釈しました。しかし，「健康又は生活環境」は旧公害対策基本法（現在の環境基本法）による「公害」の定義規定に由来するものと狭く解釈され，サテライト大阪事件判決において，最高裁は，「広い意味での生活環境の悪化」が当然には原告適格を基礎付けるものではなく，周辺住民の生活環境利益（日常生活に係る利益）や事業環境利益（一般的な社会・経済上の利益）については，係争処分の根拠法令の規定する法的仕組みに個別化・切り出しのための具体的な手がかりが必要である，との方向性を示したものと考えられます。

　もっとも，サテライト大阪事件の事案であっても，被侵害利益について，「住民のストレス等の健康被害や生活環境に係る変化・不安感等著しい被害」などととらえるならば，原告は健康被害・心理的不安を被るおそれがあるとの認定判断につながり，原告適格を肯定する余地があると考えられます。結論を分けたのは，最高裁が，被侵害利益を「広い意味での生活環境」と画したことにありそうです。

11　薄まった利益（消費者・研究者）パターン

　第三者の原告適格が問題となる紛争類型として，被侵害利益が「薄まった利益」というものがあります。たとえば，山奥に稀少な植物の群落があり，付近の開発により絶滅する可能性があるとします。この植物の研究者が開発行為を認める行政処分の取消訴訟を提起する，というケースを想定しましょう。植物の保全により享受される利益は国民一般に拡散する（薄まった）ものであり，具

体化・特定化された法的利益が想定しづらい場合，生態系の価値を適切に評価
できる学術研究者が訴えを提起し，行政の判断につき司法的チェックを求める
というのは一応理にかなっています。

　しかし，薄まった利益型の事案について，最高裁は，原告適格を否定する方
向性を示しています。上述した主婦連ジュース訴訟を始め，私鉄の料金改定（値
上げ）の認可処分につき利用者の原告適格を否定した**近鉄特急訴訟**（最判平成元・
4・13 判時 1313 号 121 頁。ノート 17-9・百選Ⅱ162），史跡指定解除処分につき研究
者等の原告適格を否定した**伊場遺跡訴訟**（最判平成元・6・20 判時 1334 号 201 頁。
ノート 17-10・百選Ⅱ163）など，原告適格を否定しています。

　これらの判例では，料金認可処分，史跡指定（解除）処分などの根拠規定の趣
旨は公益を保護するものであり，原告が主張する被侵害利益（鉄道利用者の利益，
学術研究者の利益など）は一般的公益に吸収され，個々人の個別的利益として保護
されているとはいえない，とされています。個別的利益の「切り出し」ができ
ず，一般的公益に吸収されるという結論のみが示されるイメージです。

　しかし，このパターンにおいても，行訴法 9 条 2 項を丁寧に当てはめ，根拠
規範の趣旨・目的や，処分が違法であった場合に生じる利益侵害の内容・性質
に着目して，原告適格を肯定する裁判例もあります。**北総鉄道訴訟**（東京高判平
成 26・2・19 訟月 60 巻 6 号 1367 頁）がその例です。北総鉄道訴訟では，鉄道事業
法に基づく旅客運賃変更認可処分の取消訴訟において，日々の通勤や通学等の
手段として反復継続して日常的に鉄道を利用する者ら（鉄道利用者）の原告適格
が肯定されています（上記の近鉄特急訴訟と類似事案ですが，係争処分の根拠法は，旧地
方鉄道法から改正された鉄道事業法に変わっています）。

　北総鉄道訴訟において，係争処分の根拠法令を解釈する手がかりは，ⓐ鉄道
事業法 1 条が利用者の利益を保護することを目的に掲げていること，ⓑ旅客運
賃変更認可の手続規定の中に鉄道利用者が利害関係人として手続的参加できる
旨定められていること，です。鉄道事業法・同法施行規則の関連条文を紹介し
ておきます（下線は筆者）。

◎鉄道事業法

1条　この法律は，鉄道事業等の運営を適正かつ合理的なものとすることにより，輸送の安全を確保し，<u>鉄道等の利用者の利益を保護する</u>とともに，鉄道事業等の健全な発達を図り，もつて公共の福祉を増進することを目的とする。

16条①　鉄道運送事業者は，旅客の運賃及び国土交通省令で定める旅客の料金（以下「旅客運賃等」という。）の上限を定め，国土交通大臣の認可を受けなければならない。これを変更しようとするときも，同様とする。

64条　この法律に規定する国土交通大臣の権限は，国土交通省令で定めるところにより，地方運輸局長に委任することができる。

65条①　地方運輸局長は，第64条の規定により，旅客運賃等の上限に関する認可に係る事項がその権限に属することとなつた場合において，当該事項について必要があると認めるときは，<u>利害関係人……の出頭を求めて意見を聴取する</u>ことができる。
②　地方運輸局長は，その権限に属する前項に規定する事項について<u>利害関係人の申請があつたときは，利害関係人……の出頭を求めて意見を聴取しなければならない。</u>
③　前2項の意見の聴取に際しては，<u>利害関係人に対し，証拠を提出する機会が与えられ</u>なければならない。

◎鉄道事業法施行規則

73条　法第65条第1項及び第2項の利害関係人……とは，次のいずれかに該当する者をいう。
　三　<u>利用者その他の者のうち地方運輸局長が当該事案に関し特に重大な利害関係を有すると認める者</u>

※北総鉄道訴訟の事案

　　①　第三者の形態＝沿線の鉄道利用者

　　②　被侵害利益　＝鉄道利用者の利益

　　③　法的仕組み　＝手続的参加のみ

判決のロジック（行訴法9条1項・2項の解釈）は，以下のようになります。

A 旅客運賃（変更）認可処分を定めた鉄道事業法・関係法令[10)]の規定の趣旨・目的
⇒利用者の利益の保護を目的としている。
⇒鉄道利用者が特別の利害関係を有していることを前提に，手続的関与の機会を与えている。

B 処分が違法にされた場合に害される利益の内容・性質，害される態様・程度
⇒居住地からの通勤や通学等の手段として反復継続して日常的に鉄道を利用する者は，違法に高額な旅客運賃設定がなされるならば，経済的な負担能力いかんによっては，鉄道を利用することが困難になり，日々通勤・通学すること自体が不可能になったり，転居せざるを得なくなるなど，日常生活の基盤を揺るがすような重大な損害が生じかねない。

C 結論
⇒鉄道事業法16条1項は，これらの者の具体的利益を，専ら一般的公益の中に吸収解消させるにとどめず，それが帰属する個々人の個別的利益としてもこれを保護すべきものとする趣旨を含んでいる。
⇒鉄道事業法16条1項に基づく旅客運賃認可処分に関し，日々の通勤や通学等の手段として反復継続して日常的に鉄道を利用している者が有する利益は，「法律上保護された利益」に該当する。

　北総鉄道訴訟判決は，係争処分の根拠法令の目的に「利用者の利益を保護」すると明記されていること，鉄道利用者が利害関係者として手続的に参加できる仕組みになっていること等から「鉄道利用者の利益」を保護する趣旨・目的を読み取り，そこから先，仮に係争処分が違法にされた場合に原告らに生じる不利益を検討し，「重大な損害が生じかねない」との認定判断に至っています。行訴法9条2項に即した丁寧な当てはめであり，自分で答案を書く場合に，原告適格肯定の結論を導くモデルとして参考になるでしょう。

---

10)　判決は，利用者の手続的参加規定として，利用者が公聴会に参加できる趣旨の諸規定を指摘しています。ここに国土交通省設置法が含まれているので，「関係法令」という用語が使われているものと考えられます。本文に紹介した鉄道事業法施行規則は，法律の委任を受けた法規命令ですから，関係法令ではなく（処分の）根拠法令に含まれます。

12　競業者パターン

　取消訴訟を提起する第三者と係争処分の相手方に競業関係があり，被侵害利益として競業者 (既存業者) の営業上の利益が問題となるパターンがあります (競業者型)。

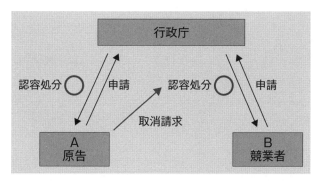

　図の A は自分の申請は認容されているのですが，B の申請認容処分に不満があり，取消しを求めて争っています。このような紛争類型は，処分の根拠法令において，既存業者の利益を個別的利益として保護していると解釈できる法的仕組み (地域独占＝距離制限規定, 適正配置規定, 需給調整規定など) が存在するケースで多く見られます。

> ※競業型の事案
> 　① 第三者の形態＝競業者 (既存業者)
> 　② 被侵害利益　＝営業上の利益
> 　③ 法的仕組み　＝地域独占規定・適正配置規定・需給調整規定など

　判例は，距離制限を伴う営業許可制が法定されたケースについて，既存業者の原告適格を肯定します (最判昭和 37・1・19 民集 16 巻 1 号 57 頁。ノート 17-1・百選 II 164)。同判決は，公衆浴場法 (その委任条例) が定める距離制限規定の趣旨から，適正な許可制度の運用により保護されるべき事業者の営業上の利益について，原告適格を基礎付ける法律上の利益と認めています。このように，適正配置規定・需給調整規定等が処分要件とされていれば，既存の許可を受けた者

（既存業者）が新規に事業を認める許可を争うパターンで原告適格を肯定できると解されます。

　これに対し，最判平成26・1・28民集68巻1号49頁（ノート17-1［A］・百選Ⅱ165）は，競業者パターンの事例において，距離制限・適正配置等の処分要件が明確に定められていなくても，法の定める規制が実質的に需給調整の仕組みと解釈されることをもって，既存業者の原告適格を肯定しました。同判決は，廃棄物処理法7条（市町村における一般廃棄物処理業の許可）について，特定の区域内で一般廃棄物処理業の許可を得ている者（既存業者）に，同一の区域内において許可を受けた者（競業他者）の許可（事案では許可更新処分）の取消しを争う原告適格を認めています。

　判決のロジックは少々込み入っていますが，行訴法9条2項の当てはめに関する処理手順としては，次のように整理できます。

> A　一般廃棄物処理業に関する需給状況の調整に係る規制の仕組み及び内容，その規制に係る廃棄物処理法の趣旨および目的
> ⇒許可要件に一般廃棄物処理計画への適合があること等から，許可業者の濫立等により事業の適正な運営が害されることのないよう，一般廃棄物処理業の需給状況の調整が図られる仕組が設けられているものといえる。

> B　一般廃棄物処理業の性質
> ⇒専ら自由競争に委ねられるべき性格の事業ではない。

> C　事業に係る許可の性質及び内容
> ⇒許可が既存業者による事業への影響についての適切な考慮を欠くものであれば，事業の適正な運営が害され，当該区域の衛生や環境が悪化する事態を招来し，ひいては住民の健康や生活環境に被害や影響が及ぶ危険が生じ得る。

D 結論

⇒廃棄物処理法は，一般廃棄物処理業に係る営業上の利益を個々の既存の許可業者の個別的利益としても保護すべきものとする趣旨を含む。

⇒市町村長から一定の区域につき廃棄物処理法7条に基づく一般廃棄物処理業の許可を受けている者は，当該区域を対象として他の者に対してされた一般廃棄物処理業の許可処分について，その取消しを求めるにつき法律上の利益を有する。

　上記の処理手順で気になるのは，Bのパートです。最高裁は，一般廃棄物処理業の性格について論じています。これは，廃棄物処理法上，一般廃棄物処理業は市町村が自らの事業として実施するものとされ，一般廃棄物処理業の事業許可が純粋な営業の自由に関する規制の仕組みではなく，行政行為論上の「特許」的なものであることを指摘するものです。

　ここで想起されるのは，上記と同じ競業者型の紛争類型において，行訴法9条2項を引用せずに原告適格を否定した，最判平成19・10・19判タ1259号197頁です。医療法に基づく病院開設許可処分について，予定地周辺の医師・医師会が取消訴訟を提起したところ，最高裁は，医療法は付近で医療施設を開設している者の利益を考慮することを予定しておらず，法の目的等からも法律上の利益を有する根拠はないとしました。平成26年最判は，廃棄物処理法上一般廃棄物処理業が原則として市町村の独占であることを，医療法上病院の開設が原則自由であることと対比させて，平成19年最判との相違を明確に示そうとしたのだろう，と推察されます。

13 競願パターン

　最後に，競願型の紛争類型を取り上げます。

　競願型とは，たとえば，ひとつの免許について複数の事業者が申請をするというパターンです（椅子取りゲームのイメージです）。A・B・Cが申請してBに免許が与えられ，A・Cは拒否されたとします。Aがこの処分に不満があるとして，①Aに対する申請拒否処分を争う，②Bに対する免許付与処分（申請認容処分）を争う，という2つの方法が考えられます。

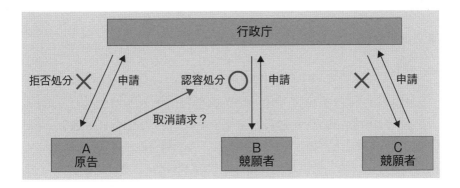

　最判昭和 43・12・24 民集 22 巻 13 号 3254 頁（ノート 19- 6 POINT・百選Ⅱ166）
は，上記の図で，A と B が同一周波数をめぐって競願関係にあり，A に対する
拒否処分と B に対する免許処分が表裏の関係にある場合，拒否処分に対する A
の異議申立てを棄却する決定が違法として取り消されれば，行政庁は右決定前
の白紙の状態に立ち返り，あらためて審議会に対し，両者の申請を比較しては
たしていずれを可とすべきか，その優劣についての判定を求め，これに基づい
て異議申立てに対する決定をなすべきであるとして，拒否処分を受けた者は，
競願者に対する免許処分の取消訴訟を提起できるほか，自己に対する拒否処分
のみの取消訴訟を提起することができる，という結論を示します。

　最高裁は，取消判決の効力（拘束力。行訴法 33 条）を踏まえた解釈により，競
願関係における法律上の利益の解釈をしています。A に対する申請拒否処分
と，B に対する免許処分（申請認容処分）は，いわば裏表の競願関係にあるため，
取消判決の拘束力を踏まえるならば，そのどちらをつかまえて争うこともあり
得る，ということになります。

Ⅲ　取消訴訟の本案論

1　行政処分の違法

　行政機関は，主権者（国民）の代表である国会が定める法律によって，公権力の行使（その典型が行政処分）を授権されます。ゆえに，行政処分は，法律・条例に違背すると違法と評価されます。加えて，行政処分が法の一般原則（比例原則，平等原則，信義則，権利濫用禁止原則など）に反するなら，やはり違法です。違法と言っても，形式的な意味での根拠法令（法律・条例＋法規命令）のみでなく，もっと広く「法」を念頭に解釈する必要があります。

　また，行政処分の違法については，行手法のような手続的ルールに違背していないかも，重要な解釈問題になります。行手法（または行政手続条例）は，行政処分に求められる手続的規律ですが，行政処分の根拠規範ではなく，規制規範と考えられます。

　このように，行政処分の違法を論じる場合，行政処分を規律する「法」の違背の有無を検討するのは当然なのですが，根拠法令以外に法の一般原則や手続規範等にも目配りする必要があります。

2　実体的違法＝処分要件不充足と裁量権の逸脱・濫用

　行政処分の取消訴訟を提起した場合，本案の主張として，行政処分の適法・違法をどう論じるべきでしょうか。まず，取消訴訟の本案における行政処分の違法（取消事由たる違法）のうち，主要なものを整理します。

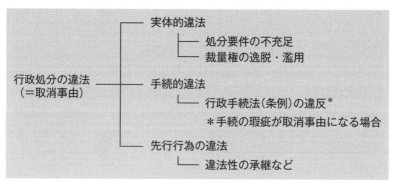

　最初に確認すべきことは，行政処分の取消訴訟における審理の対象＝訴訟物です。通説的な理解によるなら，取消訴訟の訴訟物は**行政処分の違法性一般**です。取消訴訟では，端的に行政処分の違法が争われます。

　この文脈で，行政処分の違法とは，根拠法令が規定する処分要件を充足していないことと言い換えられます。処分要件の不充足とは，行政処分を授権する法令に照らして「違法」なのですから，次に述べる行政手続の瑕疵でないという意味で，実体的違法です。

　ここで，行政法に特有の重要な論点である行政裁量論が登場します。行訴法30条は，次のように規定します。

> 30条　行政庁の裁量処分については，裁量権の範囲をこえ又はその濫用があつた場合に限り，裁判所は，その処分を取り消すことができる。

　取消訴訟において，行政処分が「裁量処分」であれば，単純に処分要件不充足が取消事由になるのではなく，裁判所が裁量権の範囲を超える（＝裁量権の逸脱），あるいは，裁量権行使につき濫用があると認定判断した場合にのみ，取消事由となります。これが，**行政裁量の司法審査**の問題です。

　処分要件不充足による違法と，裁量権の逸脱・濫用による違法は，全く異なる解釈枠組みのように見えます。しかし，両者とも，行政処分の根拠規範（行政庁に行政処分を授権する法規範）に照らして適法・違法を判断するという意味では，基本的に同一線上にあります。行政処分における裁量は，それ自体が，根拠法令によって認められたものであり，また，裁量権の逸脱・濫用を判断する手がかり（裁量権行使の合理性を判定するための法的規範）も，突き詰めると当該処分の根拠法令から導き出されるからです。両者は，行政処分の取消訴訟において，実体的違法として括ることができます。

3　行政手続の瑕疵と処分の取消事由

　行政処分は，行政庁による，国民に対する一方的・権力的な行為です。ゆえに，適正手続・公正手続が要請され，国民が自らの権利・利益を手続的に防御することが必要かつ有効です。行手法（行政手続条例）の規律が及ぶケースであ

れば,「申請に対する処分」と「不利益処分」について,一般的な手続的ルール
が定められています。それ以外にも,個々の行政処分の根拠法令において,手
続的規律が定められている例が見られます。

　行政処分の「違法」に行手法違背(手続上の瑕疵)が含まれるのは当然と考え
られます。しかし,行政処分の取消訴訟における本案=取消事由という観点で
は,行政処分に手続違反があった場合にその行政処分の取消事由となるかは,
別の解釈問題です。手続に瑕疵があったとしても,単に行政側が手続をやり直
しさえすれば同一内容の行政処分がされる,ということであれば,手続違反を
理由に行政処分の取消判決が言い渡されたとしても,判決の後,同じ内容の行
政処分がされることになって紛争解決にならないとも考えられます。他方で,
手続の瑕疵が取消事由を構成しないのであれば,行手法を制定して行政側に適
正・公正な手続を履践させる意味が大きく失われます。行政処分を取消訴訟で
争う場合に,手続上の瑕疵の有無と,それらの瑕疵が当該処分の取消事由とな
り得るかというのは,重要なポイントです。

　このように,取消訴訟の「本案」たる行政処分の違法について,実体上の違
法とは別次元で,手続上の違法が問題になります。取消訴訟の「本案」レベル
で,行政処分の違法を論じる場合には,①実体上の違法,②手続上の違法,と
いう2つの側面から検討するという「作法」があるのです。

コラム10　行政手続の仕組みと裁量審査の手法

　行政処分の違法は,実体上の違法と手続上の違法に分けて論じるべきことは,上述し
たとおりです。他方で,実体上の違法,とりわけ,裁量権の逸脱・濫用の司法審査にお
いて,行手法(行政手続条例)が定める手続的仕組みが重要な役割を果たすケースがあり
ます。

　たとえば,行政処分に一定の裁量が認められるとき,処分庁が定めた裁量基準を手が
かりにした裁量統制が可能です。行手法は,申請に対する処分であれば審査基準,不利
益処分であれば処分基準という仕組みを定めていますが,多くの場合,審査基準・処分
基準は,裁量基準と解釈されます。そこから,審査基準・処分基準に着目して処分庁の
裁量判断の合理性を審査するという解釈手法が導かれます。これは,実体上の違法=裁
量権の逸脱・濫用の審査なのですが,行手法の定める審査基準・処分基準が重要な役割
を果たします。

　また，行政裁量の司法審査の方法として，行政の意思決定プロセス（＝判断過程）における考慮要素に着目し，その合理性を判定する手法が主流となっています。これを用いるには，考慮要素の抽出という解釈作業が不可欠なのですが，審査基準や処分基準，提示された理由等は，考慮要素を発見するための重要な手がかりとなります。

4　先行行為の違法

　行政庁が行政処分をする際，それに先行して一定のプロセスが存在するのが普通です。

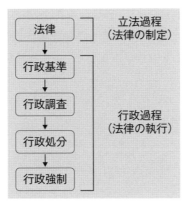

　上記の図で，法律が違憲無効である，行政基準たる法規命令が違法無効である，行政調査が違法である等々が認定できた場合に，行政処分が「違法」になるか，という問題があります。根拠規範である法律や法規命令が無効であれば，それに基づく行政処分も違法（ないし無効）となるのは一応明らかです。行政処分の前提となる行政調査に瑕疵があった場合の扱い方については，ケースにより考え方が分かれるでしょう。

　上記は，ある行政処分について，それに先行する行政プロセスを念頭に置いていますが，複数の行政処分が連続・連鎖して行政過程を形成することもしばしば見られます。この場合，個々の行政処分（2個の行政処分のみが連鎖するケースを想定すれば，先行処分と後行処分）ごとに公定力（取消訴訟の排他的管轄）が働くため，先行処分が仮に「違法」であっても，正式な手続によって取り消されてい

ない限り，後行処分の取消訴訟において，裁判所はこれを「有効」と扱うのが
原則となります[11]。この結果，後行処分の取消訴訟において，先行処分が違
法＝無効であるという主張は取消しを求める原告にとって無意味です。仮に先
行行為が違法であると認定判断できても，裁判所は，先行行為を有効と扱うか
らです。この問題は，行政処分の取消訴訟における原告の主張制限（本案におけ
る取消事由の主張の制限）[12]として整理することができ，また，行政処分の公定力
という現象の一側面という見方もできます。

　しかし，判例は，上記の例外として，先行処分の違法につき後行処分の取消
訴訟で主張することが許されるケースがあることを認めています。いわゆる違
法性の承継と呼ばれる論点です。違法性の承継は，出訴期間の徒過などにより，
先行処分の取消訴訟を提起できなくなった場合に[13]，後行処分の取消訴訟で先
行処分が違法であることを取消事由として主張する場合に，その可否というか
たちで問題になります。

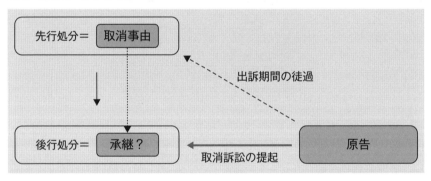

---

11)　行政処分（行政行為）が連鎖する場合は，処分性のない行為が先行する場合とは，問題状況が
　　大きく異なります。たとえば，行政処分に先行する法規命令が違法であるとして争いたいケース
　　で，法規命令の処分性を否定すれば，行政処分の取消訴訟で法規命令の違法＝無効を主張するこ
　　とは一般的に妨げられません。しかし，法規命令に処分性を認めると，違法であっても（取り消
　　されない限り）有効となってしまうので，違法性の承継が肯定されなければ先行行為の違法を主
　　張できなくなります。
12)　行訴法10条1項が規定する「自己の法律上の利益に関係のない違法」の主張制限などと同じ
　　現象ということになります。
13)　先行処分について取消訴訟を提起できるのであれば，それを提起して争えばよいだけですから
　　後行処分の取消訴訟について，関連請求として訴えを併合するのが普通だと思われます（行訴法
　　13条2号，同19条1項）。

　違法性の承継に関するリーディングケースとして，最判平成21・12・17民集
63巻10号2631頁（ノート5-7・百選Ⅰ81）があります。同判決では，①先行処
分と後行処分が同一目的・同一効果を有するといえるか（同一目的・同一効果基
準），②先行処分の適否を争うための手続的保障が十分に与えられているか（手
続的保障の程度），③原告が後行処分まで待って争う判断をすることが不合理で
ないか（先行処分を争う切迫性）という3つの規範を示した上で，違法性の承継を
肯定する判断をしました。この場合，先行処分の取消事由が認められれば，後
行処分はその前提（たる先行処分）を欠くことになり，違法と判断されます。

Ⅳ　裁量統制

1　行政裁量とは？

　本案論としての行政処分の違法は，実体的違法と手続的違法に分けられます。後者はⅤで検討しますが，前者（実体的違法）を検討するためには，①処分の根拠法令に照らして違法，②裁量権の逸脱・濫用があり違法（裁量処分の場合＝行訴法30条），③それ以外の違法（法の一般原則の違背，先行行為の違法性の承継，根拠法令の違法・無効など），に着眼することが必要です。なかでも，中心となるのが，②の行政裁量の司法統制の問題です。

　行政裁量とは，法律（立法者）が，それを執行する行政機関に対し，独自の判断の余地を認めることをいいます。行政活動は法律に規律されますが，多くの場合，法律は，授権する行政機関に，一定の幅で自由な判断・行動の余地を許容します。これが，立法者と行政機関の関係からとらえた行政裁量です（対立法裁量）。

　他方，行政と司法の関係では，行政裁量が認められる場合，行政機関はその範囲内で自由な法的判断が許されることから，裁判所による審査が制約されます（対司法裁量）。裁量処分について，裁判所は，行政庁による裁量権行使を前提に，それが不合理でないか（裁量権行使に逸脱・濫用がないか）のみ審査することができます（行訴法30条）。行政裁量が認められる場合，裁判所は，行政側の専門技術的判断，政策的判断，公益的判断などを尊重すべきと解され，行政庁に代わって法的判断をやり直す方法（判断代置手法）を採ることができません。裁量権逸脱・濫用の審査とは，行政庁による法的判断について，それが合理的か（不合理でないか）のみ審理判断する（追試的に合理性を評価する）方法です。

　行政処分については，裁量が認められる裁量処分と，裁量が認められず全面的に法に縛られる覊束処分が観念されます。しかし，両者の区別は相対化しています。行政決定の法的プロセスを詳細に検討する現代の解釈論では，多くの場合，行政庁の意思決定過程のいずれかに何らかの裁量判断の余地があると考えられます。ゆえに，ある行政処分が覊束行為か裁量行為か判別するという二者択一型の解釈ではなく，行政処分における法の適用プロセスを「分節」し，

各段階にどのような裁量が認められ，それらについていかなる手法・密度の司法審査ができるかを根拠規範に照らして精査する解釈が求められます。

　以上から，対司法裁量における解釈論の焦点は，行政裁量の「幅」や「広狭」であり，司法審査の「手法」と「密度」ということになります。行政処分について，行政裁量が広いと解釈されれば，行政庁の法的判断の余地が広く認められ，司法審査の程度・密度は低下します。逆に，行政裁量が狭い（行政庁の判断の余地が狭い）と解釈されれば，裁判所は行政庁を規律する法的規範についてより厳密に解釈・適用することが可能になり，司法審査の程度・密度は高くなります。両者は「逆比例」の関係にあります。

2　用語法の整理

　行政裁量論は，時代とともに変化しています。まず，伝統的・古典的な行政法学上の考え方に基づく用語法を，図解します。

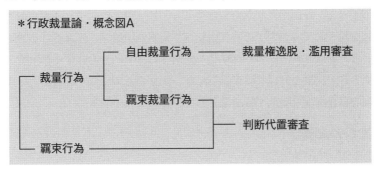

＊行政裁量論・概念図A

　上記では，行政行為は，行政裁量の有無によって，裁量行為と羈束行為に二分されます。根拠規範の条文が抽象的・多義的で，判断の余地が認められるのであれば，裁量行為に分類されます。しかし，それでは司法審査が及ばない領域が広くなり過ぎるため，裁量行為の中に，司法審査が可能な羈束裁量行為のカテゴリーを認め，純粋な自由裁量行為と区分します。自由裁量行為については裁量権の逸脱・濫用の有無が審査される（行訴法30条）一方，羈束裁量行為と羈束行為については通常の司法審査（判断代置審査）が想定されます。

　概念図Aでは，自由裁量と羈束裁量の区分が重要である一方，裁量権の逸脱・濫用の審査は，裁量統制に固有の法理として厳格に（狭く）とらえられます。

次に，現在の議論状況を反映した概念図Bを示しましょう。

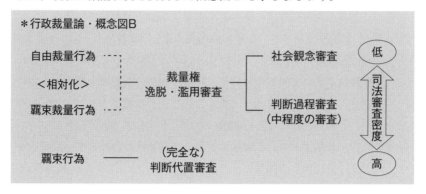

まずポイントになるのが，自由裁量行為と覊束裁量行為の「相対化」です。裁量の有無を二者択一的に判定するのではなく，司法審査の手法としての裁量権の逸脱・濫用を柔軟に考えようというコンセプトが読みとれます。覊束行為は，司法審査がほぼ完全なかたちで及ぶものに「局限化」されます。他方で，裁量権逸脱・濫用審査の中に審査密度が一定程度（中程度）確保される判断過程審査手法が形成され，その「標準化」が図られます。自由裁量と覊束裁量が相対化すると，裁量処分は「覊束行為でない」ものと広く観念される一方，裁量の広狭＝審査密度の高低が解釈論として重要になるのです。

3 覊束行為の画定

概念図Bでは，行政裁量の存在それ自体は広がる（しかし，判断過程における裁量の所在・程度は細密に画定する）一方，一定程度の審査密度を確保するための判断過程審査手法が「標準化」されます。これに対応して，（伝統的概念である）覊束行為は，裁判所が判断代置できるケースに絞って理解すればよいことになります。覊束行為は，何らかの理由付けによって，完全な司法審査がなされるべきもの，と画定されます。

たとえば，行政機関の保有する情報の公開に関する法律5条2号イに定める（当該法人の）「権利，競争上の地位その他正当な利益を害するおそれがある」という要件（不開示決定の要件）について，要件裁量を否定する判例（最判平成23・10・14判時2159号53頁。ノート5版13-3・百選Ⅰ32）があります。上記の処分要件

（不開示決定の要件）が，同法に規定された国民の開示請求権の存否それ自体に関わることを想起するなら，裁判所による判断代置審査が認められるべきです。この点に要件裁量を認めてしまうと，請求権に関する法的紛争につき司法権が制約されます。裁判所としても，要件裁量を肯定して行政判断を優先する訳にはいかないでしょう。

　公害健康被害の補償等に関する法律4条2項に基づく水俣病の認定について行政裁量を否定した判例（最判平成25・4・16民集67巻4号1115頁。ノート20-4[A]・百選Ⅰ75）についても，経験則に基づく因果関係の有無の問題である以上，全面的な司法審査（判断代置審査）が及ぶべきであると裁判所が考えるのは当然です。また，土地収用法71条の定める「相当な価格」の認定について収用委員会の裁量を否定した判例（最判平成9・1・28民集51巻1号147頁）は，憲法29条3項に基づく損失補償請求権それ自体の解釈問題であり，収用の前後を通じて財産的価値が等しくなるという「完全な補償」の認定判断である以上，経験則による判断代置審査がなされるべきである（収用委員会の判断を尊重する理由がない）との解釈方法に基づいています。

4　行政裁量の有無・広狭

　それでは，行政裁量の有無・広狭はどのように見定めるのでしょうか？　以下に掲げる3つの手がかりを用いて個別法を解釈し，裁判所の認定判断が制約される（行政判断を裁判所が尊重する）根拠・理由があるか，判断すれば良いのです。

　第1の手がかりは，行政処分の根拠規定の文言（規定ぶり）です。行政法令（個別法）は行政機関の行為規範であり，行政処分の根拠規定には，処分庁による処分要件と処分内容を規律する文言が見つかります。処分要件の規定ぶりが抽象的・概括的であり，事実認定によっても内容が一義的に定まらないものであれば，下記の第2の手がかりと相まって，そこに裁量（要件裁量）を認める可能性が認められます。また，処分内容の規定ぶりが「……することができる」であって（いわゆる「できる」規定），処分庁の裁量判断を許すと解釈できれば，そこに一定の裁量（効果裁量）が認められます。逆に，処分要件が，事実認定により一義的・客観的に判定できる規定ぶりである，あるいは，処分内容が「……しな

ければならない」など判断を縛る規定ぶりであれば，裁量は狭いと解釈できます。

　第2の手がかりは，処分要件について，政治的政策的判断，専門技術的判断，諸利益の総合衡量による判断など，司法審査の制約を認める（裁判所は行政判断の合理性を追試的に審査するにとどまる）要素が認められるか，という点です。法令の規定する処分要件への着目は大切ですが，概括的であるからといって直ちに要件裁量が認められるわけではなく，上記のような要素（行政裁量を肯定する根拠・理由）を精査して裁量の広狭を画定することが必要です。

　第3の手がかりは，行政処分の性質，とりわけ，国民の権利利益を規制ないし侵害する性質であるか（そのような性質が強いか）の判別です。行政処分が国民の権利利益を侵害する（自由・財産を規制・制約する）性質であれば，一定の司法審査密度を確保する必要があり，裁量は狭いと解釈されます。逆に，行政処分が国民に権利利益を付与する性質と解釈されれば，裁量は広く認めてよいと考えられます。

　要するに，①処分要件・処分内容に関する条文の「規定ぶり」，②行政決定における政策的判断，専門技術的判断，総合衡量などの要素，③国民の権利利益への侵害性，を総合的に目配りして裁量の広狭＝司法審査密度を見定めるイメージを持つと良いと思います。行政裁量は根拠規範の趣旨・目的に照らして合理的な限度で認められる一方，国民の権利利益侵害については法令による縛りと裁判的統制が不可欠なのですから，以下に図示する上記③の要素を見落としてはならないと感じます。行政処分において，国民の権利利益への規制・侵害の度合いが高いと，裁判所としても，その行政処分の授権規範を厳密に解釈する必要があることは，容易に理解できるでしょう。

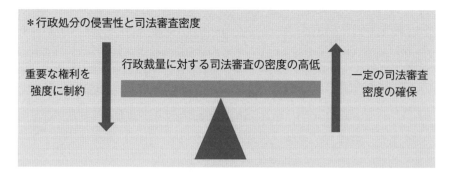

＊行政処分の侵害性と司法審査密度

行政裁量に対する司法審査の密度の高低

重要な権利を
強度に制約

一定の司法審査
密度の確保

5 「社会観念」による審査

　裁量処分（行政裁量）の司法審査について，判例は，裁量権が行使されたことを前提に，全く事実の基礎を欠くか，または，社会通念に照らし著しく妥当性を欠いたものである場合に，裁量権の逸脱・濫用があったものとして違法と判断します。これは，表現の揺れは見られるものの[14]，判例が長年にわたって用いている裁量統制の規範です。また，この規範を当てはめた裁量統制について，社会観念に照らし，裁量権行使の合理性（合理的といえるか・いえないか）を審査することから，社会観念審査と呼ばれます。社会観念審査は，行政裁量について，裁判官が設定する社会観念ないし社会通念という規範（裁量処分の根拠規範とは独立した裁判上の判断基準）を用いて審査をするものと理解できます。

　元来，社会観念審査は，司法審査の範囲外とされていた裁量処分について，裁判官が「社会観念」に基づき踏み込んだ判断をするものと考えられていました。しかし，社会観念・社会通念という規範は裁判官のブラックボックス的判断になるとの批判が生まれ，さらには，「社会観念」が裁判所のリップサービスとなり，司法審査密度としては低いレベルに留まることが指摘されるようになります。「全く事実の基礎を欠くか，又は，社会通念に照らして著しく妥当性を欠く」か審査するというものの，多くのケースで，「著しい」とまではいえず裁量権の逸脱・濫用はないと判断され（「著しさの統制」と呼ばれます），行政判断の安易な追認に傾いている，という厳しい評価がなされます。社会観念審査は，審査密度の点で，行政裁量に関する「最小限度の審査」であると扱われることもあります。

6 判断過程審査

　上記の裁量統制の規範は，現時点で，多くの判例が用いています。しかし，この規範を持ち出すだけでは，「当てはめ」のレベルで司法審査密度を高めることはできません。

　そこで，判例は，行政庁が意思決定に至る過程（判断過程）の合理性に着目し，

---

14)　「重要な事実の基礎を欠く」，あるいは，「社会観念上著しく妥当を欠く」などと表現されるケースが見られます。

判断過程における考慮要素に着目して裁量統制を行う手法を用いるようになります。行政庁の判断過程を裁判所がトレースすることによって，行政裁量に対する司法審査密度を高めるという工夫です。概念図 B の右端に示したように，判断過程審査手法は，司法審査密度の中間部分をカヴァーしており，「中程度の審査」と呼ばれることもあります。

　現在の判例において，判断過程審査手法は，一定の審査密度で裁量統制が求められる場合の，最も標準的な裁量審査の手法となっています。そして，現在の判例法が採る判断過程審査手法には，大きく 2 つの「型」があります。

　第 1 の「型」は，係争処分の考慮事項に着目した判断過程審査手法です。行政庁は，裁量権を行使する際，法により授権された枠内で，さまざまな具体的な要素・価値を総合的に考量して意思決定をします。第 1 の「型」は，このことに着目し，行政庁の判断過程において，①当然考慮すべき事項を十分に考慮していないのではないか（考慮不尽），②考慮すべきでない事項を過大に考慮していないか（他事考慮），③考慮した事項に対する評価が誤っていないか（評価の過誤），という基準によってその合理性をチェックする解釈方法です[15]。行政裁量に係る判断過程について，判断要素・考慮事項を合理的に選択したか，それらの要素を合理的に検討したかという観点からチェックして，司法審査密度を確保する試みということができます。行政裁量は，行政機関がさまざまな事柄・事情を総合判断して決定を下すことを法が認めている（授権している）場面で生じますから，考慮事項に着目することは，司法統制のあり方として理にかなっています。また，行手法の定める審査基準・処分基準や，理由の提示により，行政処分をする際に考慮された事項を認定しやすくなっていることも，考慮事項に着目して法的統制を深めることが合理的である根拠となります。

　判例において，この第 1 の「型」の判断過程審査手法は，上記の①②③を，「社会通念に照らし著しく妥当性を欠く」か否かという判断基準を当てはめるための下位規範として用いるかたちで実践されます。「社会通念に照らし著しく

---

15)　②と③は，行政庁が考慮した事項について，（裁判官が）法的評価の誤りを指摘するという部分で，共通して扱うこともできます。たとえば，最判平成 18・2・7 民集 60 巻 2 号 401 頁（ノート 6 - 9・百選 I 70）は，「重視すべきでない考慮要素を重視するなど，考慮した事項に対する評価が明らかに合理性を欠いており」と述べており，②を③に包摂させて司法統制基準として用いています。

妥当性を欠く」という基準を裸のままで当てはめると，文字通りの「著しさの統制」となり，司法審査の密度は低くなります。しかし，①②③を用いて判断過程の合理性を細密にチェックすることにより，司法審査の密度を高めることができます。さらに，司法審査の密度を高めるには，裁判所が考慮事項を拾い上げる際に，それらが適正な「重み」で考量されたかという観点から判断過程の合理性をチェックする審査方法が望ましいと考えられます。

　第2の「型」は，裁量基準に着目し，ⓐ裁量基準の合理性，ⓑ(裁量基準を用いた) 判断過程の看過し難い過誤・欠落，を審査する審査手法です。こちらは，原子炉の設置許可に係る裁量審査が争われた伊方原発訴訟判決（最判平成4・10・29民集46巻7号1174頁。ノート6-2・百選Ⅰ74）を源流とします。同判決において，原子炉の安全性という科学的・専門技術的知見に基づく審査・判断を行う第三者的機関の関与に着目し，当該機関の審査で用いられる裁量基準の合理性と，当該機関における調査審議・判断過程の過誤・欠落という観点から裁量統制をする手法として提示されました。

　第2の「型」の判断過程審査手法は，第三者的機関の関与という法的仕組みを超え，より一般的に，裁量統制の手法としての広がりを見せつつあります（最判平成24・2・28民集66巻3号1240頁。ノート6-2［A］など）。

　第2の「型」を用いた場合，上記ⓐにおいて裁量基準が合理的である（不合理とまではいえない）と認定判断されると，通常であれば，合理的な裁量基準を正しく当てはめた行政処分も適法になりそうです。しかし，そうであったとしても，処分庁の個別審査義務違反という裁量統制の道具があります。すなわち，合理的な裁量基準に則して行政処分がされたケースであっても，行政庁の側には，法令の定める処分要件に照らして個別に審査を尽くす（調査審議をする）義務があり，その義務（個別審査義務）の違反は行政処分の違法原因になると解釈されます（最判平成11・7・9判時1688号123頁。ノート6-10［C］・百選Ⅰ71）。

コラム11　社会観念審査と判断過程審査の「併用」

　上記で説明したように，現在の判例法は，社会観念審査の枠組みは維持しつつ，個々の裁量処分における考慮事項に着眼した判断過程審査を「併用」して，審査密度を一定程度確保した裁量統制をしています。

　リーディング・ケースとなったのは，公立学校施設の目的外使用不許可処分につき国家賠償法上の違法が争われた事例において，処分に係る考慮要素に着目した裁量統制を行った最高裁判決（最判平成 18・2・7 民集 60 巻 2 号 401 頁。ノート 6−9・百選 I 70）です。同判決は，行政財産の目的外使用不許可処分につき行政裁量を肯定した上で，裁量権行使における「判断要素の選択や判断過程に合理性を欠くところがないかを検討し，その判断が，重要な事実の基礎を欠くか，又は社会通念に照らして著しく妥当性を欠くものと認められる場合に限って」違法になるとします。その上で，①使用目的（教員の自主研修）が教育公務員特例法の趣旨にかなう，②拒否理由とされた街宣活動のおそれは具体的でなく，（土曜・日曜のため）生徒への影響も間接的である，③本件集会は教育上の悪影響を生じるとの評価は合理的でない，④学校施設を利用する必要性が高い，⑤教育委員会と教職員組合の関係悪化が不許可の背景であったことから，本件不許可処分について，「重視すべきでない考慮要素を重視するなど，考慮した事項に対する評価が明らかに合理性を欠いており，他方，当然考慮すべき事項を十分考慮しておらず，その結果，社会通念に照らし著しく妥当性を欠」き，裁量権を逸脱して違法と結論付けます。

　同判決は，「社会通念」に基づく上位規範を維持しつつ，係争処分の考慮事項に着眼し，ⓐ他事考慮，ⓑ評価の合理性欠如，ⓒ考慮不尽，につき審査しています。判決では，考慮した事項（ⓐⓑ）と考慮していない事項（ⓒ）に分けて整理されています。

　同判決は，上記①〜⑤の考慮事項について，上記の規範に「当てはめ」て結論を導きます。考慮事項について，係争処分の根拠規範と当事者が主張する事実関係から，できる限り具体的・分節的に抽出するという方向性が読み取れます。現在の行政裁量の司法審査は，係争処分の根拠規範が定める要件・効果，当事者が主張する具体的事実，の両面から，裁判官が適用できる法的規範を探索して当てはめる，という洗練された解釈技法になっています。学習者の方々は，行政裁量に関して答案を書く際，行政側の意思決定の際の考慮事項をできる限り具体的に，当てはめやすいかたちで抽出して，細かく検討するという「感覚」を掴むとよいと思います。

7　考慮要素の「重み付け」

　上述した判断過程審査手法の第 1 の「型」は，裁量審査の基準として「全く（重要な）事実の基礎を欠くか，又は，社会通念に照らし著しく妥当性を欠く」という規範を提示した後，「社会通念に照らし著しく妥当性を欠く」か否かについて，裁量処分の考慮要素に着眼した審査手法である考慮不尽・他事考慮・評価

の過誤を下位規範として用います。この「型」を用いる場合に，裁量統制の司法審査密度を高めるには，考慮要素に「重み付け」をすることが有効です。具体的には，次のような規範を当てはめることが想定されます。

・当然考慮すべき事項を十分考慮していない（単なる考慮の欠如ではない）
・重視すべきでない考慮要素を重視している（単なる他事考慮ではない）
・考慮した事項に対する評価が明らかに合理性を欠く（単なる評価の過誤ではない）

⬇　その結果

社会通念に照らし著しく妥当性を欠いたものということができる

　上記の解釈操作は，行政による判断過程を具体的に取り出し，それぞれの局面で，考慮要素の価値考量を試みるものです。行政裁量の授権規範の解釈から，当該行政処分における考慮要素をきめ細かく「重み付け」するイメージです。考慮事項を抽出するためには，根拠規範の定める処分要件，裁量基準（審査基準，処分基準など），処分に付された理由などを丁寧に探索します。問題を解くのであれば，問題文に示された事実関係，類似事案の処理など「誘導」を読み解くことも大切になるでしょう。

コラム12　裁量基準と行政処分の違法

　裁量基準は法規命令ではありませんから，裁量基準に違背する行政処分等を直ちに違法と評価することはできません。しかし，裁量基準が合理的と評価されるなら，そこから外れた裁量権の行使は，原則として違法と考えることができます。また，裁量基準は，そこから外れた行政判断を平等原則違反・比例原則違反と認定判断する手がかりになり得るし，裁量基準の違背が動機の不当性を推認させるケースも想定できます。上述した判断過程審査手法の第2の「型」や，個別審査義務違反による審査も，裁量基準に着眼した司法審査のツールと考えられます。

　取消訴訟で裁量処分の違法を争う場合，基本的に，原告の側から，裁量権行使の逸脱・濫用があることを主張・立証する必要があります。その際，裁量基準（行手法上の審査基準・処分基準など）があれば，裁量基準が不合理である（または合理的といえない）ことをまず争うことが想定されます。裁量基準が合理的である（または不合理とまではいえ

ない）とすれば，次のステップとして，そのことを前提に，裁量権行使の逸脱・濫用を
主張・立証するツールを選んで当てはめてゆくことが必要です。もちろん，裁量基準と
処分内容が一致しない（裁量基準に従わない処分がなされた）ケースであれば，それに対応
した裁量統制のツールを選択します。事例問題を解く場合には，上記のように，裁量基
準を軸にした解釈技法をイメージすると良いと思います。

8　判断過程審査手法の展開

　上記 6 で整理したように，判断過程審査手法のうち，伊方原発訴訟判決を源
流とする第 2 の「型」は，裁量基準の合理性審査と結びつけられて，広く用い
られるようになっています。さらに，この「型」は，行政庁が具体的に行った
調査，審議を手がかりに意思形成過程の合理性をチェックし，審査密度を確保
しようとする方向性を持っています。

　近時，山本隆司教授は，判断過程審査について，論証過程（行政機関が結論を
正当化する論理の道筋）と調査・検討過程（行政機関の現実の行動）を区別し，前者に
係る論理レベルの瑕疵と，後者に係る具体的行動不足の瑕疵の審査があること
を指摘されます[16]。平成 18 年判例（中学校施設の目的外使用不許可処分の事案）は前
者，平成 4 年判例（伊方原発訴訟判決）は後者に重なるようにも見えますが，山本
説は両者を並行して審査する必要性を語るものであり，審査の「型」とは視点
が異なります。行政決定の論理それ自体と，行政決定に至る調査検討等の法的
評価を分けるということは，実体（処分要件不充足）と手続（行政決定過程それ自体）
の切り分けに接近するでしょう。山本教授の提案を含め，裁量審査の密度向上
につながる議論の深化が期待されます。

9　行訴法 30 条と裁量統制基準

　行訴法 30 条は，裁量処分であっても，裁量権の逸脱・濫用が認められれば取
消事由になることを明文化しています。①裁量権の逸脱（踰越）とは客観的に裁
量権の範囲を超えること，②裁量権の濫用とは法が許す趣旨・目的に合致しな

---

16)　山本隆司「行政裁量の判断過程審査の理論と実務」司法研修所論集 129 号（2019 年）17 頁以下。

いことを，それぞれ意味します。①は，行政庁による裁量権行使が授権規範によって認められる枠（判断の余地を認められる範囲）を超えるという（裁判官による）評価であり，厳密に言えば裁量の外側での解釈問題です。これに対して，②は，行政庁による裁量権行使の目的・動機が授権規範と整合せず不合理であるなど，行政裁量の範囲内での（裁判官による）評価の問題です。

　裁量権の逸脱・濫用は，さらに，以下に掲げるような，具体的な裁量統制基準として司法審査の法的ツールを形成しています。

1　事実誤認　（裁量権行使の逸脱に相当）

⇒行政処分は，正しい事実認定を前提とするため，裁量判断の前提となる事実に誤りがあれば，裁量権行使は違法です。判例は，行政機関が「全く事実の基礎を欠く」，あるいは，「重要な事実の基礎を欠く」判断をした場合について，裁量権の逸脱・濫用になるという基準を提示しています[17]。

2　目的違反・動機違反　（裁量権行使の濫用に相当）

⇒行政処分が，根拠規範の趣旨・目的と異なる目的・動機によってなされた場合に，その行政処分は違法です。この法理により，裁量権の根拠となる法律の趣旨・目的を逸脱した場合には，裁量権の行使も違法と判断されます。

3　平等原則違反　（裁量権行使の逸脱に相当）

⇒行政機関による裁量権の行使であっても，合理的な理由なしに差別的な取扱いをすることは，裁判所により違法と判断されます。また，行政機関が，あらかじめ裁量基準（行手法上の審査基準・処分基準など）を策定している場合に，特定の者に合理的な理由なく裁量基準と異なる行政処分をすれば，平等原則違反が問題になります。

---

17)　事実誤認は，行政決定に先行する調査義務の司法統制と重なる部分があります。高橋正人『行政裁量と内部規範』（晃洋書房，2021年）201頁以下。これを示唆する裁判例として，道路拡幅を内容とする都市計画変更決定について，それに先行する基礎調査の結果が客観性・実証性を欠くとして違法とした東京高判平成17・10・20判時1914号43頁があります。

4 比例原則違反 （裁量権行使の逸脱に相当）

⇒比例原則違反も，裁量統制の道具となります。行政機関に裁量権が認められた
趣旨・目的と，裁量権を行使した結果生じる効果（行政処分の相手方に生じる不
利益など）に着目して，全体として合理的と評価できるかは，裁量統制の重要
な視点です。

5 法の一般原則による統制 （裁量権行使の逸脱に相当）

⇒平等原則や比例原則以外でも，法源性が認められる「法の一般原則」は，裁量
処分に対する司法統制の道具となります。信義則，基本的人権の尊重原則，特
殊事情の配慮義務などがこれに相当します。

上記2は，行政裁量の枠内での行政判断が不合理であるとの司法判断ですか
ら，裁量権の濫用に相当し，それ以外は，何らかの法的規範に照らして裁量権
行使の結果を違法とする司法判断であり，裁量権の逸脱に含まれます。

上記の裁量統制基準は，裁量権の逸脱・濫用という解釈枠組みから派生した
もので，司法審査の「手法」に着眼した整理（社会観念審査，判断過程審査，判断代
置審査）とは平面を異にします。たとえば，判断過程審査手法を用いたとして，
それとは別次元で，上記に相当する裁量統制基準（比例原則違反，信義則違反など）
を付加的に使って違法事由とすることが可能と考えられます。

10 手続的審査

裁判所が裁量処分の違法性をチェックする場合に，処分庁が行うべき事前手
続（行政手続）の観点から司法審査を及ぼす方法があります。たとえば，塩野宏
先生の教科書は，行政裁量の司法審査について，①裁量権の逸脱と濫用，②手
続的コントロール，③判断過程の統制を「コントロール手段」として提示しま
す[18]。手続的審査は，上記②に相当します。

手続的審査のリーディング・ケースは，**個人タクシー事件判決**（最判昭和46・
10・28民集25巻7号1037頁。ノート12-2・百選I 114）です。同判決は，広い行政裁

---

18) 塩野 I 147頁以下。

量が認められる場合であっても，多数の者のうちから少数特定の者を具体的・個別的事実関係に基づき選択して行政決定をするような場合，事実の認定につき行政庁の独断を疑うことが客観的にもっともと認められるような不公正な手続をとってはならない，とします。事前手続の要請は，裁量問題にとどまらない行政処分法制全体の問題ですが，裁量の司法統制において，手続的統制が重要なことは明らかです。

　かつて，この論点は，行政の意思決定過程に着眼して司法統制を試みた一連の裁判例（とりわけ白石健三裁判官が関与する「白石判決」）を主要な素材として議論されました[19]。白石判決のひとつである**日光太郎杉事件判決**（東京高判昭和48・7・13行集24巻6＝7号533頁。ノート6-6）が，土地収用の事業認定の前提となる要件（土地収用法20条3号）について，一定の要件裁量を肯定しつつ（原審は要件裁量を否定して判断代置により違法と判断していました），判断過程の統制という手法を用いて違法との結論を導き出します。裁量処分の意思決定過程において，考慮すべき事項についての考慮不尽，本来考慮すべきでない事項の他事考慮等をとらえ，「裁量判断の方法ないし過程に過誤があ」ると結論付けるロジックは，注目を集めました。現在の裁量統制の「標準型」である判断過程審査は，日光太郎杉事件判決に源流があるとの見方も有力です[20]。

　もっとも，行政の意思決定プロセスに着眼する裁量統制と，行政手続それ自体の瑕疵（それに基づく行政処分の取消事由の肯定）が，次元を異にすることは明らかです。個人タクシー事件の最高裁判決のような，正面から手続の瑕疵を問題とする手続的審査は，行手法が定着した現在，行政裁量の司法審査とは平面の異なる，しかし大変重要な司法審査のツールです。さらに，最近の裁判例を見ると，「合理的な理由を欠く」ゆえに裁量権の逸脱・濫用があるとするもの[21]，

---

19)　個人タクシー事件の地裁判決（東京地判昭和38・9・18行集14巻9号1666頁）や，群馬中央バス事件の地裁判決（東京地判昭和38・12・25行集14巻12号2255頁）が知られています。

20)　日光太郎杉判決は，最高裁判例が形成してきた判断過程審査とは異なる部分も指摘できます。たとえば，村上裕章先生は，日光太郎杉判決のロジックが，取消判決の後，行政庁が判断過程の過誤を是正した場合の再処分の可能性を含んでいるとの指摘をされています。村上裕章『行政訴訟の解釈理論』（弘文堂，2019年）256頁以下。

21)　違法性の承継の判断基準を示したことで知られる最判平成21・12・17民集63巻10号2631頁，ノート5-7・百選Ⅰ81（たぬきの森マンション事件）の原審は，安全認定の行政判断には「明らかに合理的根拠がない」として違法を認定しています。

裁量基準の合理性を問題とするものなど，個人タクシー事件とはまた違ったか
たちで，行政手続の仕組みを裁量統制の手掛かりとするものが目につきます。
裁量審査の枠組みにおいて，行手法等による手続的仕組みを利用する，いわば
ハイブリッド型の司法審査が登場していると感じます。

11 裁量審査の「処理手順」

最後に，行政法の事例問題で裁量審査を扱う場合（判断過程統制手法を用いて一
定の審査密度を確保するケースを想定）の「処理手順」を示しておきましょう。

①裁量処分であることの論証
⇒個別法上，係争処分について，行政庁の裁量判断に委ねられている（行政庁に
　一定の裁量が認められる）ことを論証する。
⇒根拠条文の「規定振り」，行政決定の性質，国民の権利利益の規制・侵害に着
　目する。
⇒行訴法30条を引いて，裁量権の逸脱・濫用の有無を審査することを述べる。

②一定の司法審査密度を確保することの論証
⇒係争処分が原告の権利利益を規制ないし侵害すること等により，司法審査にお
　いて一定の審査密度を確保することが必要であることを論証する。
⇒判断過程審査手法を選択する。

②一定の司法審査密度を確保することの論証
③裁量審査の「規範」の提示
⇒係争処分の行政判断について，裁量権の行使としてされたことを前提に，判断
　要素の選択・判断過程に合理性を欠くところがないか検討し，当該行政判断
　が，全く事実の基礎を欠くか，又は，社会通念に照らし著しく妥当性を欠くと
　認められる場合に裁量権の逸脱・濫用として違法となる，等の「規範」を提示
　する。

④当てはめ・結論

⇒係争処分の考慮事項★をできるだけ詳細に検討し，他事考慮・考慮不尽・評価
　の過誤があったことを認定する。

⇒上記認定の結果，処分庁の判断は，社会通念に照らして著しく妥当性を欠き，
　裁量権の逸脱・濫用が認められ違法である，との結論を導く。

★　考慮事項の「発見」方法

　裁量権行使の逸脱・濫用を論じるためには，係争処分の考慮事項を拾い出し
て，裁量統制の規範に丁寧に「当てはめ」ることが必要です。その際，最大の
ポイントは，考慮事項をどうやって「発見」するか，ということになります。

　まず大切なのは，係争処分の根拠規範から，処分要件・処分内容（効果）を
しっかりと抽出して検討することです。その上で，処分要件であれば，どのよ
うな趣旨で裁量が認められるかを意識しつつ，行政庁がいかなる事項を考慮し
て当該要件を認定したかを検討し，処分内容（効果）であれば，どのような事項
を考慮して，処分をする・しない，あるいは，どのような内容の処分をするか
を決定したかを検討します。具体的に検討すればするほど，解釈論の「質」も
高まります。

　たとえば，土地収用法20条3号の定める「土地の適正且つ合理的な利用」と
いう処分要件であれば，公共事業により得られる公益と収用により奪われる私
益との比較衡量という判断の部分で裁量が認められるのですから，公益と私益
の比較衡量にかかわる考慮事項を具体的に拾い出します。また，公務員を一定
の重さの懲戒処分にする効果裁量を争うのであれば，処分の必要性を基礎付け
る具体的事情と，慎重な考慮の必要性を基礎付ける具体的事情を，事実関係に
即して「抽出」します。

　さらに，個別法の規定，裁量基準の内容，提示された処分理由などを詳細に
検討する必要があります。事例問題を解くのであれば，問題に記載された事実
関係（誘導）をしっかりと読み込むことが大切です。裁量に関する考慮要素・考
慮事項の抽出と，適切な当てはめは，仕組み解釈という解釈技法の「集大成」
です。しっかりと取り組みましょう。

　上記の「処理手順」とは異なり，裁量基準の合理性の検討→行政決定過程の過誤・欠落の有無の検討，というロジックを使う選択肢もあります。この場合，上記③で提示した「規範」を適切なものに入れ替えて「当てはめ」に進みましょう。裁量基準が合理的であれば，そこから先，個別審査義務（その違反）を検討するケースもあると思います。

　答案を書く場合には，上記の「処理手順」をベースラインとしつつ，比例原則違反や平等原則違反，信義則違反，（個別事情の）考慮義務違反などで自らのロジックを「補強」することも有効です。

V　手続的瑕疵

1　手続規範の探索

　行政処分の取消事由は，通常，実体的違法（根拠規範が定める処分要件の不充足）と手続的違法（行政手続上の瑕疵）という2つの平面から検討します。後者の処理手順のベースラインは，係争処分について，①手続規範の探索→②手続の瑕疵の有無を検討→③手続の瑕疵が取消事由となるか検討，となります。

　上記のように，行政手続の瑕疵について検討するには，係争処分の手続規範を探索しなければなりません。まず，裁判で争いたい行政処分について，行手法の適用があるか，検討します。具体的には，ⓐ行政処分の分類上，行手法の規律対象となるか，ⓑ行手法ではなく行政手続条例が適用されるケースではないか，ⓒ個別法の定める手続規定が適用されるケースではないか，チェックが必要です。

　上記ⓐについては，申請に対する処分，不利益処分のどちらかであれば，行手法の規律が及びます。申請に対する処分の場合，申請認容処分・申請拒否処分（一部拒否を含みます）の相違により，理由の提示の必要性が変わります。不利益処分は，行手法2条4号ただし書により，不利益処分から除かれて行手法の規律から外れる類型があります（同号イ〜ニ。たとえば，権力的事実行為としての処分は，行手法の定める不利益処分の手続的規律から外れます）。

　ちなみに，行政側が申請等によらず職権で授益処分をする場合には，行手法の規律は及びません。以下の図を参照してください。

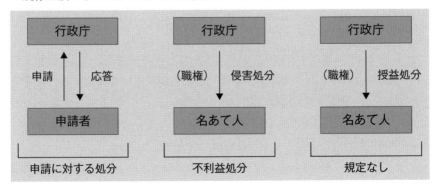

同時に，上記ⓑ，すなわち，行手法と行政手続条例のどちらが適用されるのか，検討する必要もあります。行手法3条3項は，地方公共団体の機関がする処分のうち，各地方公共団体の条例・規則を根拠規範とするものについて，行手法が定める手続的規律の適用除外を定めます。この結果，地方公共団体の機関が，条例・規則を根拠として行う行政処分は，各地方公共団体の行政手続条例（行手法46条の趣旨を踏まえて各自治体が制定）により規律されます。

なお，国の法令（法律＋法律の委任により定められた法規命令）が根拠規範であれば，地方公共団体の機関がする処分であっても，行手法の規律が及びます。ここで国の法令とは，法律とその下位法令であり，法令の委任により地方公共団体が定める条例・規則については，下位法令に含まれます。委任条例に基づく行政処分であれば，その処分の根拠は法律にあると解釈されるため，行手法が適用されるというわけです。これに対して，いわゆる自主条例（国の法律からは独立して，地方公共団体が自主立法として定める条例）が根拠規範であれば，その処分は行政手続条例で規律されます。

これに加えて，上記ⓒで示したように，行政処分の根拠となる個別法に特別の手続規定があれば，それによることになります（行手法1条2項）。ケースによっては，行手法3条・4条が定める適用除外や，個別法の側が行手法の定めの適用除外を定めていることがあります。事例問題を解く場合には，この点についても，問題文の誘導や添付された参照条文から正しく読み取る必要があります。

2 行手法の解釈方法

行政処分について手続的瑕疵の有無を検討するには，行政手続の一般法である行手法の解釈が基本となります。

行手法は，行政機関の意思決定過程について，利害関係人が自己の権利・利益を手続的に防御するべく，適正手続・公正手続原理を具体化する行政手続（事前手続）の一般法です。手続に瑕疵があった場合に，その手続は違法（ないし違憲）となりますが，その処分が実体法上違法になるか（手続の瑕疵が，当該行政処分の取消事由となるか）は，もう一段階別の解釈が必要です。

> ＊手続的瑕疵の解釈「作法」
> 　①手続的仕組みの「制度趣旨（＝目的）」に照らした解釈をする。
> 　②手続的瑕疵が係争処分の取消事由となるか，必ず吟味する。

　上記①は，行手法が定める手続的仕組み（処分基準・審査基準の設定・公開，理由の提示など）について，それらがどのような趣旨・目的で定められたかを起点として，手続的瑕疵の有無を判定する解釈作法です。上記②は，手続的瑕疵の本質的な特質として，手続をやり直せば（同一内容の）処分を維持できるか，手続に瑕疵があれば処分それ自体を判決で取り消すのか，という論点があることを意味します。上記②についても，上記①の「作法」を応用して解釈することができるというのが，ひとつのポイントです。

　上記①②の解釈「作法」は，行政の意思決定プロセスの適正性・公正性の確保という行手法の制度趣旨と切り離せない関係にあります。そこで，まず，行手法1条1項（目的規定）をチェックしておきましょう。

> 1条①　この法律は，処分，行政指導及び届出に関する手続並びに命令等を定める手続に関し，共通する事項を定めることによって，行政運営における公正の確保と透明性（行政上の意思決定について，その内容及び過程が国民にとって明らかであることをいう。……）の向上を図り，もって国民の権利利益の保護に資することを目的とする。

　行手法1条1項は，同法の目的として，①行政運営における公正の確保と透明性の向上，②国民の権利利益の保護の2つを掲げています。①は，行手法が，行政の意思決定の不公正・不透明の克服が必要であるとの立法事実により制定されたことを示します。公正性とは，行政決定が恣意的・独断的でなく，偏りのない正しい情報に基づくことをいい，透明性については条文のかっこ書で定義が示されています。通常，公正性と透明性は予定調和しますが（行政運営における透明性向上は，公正性確保につながります），両者が矛盾するケースも考えられます。たとえば，透明性を高めることにより公正性が阻害されること（公開された処分基準が悪用され，処分には至らない違法行為が助長されるケース，事前手続の中でプラ

イバシーや企業秘密が明らかにされるケースなど）が想定されるので，透明性の向上が国民の権利利益の保護（②の法目的）の枠内にあることに注意する必要があります。

　上記②の「国民の権利利益の保護」にいう「国民」とは，広く一般公衆を指すのではなく，行政上の意思決定につき手続上直接の関係性が認められる者をいうと解されます。行手法は処分・行政指導等に係る事前手続を規律しており，個別具体の処分等について，その当事者（申請者，不利益処分の名あて人，行政指導の相手方等）の手続的利益を保護しているからです。加えて，条文上，「①，もって②」と規定されることにより，②が究極の法目的であるという立法者意思を読み取ることができます。

3　行手法における処分

　行手法2条2号は，処分につき，「行政庁の処分その他公権力の行使に当たる行為」と定義します。これは，行訴法3条2項等に見られる処分の定義と同一であり，基本的に処分性の解釈論が当てはまります。その上で，行手法は，処分に関する手続について，①申請に対する処分，②不利益処分に二分し，それぞれの事前手続を定めます。

　申請に対する処分とは，国民が法令に基づいて行政庁に許認可等を求め，これに対して行政庁が諾否の応答をする処分をいいます。行手法2条3号は，「申請」の定義として，「法令に基づき，行政庁の許可，認可，免許その他の自己に対し何らかの利益を付与する処分……を求める行為であって，当該行為に対して行政庁が諾否の応答をすべきこととされているものをいう」と定めています。ここから，①行政庁に応答義務がある（国民に申請権がある）こと，②第三者に対する処分を求めるものでないこと，が読み取れます。

　不利益処分とは，「行政庁が，法令に基づき，特定の者を名あて人として，直接に，これに義務を課し，又はその権利を制限する処分」です（行手法2条4号）。事実上の行為に係る手続としての処分（同号イ），申請を拒否する処分（同号ロ），相手方の同意のもとにすることとされる処分（同号ハ）などは，不利益処分から除かれます。

　行手法の適用があり，申請に対する処分・不利益処分のどちらかが確認でき

たら，手続の瑕疵の論証へと進みます。申請に対する処分であれば，申請→審査→処分の決定，不利益処分であれば，通知→意見聴取手続（聴聞ないし弁明の機会の付与）→処分の決定，という手続構造をイメージし，どの段階にどのような瑕疵があるか，検証します。行手法は，前者について審査基準，後者について処分基準を，それぞれ規定していますが，両者は，通常，裁量基準（または解釈基準）と考えられます。このことは，裁量統制を軸とする実体法上の違法とリンクしますので，特に注意が必要です。

4　手続の瑕疵——申請拒否処分の場合

申請拒否処分について，行手法は，行政機関の行為義務として，審査基準の設定・公表（行手法5条），申請に対する審査・応答（同7条），理由の提示（同8条）を規定します。行手法5条・7条・8条に違背するという事実認定ができれば，行手法の定める義務に違背して違法と評価することができます。その際，これらの手続的仕組みの制度趣旨，すなわち，同法5条・7条・8条の手続が何のために法定されているかという趣旨・目的に照らして行手法違反（行為義務違反）を論証するという解釈方法が用いられます。

審査基準の設定・公表（行手法5条）の制度趣旨は，行政機関による恣意的・独断的な判断を防ぐとともに，国民の側が行政決定につきあらかじめ予測可能性が得られるようにすることです。審査基準は，理由の提示と結びついて手続的意義を増すので，上記の制度趣旨を答案に書く際には，「理由の提示とあいまって」と付け加えるとより有効です。

なお，審査基準の多くは裁量基準であり，審査基準の内容が合理的であれば行政側は原則としてそれに羈束されます（行政の自己拘束）。行政側が審査基準と異なる判断をする場合には，理由の提示等による十分な説明が要求されます。これらのことから，審査基準は，それが合理的と解釈される限りで，国民に対して一定の外部効果を有すると考えられます。審査基準を「公に」するとは，「知りたい者に対して秘密にしない」という趣旨であり，国民から求めがあれば閲覧できる状態にあることを意味します。

申請に対する審査応答義務（行手法7条）とは，行政庁には申請に対する審査応答義務があり，応答しないのであれば，申請者に補正を求めるか，申請拒否

処分をするかどちらかの選択肢しかない，という手続的仕組みです。その制度趣旨は，申請書の受理拒否・返戻が違法であること，申請に対する応答の留保が違法であることを明確にし，行政判断の透明性・公正性を担保する，というものです。

　理由の提示（行手法8条）の制度趣旨は，理由を提示することにより，行政庁による決定が慎重になり（慎重合理性担保・恣意抑制機能），申請者が行政不服申立て等の事後的な争いをしやすくなる（争訟便宜機能）というものです。理由の提示については，処分の相手方を説得する機能，行政決定過程を公にする機能等もあるとされますが，理由の提示が違法か解釈する場合には，慎重合理性担保・恣意抑制機能，争訟便宜機能の両者が制度趣旨であることから立論するのが「作法」です。

　理由の提示については，提示（書面の場合は付記）される理由の内容・程度が手続の瑕疵を構成するか，という論点があります。申請拒否処分の「理由」ですから，処分要件（法令上の許認可等の要件＋審査基準の内容）と事実関係を提示することになりますが，行手法上の瑕疵（義務違反）に当たるかの判定は，処分要件の具体性ともあいまって個別具体的に解釈する必要があります。

　この点，リーディングケースとして知られるのは，行手法の制定前の事案ですが，旅券法に基づく旅券発給拒否処分の理由付記に関する最判昭和60・1・22民集39巻1号1頁（ノート12-5・百選Ⅰ118）です。最高裁は，（当時の）旅券法が定める理由付記の制度趣旨について，「外務大臣の判断の慎重と公正妥当を担保してその恣意を抑制するとともに，拒否の理由を申請者に知らせることによって，その不服申立てに便宜を与える趣旨」であるとし，「一般旅券発給拒否通知書に付記すべき理由としては，いかなる事実関係に基づきいかなる法規を適用して一般旅券の発給が拒否されたかを，申請者においてその記載自体から了知しうるものでなければならず，単に発給拒否の根拠規定を示すだけでは，それによって当該規定の適用の基礎となった事実関係をも当然知りうるような場合を別として，旅券法の要求する理由付記として十分でない」としました。

　要するに，判例は，個別法の定める理由付記の制度趣旨について，①処分庁の判断の慎重合理性担保・恣意抑制，②処分の相手方の争訟便宜であるとした

上で，求められる理由付記の程度として，いかなる事実関係に基づきいかなる法規を適用して申請を拒否されたか，申請者においてその記載自体から了知しうるものでなければならない，としました。加えて，判例は，理由付記に瑕疵がある場合，理由付記の制度趣旨に照らして，直ちに処分自体の取消事由となることも示しています。

　上記の判例は，行手法8条の解釈にも妥当すると考えられます。ただし，同法5条が審査基準を法制化したことから，理由の提示の瑕疵の判断基準についても，「いかなる事実関係に基づき，いかなる法規・審査基準を適用して申請拒否処分がされたか，申請者においてその記載自体から了知しうるか」，というかたちになるでしょう。

コラム13　行手法上の努力義務規定

　行手法は，申請に対する処分について，行政機関の努力義務として，標準処理期間（行手法6条），情報提供（同9条），公聴会の開催（同10条），共管事項の迅速処理（同11条）を定めます。これらは，行為義務規定でないため，直ちに行手法上の違法には結びつきません。しかし，たとえば，個別法で公聴会開催を義務付けるケースなどでは，手続の瑕疵が問題になります。

　個別法上，審議会への諮問・公聴会の開催が義務付けられていたケースの判例として，最判昭和50・5・29民集29巻5号662頁（ノート12-3・百選I115）があります。路線バス（一般乗合旅客自動車運送事業）の免許に係る申請拒否処分が争われたもので，群馬中央バス事件と呼ばれます。この判例では，①個別法の規定に基づく審議会への諮問手続，②審議会が開催した公聴会手続について，瑕疵＝違法が争われています。最高裁は，①について，法が諮問機関への諮問手続を定めているのは「行政処分の客観的な適正妥当と公正を担保する」趣旨であり，「行政処分が諮問を経ないでなされた場合はもちろん，これを経た場合においても，当該諮問機関の審理，決定（答申）の過程に重大な法規違反があることなどにより，その決定（答申）自体に法が右諮問機関に対する諮問を経ることを要求した趣旨に反すると認められるような瑕疵があるとき」に，処分は取消しをまぬかれないとします。また，②については，法が公聴会審理を要求する趣旨が「運輸審議会の客観性のある適正かつ公正な決定（答申）を保障する」ことにあるとした上で，公聴会の審議手続の内容は，申請者・利害関係者に対し「決定の基礎となる諸事項に関する諸般の証拠その他の資料と意見を十分に提出してこれを審議会の決定（答申）に反映させることを実質的に可能ならしめるようなものでなければならない」

と述べています。

　法律・条例が諮問手続や公聴会手続を定めているケースを設定して，それらの手続的瑕疵を評価させることは，行政法事例問題の「定番」です。上記の群馬中央バス事件が示す規範については，ぜひ使えるよう覚えてください。ただし，上記判決は，公聴会手続の不備を認定したものの，仮に不備を正して手続を尽くしても審議会の決定は変わらないと判断し，処分自体の取消事由にはならないと解しています。

5　手続の瑕疵——不利益処分の場合

　不利益処分の手続は，名あて人（となるべき者）への通知→名あて人からの反論（意見陳述手続）→処分の決定，という流れになります。意見聴取手続として，聴聞（正式の手続）または弁明の機会の付与（略式の手続）が行われます。行手法が定める行政機関の行為義務として，通知（行手法15条・30条），理由の提示（同14条）が問題になるほか（処分基準の設定は努力義務），聴聞における手続的権利（口頭意見陳述・証拠書類等提出・文書閲覧請求）の侵害がないかチェックする必要があります。行政手続の瑕疵（行手法上の違法）を評価する際には，申請拒否処分と同様，手続的仕組みの制度趣旨（法は何のためにそのような仕組みを定めたか）に照らして論じると効果的です。

　上述のように，不利益処分の事前手続（意見陳述手続）には，聴聞・弁明の機会の付与の2種類があります。聴聞は，許認可等の取消し（行手法13条1号イ），資格・地位の直接的な剥奪（同号ロ），法人への役員等の解任・除名の命令（同号ハ），行政庁が相当と認める場合（同号ニ）に行われ，個別法により必要とされる場合もあります。不利益処分の名あて人の法的地位をゼロにするタイプの重い処分の場合は，正式の手続である聴聞が必要とされるイメージです。それ以外（許認可等の一時的な停止など）は，弁明の機会の付与となるのが普通です。

　聴聞とは，主宰者が，不利益処分の名あて人となるべき者と処分庁の間に立って，口頭審理を中心に進行させる手続です。名あて人の側には，口頭意見陳述権，証拠書類等提出権，文書閲覧請求権があります。また，名あて人の側は，主宰者の許可を得て，行政庁の職員に質問することができます。聴聞の審理が終了すると，主宰者は，聴聞調書と報告書を作成します。行政庁は，聴聞

調書の内容と，報告書に記載された主宰者の意見とを「十分に参酌」して不利益処分を決定します。以下，手続の流れを図示しましょう。

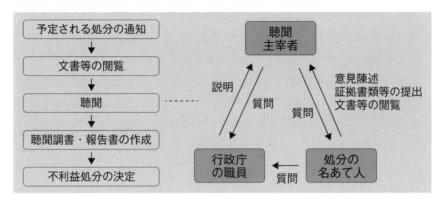

　これに対して，弁明の機会の付与は，名あて人となるべき者への通知→名あて人となるべき者からの弁明書・証拠書類等の提出→行政庁による決定，という流れであり，書面審理主義を原則とします。

　不利益処分に共通する手続原則として，行手法は，①通知（行手法 15 条・30条），②処分基準の設定・公表（同 12 条），③理由の提示（同 14 条）を規定しています。

　聴聞・弁明の機会の付与の通知は，不利益処分の名あて人となるべき者が，手続的防御の準備を図る上で重要な意味を持ちます。聴聞の期日・弁明書の提出期限までの「相当の期間」，通知内容の具体性（不利益処分の原因となる事実が防御権を有効に行使できる程度に具体的か）などが，手続的瑕疵の評価ポイントです。

　処分基準の設定・公表は，行政庁の行為義務ではありませんが，設定・公表されている場合には，裁量基準の典型として解釈論で大きな役割を果たします。最高裁は，不利益処分において処分基準が設定・公表された場合，特段の事情がない限り，処分庁の裁量権は当該処分基準に従って行使すべきことが覊束される，としています（最判平成 27・3・3 民集 69 巻 2 号 143 頁。ノート 18-7・百選 II 167）。行手法が不利益処分の名あて人の手続的保障を制度趣旨として処分基準を位置付けていることから，理論的には行政規則として行政組織内部の法的効果にとどまるはずのものであっても，国民に対して一定の外部効果を有すると扱うべきである，という最高裁の考え方が読み取れます。

　理由の提示については，その制度趣旨に照らして，不利益処分の名あて人が，どのような事実関係に基づきいかなる法令・処分基準が適用されて不利益処分を受けるのか，具体的に理解できるだけの理由が提示される必要があります。そうでなければ行手法14条に照らして違法であり，理由の提示の瑕疵は，原則として不利益処分の取消事由になると解釈されます。

　最高裁は，処分基準が設定・公開されていたケースで，不利益処分の理由の提示の瑕疵について，以下のように判示しています（最判平成23・6・7民集65巻4号2081頁。ノート12-5［A］・百選I 117）。この事案は，個別法上，不利益処分の要件が抽象的・概括的である一方，事前手続を経て詳細な内容の処分基準が設定・公開されていた，というものです。

（行手法14条1項本文による理由の提示は）「行政庁の判断の慎重と合理性を担保してその恣意を抑制するとともに，処分の理由を名宛人に知らせて不服の申立てに便宜を与える趣旨に出たものと解される。」

↓

「どの程度の理由を提示すべきかは，……同項本文の趣旨に照らし，当該処分の根拠法令の規定内容，当該処分に係る処分基準の存否及び内容並びに公表の有無，当該処分の性質及び内容，当該処分の原因となる事実関係の内容等を総合考慮してこれを決定すべきである。」

↓

（処分要件が抽象的でかつ効果裁量も認められる一方，事前手続を経て複雑な内容の処分基準が設定・公開されている場合の）「懲戒処分に際して同時に示されるべき理由としては，処分の原因となる事実及び処分の根拠法条に加えて，本件処分基準の適用関係が示されなければ，処分の名宛人において，……いかなる理由に基づいてどのような処分基準の適用によって当該処分が選択されたのかを知ることは困難である。」

↓

（本件では理由として処分基準の適用関係が全く示されておらず）「いかなる理由に基づいてどのような処分基準の適用によって免許取消処分が選択されたのかを知ることはできない……。」

↓

> 「本件の事情の下においては，行政手続法14条1項本文の趣旨に照らし，同項本文の要
> 求する理由提示としては十分でないといわなければならず，本件免許取消処分は，同項
> 本文の定める理由提示の要件を欠いた違法な処分であるというべきであって，取消しを
> 免れない。」

　上記の囲みのうち，2番目は，理由の提示の内容に関する解釈枠組みです。
中でも，処分の根拠法令の裁量が広いこと，詳細な内容の処分基準が設定・公
開されていること，処分の量定として最も重い免許取消しが選択されているこ
とが，本判決の当てはめのポイントと考えられます。他方で，3番目では，従
前からの規範（いかなる事実関係に基づきいかなる法規・処分基準を適用して処分をされ
たか，理由の提示の記載から了知しうるか）が用いられ，4番目で当てはめられてい
ます。また，5番目では，理由の提示の瑕疵が，不利益処分の取消事由になる
ことが明確に示されます。

6　手続の瑕疵と処分の取消事由

　申請拒否処分・不利益処分のいずれも，行手法に違背する手続の瑕疵を認定
できた場合に，そのことをもって行政処分の取消事由（または無効事由）になる
か，論証する必要があります。これは，取消訴訟等で行政処分を争う場合に，
必ず検討しなければならないポイントです。

　上記の問題は，そもそも，手続の瑕疵の法的効果について，①適法な手続が
履践されてはじめて適法な行政処分となるという考え方（行政手続の意義，国民の
手続的権利の保障を重視するもの）と，②行政手続は実体的に正しい行政処分を担保
する手段にすぎないとする考え方，があることに由来します。①説は手続的瑕
疵が直ちに行政処分の取消事由になるとの解釈につながり，②説は手続的瑕疵
を正しても行政決定の結論が変わらない場合に行政処分を取り消す必要はない
との解釈を導きます。

　行手法の制定前，判例は，上記②説をベースにしつつ，理由付記のように制
度趣旨から手続の瑕疵が直ちに処分の取消事由になるパターンを認めてきまし
た。①説と②説を，手続の制度趣旨により使い分けていたと整理できます。

しかし，行手法が施行された現在，行政庁の行為義務として法定された手続に瑕疵があれば原則として処分の無効事由・取消事由を構成するのでなければ，行政庁に手続的な行為義務を課す意味が著しく失われてしまいます。行手法上の行為義務の違背，あるいは，国民側（申請人・不利益処分の名あて人）の手続的権利の侵害が認められる場合に，①説を採らなければ，行政側から見て，後から紛争になれば手続をやり直せばよいだけのことになってしまいます。

以上から，手続の瑕疵の法的効果の解釈として，少なくとも行政処分の取消しを主張する当事者側であれば，①説をベースに立論すべきと考えられます。すなわち，行手法が行政庁に行為義務を課している手続的仕組みの趣旨目的（重要性）を指摘し，そのような重要な手続の瑕疵について，当該手続が要求される制度趣旨が侵されるとの根拠を示した上で，手続の瑕疵は処分の取消事由になると解釈する，という「処理手順」が推奨されます。

その上で，「行手法の定める行為義務が履践されなくても当該処分が取り消されず，事後的に行為義務を果たせば当該処分が維持されるのでは，行手法が当該行為義務を定めた趣旨を著しく没却する」，あるいは，「行手法が行政機関に行為義務を課した趣旨に照らし，同法違反があっても処分の法的効果が失われず，手続をやり直すことにより瑕疵が治癒するのであれば，その趣旨は到底達成されない」などのワーディングを用いることが考えられます。国民の権利利益の手続的防御に関わる瑕疵があれば，そのことが直ちに処分本体の取消事由になる，と述べることもできるでしょう。

もっとも，現時点で，判例が①説で確立したとは言えません。行政側の反論に言及するという設問であれば，②説の側から反論することを書くべきでしょう。また，国民側（行政処分の取消しを主張する側）の立論であっても，たとえば，「行手法の規定する重要な手続を履践しないで行われた処分は，当該申請が不適法であることが一見して明白であるなど特段の事情がある場合を除き，行手法に違反した違法な処分として取消しを免れない」，というように，手続の瑕疵が直ちに処分の取消事由になるとまでは述べず，原則として取消事由になると書く方法もあるでしょう。いずれにしても，論述のポイントは，手続的仕組みの制度趣旨を組み込むことにあります。

コラム14　個別法の定める手続の解釈——個人タクシー事件

　最判昭和 46・10・28 民集 25 巻 7 号 1037 頁（ノート 12-2・百選 I 114）は，行手法制定前の行政手続に関する基本判例として有名です。一般乗用旅客自動車運送事業（個人タクシー事業）免許の申請拒否処分が争われたケースですが，行政裁量が広く認められる処分について，個別法が定める手続規定の趣旨から審査手続の瑕疵を認定し，さらに申請拒否処分の取消事由になることまで肯定しています。

　個別法の定める処分要件が厳格でないことを前提に，職業選択の自由にかかわりを有する免許の許否について，行政内部での審査基準の設定と，申請者に主張・証拠提出の機会を与える必要性を指摘するロジックは，憲法上の権利の規制であることを手がかりに手続的観点から裁量審査の密度を高めるものとして，現時点でも意義深いものです。他方，同判決では，手続の瑕疵が是正されたとすれば行政判断が変更される可能性を認定した上で処分を取り消しており，手続の瑕疵の法的効果という点では，上記②説に依拠しています。この点，あくまで個別法（事件当時の道路運送法）の解釈であり，現在の行手法の定める手続的仕組みに関わるものではないことに留意すべきです。

第3章

予備試験・論文起案の技法

伊藤　建

I　平成23年予備試験問題

　　Aは，甲県乙町において，建築基準法に基づく建築確認を受けて，客室数20室の旅館（以下「本件施設」という。）を新築しようとしていたところ，乙町の担当者から，本件施設は乙町モーテル類似旅館規制条例（以下「本件条例」という。）にいうモーテル類似旅館に当たるので，本件条例第3条による乙町長の同意を得る必要があると指摘された。Aは，2011年1月19日，モーテル類似旅館の新築に対する同意を求める申請書を乙町長に提出したが，乙町長は，同年2月18日，本件施設の敷地の場所が児童生徒の通学路の付近にあることを理由にして，本件条例第5条に基づき，本件施設の新築に同意しないとの決定（以下「本件不同意決定」という。）をし，本件不同意決定は，同日，Aに通知された。

　　Aは，本件施設の敷地の場所は，通学路として利用されている道路から約80メートル離れているので，児童生徒の通学路の付近にあるとはいえず，本件不同意決定は違法であると考えており，乙町役場を数回にわたって訪れ，本件施設の新築について同意がなされるべきであると主張したが，乙町長は見解を改めず，本件不同意決定を維持している。

　　Aは，既に建築確認を受けているものの，乙町長の同意を得ないまま工事を開始した場合には，本件条例に基づいて不利益な措置を受けるのではないかという不安を有している。そこで，Aは，本件施設の新築に対する乙町長の同意を得るための訴訟の提起について，弁護士であるCに相談することにした。同年7月上旬に，当該訴訟の提起の可能性についてAから相談を受けたCの立場で，以下の設問に解答しなさい。

　　なお，本件条例の抜粋は資料として掲げてあるので，適宜参照しなさい。

〔設問1〕

　本件不同意決定は，抗告訴訟の対象たる処分（以下「処分」という。）に当たるか。Aが乙町長の同意を得ないで工事を開始した場合に本件条例に基づいて受けるおそれがある措置及びその法的性格を踏まえて，解答しなさい。

〔設問2〕

　本件不同意決定が処分に当たるという立場を採った場合，Aは，乙町長の同意を得るために，誰を被告としてどのような訴訟を提起すべきか。本件不同意決定が違法であることを前提にして，提起すべき訴訟とその訴訟要件について，事案に即して説明しなさい。なお，仮の救済については検討しなくてよい。

【資料】乙町モーテル類似旅館規制条例（平成18年乙町条例第20号）（抜粋）

（目的）

第1条　この条例は，町の善良な風俗が損なわれないようにモーテル類似旅館の新築又は改築（以下「新築等」という。）を規制することにより，清純な生活環境を維持することを目的とする。

（定義）

第2条　この条例において「モーテル類似旅館」とは，旅館業法（昭和23年法律第138号）第2条に規定するホテル営業又は旅館営業の用に供することを目的とする施設であって，その施設の一部又は全部が車庫，駐車場又は当該施設の敷地から，屋内の帳場又はこれに類する施設を通ることなく直接客室へ通ずることができると認められる構造を有するものをいう。

（同意）

第3条　モーテル類似旅館を経営する目的をもって，モーテル類似旅館の新築等（改築によりモーテル類似旅館に該当することとなる場合を含む。以下同じ）をしようとする者（以下「建築主」という。）は，あらかじめ町長に申請書を提出し，同意を得なければならない。

（諮問）

第4条　町長は，前条の規定により建築主から同意を求められたときは，乙町モーテル類似旅館建築審査会に諮問し，同意するか否かを決定するものとする。

（規制）

第5条　町長は，第3条の申請書に係る施設の設置場所が，次の各号のいずれか
　　に該当する場合には同意しないものとする。

　（1）　集落内又は集落の付近

　（2）　児童生徒の通学路の付近

　（3）　公園及び児童福祉施設の付近

　（4）　官公署，教育文化施設，病院又は診療所の付近

　（5）　その他モーテル類似旅館の設置により，町長がその地域の清純な生活環
　　　境が害されると認める場所

（通知）

第6条　町長は，第4条の規定により，同意するか否かを決定したときは，その
　　旨を建築主に通知するものとする。

（命令等）

第7条　町長は，次の各号のいずれかに該当する者に対し，モーテル類似旅館の
　　新築等について中止の勧告又は命令をすることができる。

　（1）　第3条の同意を得ないでモーテル類似旅館の新築等をし，又は新築等を
　　　しようとする建築主

　（2）　虚偽の同意申請によりモーテル類似旅館の新築等をし，又は新築等をし
　　　ようとする建築主

（公表）

第8条　町長は，前条に規定する命令に従わない建築主については，規則で定め
　　るところにより，その旨を公表するものとする。ただし，所在の判明しない者
　　は，この限りでない。

2　町長は，前項に規定する公表を行うときは，あらかじめ公表される建築主に
　　対し，弁明の機会を与えなければならない。

（注）本件条例においては，資料として掲げた条文のほかに，罰則等の制裁の定め
　　はない。

1　問題分析

　本問は，乙町長による本件不同意決定を受けた A 自身が（二面関係），乙町長の同意を得るための訴訟が問題となっています。この同意は，本件条例 3 条に基づき申請書を提出し，同 4 条に基づき町長に応答義務があるため，申請に対する処分に当たりますから，**申請に対する処分発動モデル**(57 頁) に当たります。

　ただし，問題文中に「A から相談を受けた C の立場で」解答せよという指示があるため，裁判官のような第三者目線ではなく，A の代理人 C の立場からの起案が求められていることに注意が必要です。

2　設問 1：処分性

　設問 1 では，本件不同意決定の処分性が問われていますが，㋐「A が乙町長の同意を得ないで工事を開始した場合に本件条例に基づいて受けるおそれがある措置」と㋑「その法的性格」を踏まえた解答が求められています。また，A の代理人 C の立場からすれば，抗告訴訟で争うのが素直ですから，処分性を肯定する方向で検討することになるでしょう。

　まず，誘導に従い㋐を検討すると，A は「既に建築確認を受けている」ため建築基準法上は適法に工事を開始できるのですが，本件条例を読むと，乙町長の同意を得ないまま工事を開始すると，中止勧告や中止命令を受け（条例 7 条 1 号），その後に公表されるおそれがあります（同 8 条 1 項）。条例の仕組みを「見える化」すると，次ページの図のとおりとなります。

　これらを整理すると，Ⓐ本件不同意決定は申請に対する処分であるところ，Ⓑ本件不同意決定がなされると中止勧告・命令，公表といった措置がなされるので，本件不同意決定によって，A は**新築等の行為を妨げられる**という法的な地位が確定されるといえそうです。

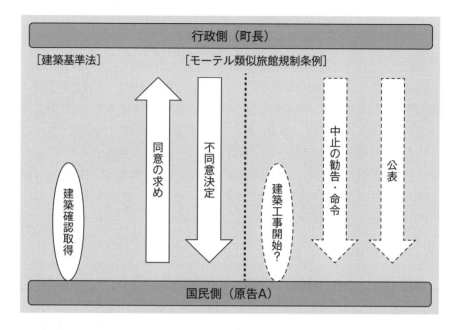

　処分性の解釈技法（77頁以下）の指標①（公権力性）と指標②（法律上の地位に対する影響）の論じ方については，ⓐ指標①②の順番に当てはめを行う方法，ⓑ基本的には順番に当てはめるが，特に問題となる要素を明示して手厚く論じる方法，ⓒ係争行為の根拠規範の法的仕組みを示した後，最後に指標①②をまとめて当てはめる方法があり得ます。

　指標①②の対応関係が明確なケースならばⓐⓑでよいのですが，そうでない場合の当てはめが難しくなります。処分性を検討するにあたり，下級審の中にはⓑによるものもありますが，最高裁は，原告適格の解釈技法（100頁以下）のような「判で押したような」定型的なロジックをとっておらず，指標ごとに充足する・しないの当てはめを行わないⓒの論じ方を多用します。ⓒは法的三段論法に基づいていないとも受け止められがちですから，ⓑをデフォルトとするのが素直かもしれません。

　もっとも，本問の場合，不同意決定が行政処分（申請に対する処分）か，単なる拒否の意思表示かという指標②の性質決定こそが重要であり，指標①の公権力性の有無もこれに依存します。そのため，「本件不同意決定は，本件条例に根拠があり，行政機関である町長が一方的にするものであるから公権力性が認められる」と論じたとしても，本件条例に根拠があることだけでは，公権力性を肯定する理由にはなりません。

　また，条例に根拠があり，行手法にいう申請制度における拒否である以上，公権力性を肯定できるとの論じ方も，申請拒否処分であるという結論の先取りです。
　したがって，本問では©の論じ方が妥当ではないかと思います。答案でも，端的に「本件不同意決定は，本件条例に根拠があり，行政機関である町長が一方的にするものである。」と指摘するにとどめています。

　続いて，誘導⑦に従い，勧告・命令・公表の「法的性格」を検討しましょう。まず，勧告は，一般に行政庁による見解の表明にすぎないとされていますから，行政指導に当たるのが原則です。本件条例の勧告も，別に命令が定められていること，公表の処分要件は「命令に従わない」場合であり，勧告に従わない場合は含まれていないことからも，処分性があるとはいい難いでしょう。

　他方，命令は，一般に行政庁が義務を生じさせる行政行為と解されています。本件条例の命令に従わない場合，罰則等の制裁はないものの，「公表するものとする」と定められており，弁明の機会の付与を経た上で，直ちに公表されてしまいます（本件条例8条2項）。そのため，本件条例は，命令の名あて人である建築主に新築等の行為を中止する法的義務を課すという点で，命令を行政処分として定めているものと考えられます。

　もっとも，公表は，一般的には町民に対する情報提供としての事実上の行為です。本件条例には，罰則等の制裁がないことや，事前に弁明の機会の付与があることから，命令に従わない者に対する制裁としての性格があることは否定できませんが，命令に処分性があるため，実効的な権利救済の観点からは，公表を処分とする必要性はありません。

　このように，命令の処分性が肯定できる以上，指標②については，本件申請をした建築主は，本件不同意決定がなされた時点で，モーテル類似旅館の新築等を行うことができなくなるという法的地位が確定されるといえます（浜松市土地区画整理事業事件（最大判平成20・9・10民集62巻8号2029頁。ノート16-15・百選Ⅱ147）のように行政処分としての中止命令を受ける法的地位に立たされると表現することもできるでしょう）。そうすると，本件条例4条が，本件不同意決定を本件条例3条に基づく申請に対する応答行為として定めているのは，申請に対する処分である

ことを示しているといえます。

これに対し，本件条例7条は，命令を「することができる」と定め，町長に効果裁量を認めているため，不同意決定の段階では，上記の法的地位は具体的ではないとの反論も想定されます。しかし，新築等を計画している段階で町長が中止命令をするとも限らないうえ，中止命令がなされた場合，これに対する取消訴訟等で敗訴すれば，モーテル類似旅館の新築等に要した莫大な投資が無駄になってしまいます。そうすると，実効的な権利救済の観点からも，不同意決定の処分性が認められると解するのが相当です。

したがって，本件不同意決定は，①条例に基づく町長の公権力の行使として，②建築確認を得ている建築主の法的地位を具体的に変動させるものであり，直接国民の権利義務を形成しまたはその範囲を確定することが条例上認められていると解され，抗告訴訟の対象となる行政処分に該当する，と結論付けることができます。

3 設問2：訴訟選択・その他の訴訟要件

（1） 訴訟選択

設問2では，「本件不同意決定が処分に当たるという立場」を前提に，①「誰を被告として」，②「どのような訴訟を提起すべきか」という訴訟選択が問われています。本問は，申請に対する処分発動モデルですから，②提起すべき訴訟は，㋐本件不同意決定の取消訴訟（行訴法3条2項）と㋑同意の申請型義務付け訴訟（同条6項2号）となります。①被告は，取消訴訟では「当該処分をした行政庁」である乙町長の「所属する国又は公共団体」である乙町であり（同11条1項1号），申請型義務付け訴訟でも準用されています（同38条1項）。

（2） その他の訴訟要件

設問2では，③「その訴訟要件について，事案に即して説明」することも求められています。

まず，㋐取消訴訟（29頁）につき検討すると，Aは本件不同意決定の相手方なので，ⅱ原告適格である「法律上の利益を有する者」（同9条1項）に当たりま

す。同意を得ない場合は命令等の対象となるため（本件条例7条1号），ⅲ狭義の訴えの利益を否定する事情もありません。ⅳ被告は，前述のとおり乙町であり（行訴法11条1項1号），ⅴ管轄は，「被告」である乙町の「普通裁判籍の所在地を管轄する裁判所」か，「処分……をした行政庁」である乙町長の「所在地を管轄する裁判所」ですから，通常は甲地方裁判所となります（同12条1項）。ⅵ審査請求前置の定めもなく（同8条1項ただし書参照），本件不同意決定がなされたのは，2011年2月18日ですから，同年7月上旬であれば，ⅶ出訴期間内といえます（同14条1項）。

　続いて，④申請型義務付け訴訟（34頁）については，固有の訴訟要件を中心に検討すると，Aは本件条例3条に基づき同意を求める申請書を乙町長に提出したのに対し，乙町長が同4条および5条に基づき本件不同意決定をしているため，ⅷ救済の必要性である「法令に基づく申請」を「棄却する旨の処分」がされた場合（行訴法37条の3第1項2号），ⅱ原告適格である「法令に基づく申請」をした者（同条2項）に当たります。また，ⅸ本件不同意の取消訴訟と併合提起しなければなりません（同3項2号）。

　本問では本案論は問われていませんが，「本件施設の敷地の場所は，通学路として利用されている道路から約80メートル離れている」ため，本件条例5条2号の「児童生徒の通学路の付近」という同意拒否要件に当たるかが問題となります。

　Aの立場からは，「付近」という文言は抽象的であるものの，同号の趣旨である青少年の健全な育成を害するか否かという観点から，本件施設と通学路の具体的な立地状況を踏まえ，要件該当性を審査すべきであると主張し得ます。たとえば，直線距離で約80メートル離れていたとしても，通学路上に存在するのであれば「付近」といえますが，川を越え，その先に住宅街がないような状況であれば，「付近」に当たるとの判断を違法とする余地があります。

　なお，乙町は，地域の実情に精通した乙町長に行政裁量が認められるとして裁量審査を求め，約80メートルであれば，生徒が通学路から寄り道をして近づく危険性があるため，青少年の健全な育成を害するとした乙町長の判断には，裁量権行使の逸脱・濫用はないと反論するでしょう。

4　起案例

設問1

1　取消訴訟の対象となる「行政庁の処分」（行訴法3条2項）とは，公権力の主体たる国または公共団体が行う行為のうち，その行為によって，直接国民の権利義務を形成しまたはその範囲を確定することが法律上認められているものをいう。

2（1）　本件不同意決定は，本件条例3条に基づく申請に対し，4条に基づき行政機関である町長が一方的にするものである。

（2）ア　もっとも，不同意は，一般的に行政庁による見解の表明にすぎないから，直接国民の権利義務を形成しているかが問題となる。本件条例によれば，乙町長の同意を得ないまま工事を開始すると，勧告や命令を受けるおそれがあり（7条1号），命令に従わない場合は，弁明の機会の付与（8条2項）を経た上で公表される（同条1項）。

　　　　勧告は，一般に行政庁による見解の表明として行政指導であるが，本件条例は別に命令を定めており，勧告に従わないことは公表の処分要件ではないから処分性はない。他方，命令は，一般に行政庁が義務を生じさせる行政行為をいうところ，本件条例は，命令に従わない場合，罰則等の制裁はないが，弁明の機会の付与を経た上で直ちに公表されるため，建築主に新築等の行為を中止する法的義務を課す処分である。

　　　　もっとも，公表は，一般に町民に対する情報提供としての事実上の行為にすぎない。本件条例には罰則等の制裁がないこと，事前に弁明の機会が付与されていること（8条2項）から，公表には，命令に従わない者に対する制裁としての性格があることは否定できないが，命令の処分性が肯定できる以上，実効的な権利救済の観点からは公表の処分性を肯定する必要性はない。

　　イ　命令の処分性が肯定できるため，本件申請をした建築主は，本件不同意決定がなされた時点で，モーテル類似旅館の新築等を行うことができなくなるという法的地位が確定される。また，同意の申請は本件条例3条に基

づくものであり，同 4 条は町長に応答義務を課しているため，不同意決定
は，申請権の侵害ともいえる。

ウ　これに対し，本件条例 7 条は，命令を「することができる」と定め，町
長に効果裁量を認めているため，不同意決定の段階では，上記の法的地位
は具体的ではないとの反論が想定される。

しかし，新築等を計画している段階で町長が中止命令をするとも限らな
いうえ，新築等に着工した後，中止命令がなされた場合，これに対する取
消訴訟等で敗訴すれば，モーテル類似旅館の新築等に要した莫大な投資が
無駄になる。実効的な権利救済の観点からも，不同意決定の処分性を肯定
するべきである。

エ　したがって，本件不同意決定は，条例に基づく町長の公権力の行使とし
て，建築確認を得ている建築主の法的地位を具体的に変動させるものであ
り，直接国民の権利義務を形成しまたはその範囲を確定することが条例上
認められていると解され，抗告訴訟の対象となる行政処分といえる。

設問 2

1　A は，本件不同意決定の取消訴訟（行訴法 3 条 2 項）と同意決定の申請型義
務付け訴訟（同条 6 項 2 号）を提起すべきである。なぜなら，A が本件不同意
決定の取消訴訟に勝訴したとしても，本件不同意決定が取り消されるにとどま
り，A が乙町長の同意決定を得ることはできないからである。また，A には町
長の同意に関する申請権があるから（本件条例 3 条，4 条），A は申請型義務
付け訴訟を提起すべきことになる。被告は，本件不同意決定という「処分」を
した「行政庁」である乙町長が「所属する」「公共団体」の乙町である（行訴法
11 条 1 項 1 号，同 38 条 1 項）。

2　取消訴訟の訴訟要件を検討すると，A は本件不同意決定の相手方なので，「法
律上の利益を有する者」（同 9 条 1 項）に当たる。同意を得ない場合は命令等の
対象となるため（本件条例 7 条 1 号），狭義の訴えの利益を否定する事情もな
い。管轄は，「被告」である乙町の「普通裁判籍の所在地を管轄する裁判所」
か，「処分……をした行政庁」である乙町長の「所在地を管轄する裁判所」であ

り，通常は甲地方裁判所となる（行訴法12条1項）。審査請求前置の定めもなく（同8条1項ただし書参照），本件不同意決定がなされたのは，2011年2月18日であるため，同年7月上旬であれば，出訴期間内である（同14条1項）。

3　次に，申請型義務付け訴訟の固有の訴訟要件を検討すると，Aは本件条例3条に基づき同意を求める申請書を乙町長に提出したのに対し，乙町長が同4条および5条に基づき本件不同意決定をしているため，救済の必要性である「法令に基づく申請」を「棄却する旨の処分」がされた場合（行訴法37条の3第1項2号），原告適格である「法令に基づく申請」をした者（同条2項）に当たる。当該訴訟は，本件同意の取消訴訟と併合提起しなければならない（同3項2号）。

以上

（出題趣旨）

　行政訴訟の基本的な知識，理解及びそれを事案に即して運用する基本的な能力を試すことを目的として，旅館の建設につき条例に基づく町長の不同意決定を受けた者が，訴訟を提起して争おうとする場合の行政事件訴訟法上の問題について問うものである。不同意決定の処分性を条例の仕組みに基づいて検討した上で，処分性が認められる場合に選択すべき訴訟類型及び処分性以外の訴訟要件について，事案に即して説明することが求められる。

Ⅱ　平成 24 年予備試験問題

　Ａは，甲県乙市に本店を置く建設会社であり，乙市下水道条例（以下「本件条例」という。）及び乙市下水道排水設備指定工事店に関する規則（以下「本件規則」という。）に基づき，乙市長（Ｂ）から指定工事店として指定を受けていた。Ａの従業員であるＣは，2010 年 5 月に，自宅の下水道について，浄化槽を用いていたのをやめて，乙市の公共下水道に接続することにした。Ｃは，自力で工事を行う技術を身に付けていたため，休日である同年 8 月 29 日に，乙市に知らせることなく，自宅からの本管を付近の公共下水道に接続する工事（以下「本件工事」という。）を施工した。なお，Ｃは，Ａにおいて専ら工事の施工に従事しており，Ａの役員ではなかった。

　2011 年 5 月になって，本件工事が施工されたことが，乙市の知るところとなり，同年 6 月 29 日，乙市の職員がＡに電話して，本件工事について経緯を説明するよう求めた。同日，Ａの代表者が，Ｃを伴って乙市役所を訪れ，本件工事はＣが会社を通さずに行ったものであるなどと説明したが，同年 7 月 1 日，Ｂは，本件規則第 11 条に基づき，Ａに対する指定工事店としての指定を取り消す旨の処分（以下「本件処分」という。）をした。本件処分の通知書には，その理由として，「Ａが，本市市長の確認を受けずに，下水道接続工事を行ったため。」と記載されていた。なお，Ａは，本件処分に先立って，上記の事情説明以外には，意見陳述や資料提出の機会を与えられなかった。

　Ａは，本件処分以前には，本件条例及び本件規則に基づく処分を受けたことはなかったため，本件処分に驚き，弁護士Ｊに相談の上，Ｊに本件処分の取消訴訟の提起を依頼することにした。Ａから依頼を受けたＪの立場に立って，以下の設問に解答しなさい。

　なお，乙市は，1996 年に乙市行政手続条例を施行しており，本件処分に関する手続について，同条例は行政手続法と同じ内容の規定を設けている。また，本件条例及び本件規則の抜粋を資料として掲げてあるので，適宜参照しなさい。

〔設　問〕

　Aが本件処分の取消訴訟において主張すべき本件処分の違法事由につき，本件
条例及び本件規則の規定内容を踏まえて，具体的に説明しなさい。なお，訴訟要
件については検討しなくてよい。

【資料】

○　乙市下水道条例（抜粋）

（排水設備の計画の確認）

第9条　排水設備の新設等を行おうとする者は，その計画が排水設備の設置及び
　構造に関する法令及びこの条例の規定に適合するものであることについて，あ
　らかじめ市長の確認を受けなければならない。確認を受けた事項を変更しよう
　とするときも，同様とする。

（排水設備の工事の実施）

第11条　排水設備の新設等の設計及び工事は，市長が排水設備の工事に関し技
　能を有する者として指定した者（以下「指定工事店」という。）でなければ行う
　ことができない。ただし，市において工事を実施するときは，この限りでない。

2　指定工事店について必要な事項は，規則で定める。

（罰則）

第40条　市長は，次の各号の一に該当する者に対し，5万円以下の過料を科する
　ことができる。

　（1）　第9条の規定による確認を受けないで排水設備の新設等を行った者

　（2）　第11条第1項の規定に違反して排水設備の新設等の工事を実施した者

　（3）～（8）　（略）

○　乙市下水道排水設備指定工事店に関する規則（抜粋）

（趣旨）

第1条　この規則は，乙市下水道条例（以下「条例」という。）第11条第2項の
　規定により，乙市下水道排水設備指定工事店に関して必要な事項を定めるもの
　とする。

（指定工事店の指定）

　第3条　条例第11条に規定する排水設備工事を施工することができる者は，次の
　　各号に掲げる要件に適合している工事業者とし，市長はこれを指定工事店とし
　　て指定するものとする。（以下略）

　2　（略）

（指定工事店の責務及び遵守事項）

　第7条　指定工事店は，下水道に関する法令（条例及び規則を含む。）その他市長
　　が定めるところに従い，誠実に排水設備工事を施工しなければならない。

　2　指定工事店は，次の各号に掲げる事項を遵守しなければならない。

　　（1）～（5）（略）

　　（6）　工事は，条例第9条に規定する排水設備工事の計画に係る市長の確認を
　　　　受けたものでなければ着手してはならない。

　　（7）～（12）（略）

（指定の取消し又は停止）

　第11条　市長は，指定工事店が条例又はこの規則の規定に違反したときは，その
　　指定を取り消し，又は6月を超えない範囲内において指定の効力を停止するこ
　　とができる。

1　問題分析

　本問は，乙市長Bによる指定工事店としての指定を取り消す旨の本件処分（不
利益処分）につき，A自身が争うもの（二面関係）ですから，不利益処分阻止モデ
ル（52頁）に当たります。すでに本件処分がなされているため，事後救済であ
る「取消訴訟の提起」をすることが問題文中にも記載されています。

2　違法論を組み立てる

　本問では，「Aが本件処分の取消訴訟において主張すべき本件処分の違法事
由」という本案論が正面から問われています。また，「本件条例及び本件規則の
規定内容を踏まえて，具体的に説明しなさい」という指定もあります。第三者
的目線ではなく，「Aから依頼を受けたJの立場」からの解答が求められていま

すので,「違法である」との主張を組み立てることとなります。

　本問で問題になりそうな点を探すと, ㋐「本件工事はCが行ったものである」とのAの主張のほか, わざわざ問題文で㋑本件処分の通知書の理由や㋒「意見陳述や資料提出の機会を与えられなかった」ことが記載されていることに気付くことができるでしょう。㋐は実体的違法（126頁以下）, ㋑㋒は行政手続の瑕疵（149頁以下）に分類できます。

　また, 問題文には㋓「Aは, 本件処分以前には, <u>本件条例及び本件規則に基づく処分を受けたことはなかった</u>ため, 本件処分に驚き」との記載もありますが, この事実をいかに使うのかを考えつつ, 検討を進めていきましょう。

3　実体的違法

（1）　処分要件の不充足

　まず, 実体的違法を検討しましょう。行政処分の違法とは, 根拠法令の処分要件を充足していないこと（126頁）ですから, **必ず処分要件を確認しなければなりません。**

　問題文には「本件規則第11条に基づき」本件処分をしたとあるところ, 本件規則は, 地自法15条1項の規則制定権に基づき, 本件条例11条2項から委任を受けた法規命令です（本件規則1条）。本件規則11条を確認すると,「①市長は, ②ⅰ指定工事店が ⅱ条例又はこの規則の規定に違反したときは, ③その指定を取り消し, 又は6月を超えない範囲内において指定の効力を停止することができる」と定められています。①が主語（行政機関）, ②が行為要件（同条は処分なので処分要件でもあります）, ③が行為内容（処分内容）を定めています。

　本件処分の原因となったのは, A従業員Cが「乙市に知らせることなく」本件工事を行ったことにあります。Aは,「本件工事はCが会社を通さずに行ったものである」と主張していますから, これを②処分要件に即して考える必要があります。②処分要件はⅰとⅱに分かれるところ, Aの主張㋐は「指定工事店が」違反したという要件ⅰを充足しないというものです。

　また, Aは争っていませんが, 処分要件ⅱも検討すると,「排水設備の新設等を行おうとする者」に対して「あらかじめ市長の確認」を受けることを義務

付ける本件条例 9 条違反となります。また，本件規則をよく読むと，7 条 1 項で「法令（条例及び規則を含む。）」に従うこと，同 2 項 6 号で条例 9 条の「市長の確認」を受けなければ工事に着手してはならないことも定められているため，規則 7 条 1 項，同 2 項 6 号違反ということもできます。

　　Aが①「指定工事店」に当たることも争いはありませんが，一応検討をしておくと，本件条例 11 条 1 項が，「指定工事店」を「市長が排水設備の工事に関し技能を有する者として指定した者」と定義しており，具体的な指定は，同 2 項により委任をされた本件規則 3 条 1 項により行われます。

（2）　処分内容の検討

　　②処分要件に続き，③処分内容を検討すると，本件規則 11 条は，①指定取消しと⑪ 6 月を超えない範囲内での指定の効力の停止の 2 つが定められています。同条は「できる」規定なので，処分をするか否か，いかなる処分をするかにつき，効果裁量があることは否定できませんが，行訴法 30 条に基づく裁量権行使の逸脱・濫用の主張を検討してみましょう。

　　問題文によれば，本件処分は①指定取消しであり，⑪指定の効力の停止よりも重い処分がなされています。ここで，A は，「本件処分以前に処分を受けたことはなかった」との問題文中の事実㊤を用いることができそうです。裁量権行使の逸脱・濫用には，いくつかのバリエーションがありますが(142〜144 頁)，初めてなのに重すぎるという事実㊤は，処分根拠法規の趣旨・目的の達成に必要な限度にとどまっていなければならないという比例原則違反の主張に当たります。具体的には，行政指導や指定の効力の停止により，再発防止をするという趣旨・目的は達成できるにもかかわらず，何らの指導や処分をすることなく，最も重い指定取消しをすることは，比例原則に反し，裁量権行使の逸脱・濫用であると主張し得ます。

4　手続的違法

(1)　意見陳述・資料提出の機会

　行政手続の瑕疵としては，上記⑦理由提示の瑕疵と⑦意見陳述手続の瑕疵の
2 つがあり得ます。問題文の最終段落で誘導されているとおり，本件処分は，
地方自治体である乙市の条例に基づく処分ですので，行手法 3 条 3 項の適用除
外に当たりますが，乙市行政手続条例は行手法と「同じ内容」ですから，同法
を参照しつつ，違法主張を組み立てます。

　本件処分は，指定工務店としての指定を取り消すものですから，「その権利を
制限する処分」である「不利益処分」(行手法 2 条 4 号柱書参照) に当たります。
不利益処分に関する定め (同 3 章参照) を読むと，本件処分のような「許認可等
を取り消す不利益処分」には，「聴聞」手続を執らなければならないと定められ
ています (同 13 条 1 項 1 号イ参照)。同条 2 項の適用除外に当たる事情もないた
め，乙市長が，⑦意見陳述や資料提出の機会を与えなかったことは，同条 1 項
に違反するといえます。

　行政手続の瑕疵が取消事由となるのかは解釈問題ですが (159 頁以下)，個人タ
クシー事件判決 (最判昭和 46・10・28 民集 25 巻 7 号 1037 頁。ノート 12-2・百選 I 114)
は，「申請人に対しその主張と証拠の提出の機会を与えなければならない」とし
て，個別法の定める聴聞を欠く処分を取り消しました。この事件で問題となっ
た聴聞は，個別法の定める面談であり，行手法の聴聞とは異なりますが (同法は
申請に対する処分に意見陳述手続を定めていません)，同判決の判断は，行手法の聴聞
を欠く場合にも妥当します。同判決は，聴聞をすれば「異なる判断に到達する
可能性がなかったとはいえない」ことを違法とする理由としていますが，行手
法で法定された手続を欠く場合，結果に対する影響の有無にかかわらず，処分
の違法事由となると解すべきでしょう (160 頁)。

　本問では，意見陳述や資料提出の機会を与えなかった以上，行手条例で法定
された手続を欠くため，それだけで違法事由であると主張し得ます。

告知・聴聞手続の瑕疵には，聴聞等の不実施と聴聞等の手続の方式の瑕疵に区別できます。裁判例は，前者を直ちに取消事由としますが，後者については，名あて人による防御権行使が実質的に妨げられたといえるほどの瑕疵がある場合に取消事由とする傾向にあります（実務解説 107〜108 頁〔大島義則〕）。行手法制定前のものですが，個別法に基づく聴聞を実施したものの，事前に違反事実を告知しなかったことを理由に違法とした裁判例も復習しておきましょう（大阪地判昭和 55・3・19 行集 31 巻 3 号 483 頁。ノート 12-4）。

（2）　理由提示の程度

　行手法を読み進めると，原則として，不利益処分の理由を示さなければならないと定められています（同 14 条 1 項本文参照）。もっとも，⑦によれば，本件処分の通知書には「A が，本市市長の確認を受けずに，下水道接続工事を行ったため。」との理由は記載されていますので，理由の記載をどの程度しなければならないのかが問題となります。行手法を読み進めても，具体的な理由の程度に関する定めはないため，解釈論を展開する必要があります。

　そこで，参考になる判例がないのかを想起すると，旅券発給拒否判決（最判昭和 60・1・22 民集 39 巻 1 号 1 頁。ノート 12-5・百選Ⅰ 118）が思い浮かぶはずです。思い浮かばないとしたら，行政判例ノートを読み直しましょう。

　この事件では，行手法ではなく，旅券法の定める理由付記が問題となりましたが，理由付記の制度趣旨につき，憲法 22 条 2 項が保障する外国旅行の自由の制約であることを理由に，①処分庁の判断の慎重・合理性の担保と恣意抑制機能と②処分の相手方の争訟便宜機能にあると判断しました。そのうえで，理由付記の程度については，当該処分に係る根拠条文の提示では足りず，「いかなる事実関係に基づきいかなる法規を適用して」処分されたのかを「申請者においてその記載自体から了知しうるものでなければなら」ないと判断しました。

　本件処分は，指定工事店としての資格をはく奪するものですから，憲法 22 条 1 項が保障する職業の自由に対する制約といえ，指定の効力の停止よりも重いものです。それにもかかわらず，本件処分の通知書には，単に「A が，本市市長の確認を受けずに，下水道接続工事を行ったため。」としか記載されておら

ず，その記載自体からは，いかなる法規を適用したのかも，その処分要件に該当する具体的事実も了知し得ませんから，理由付記を求めた行手条例に違反すると主張し得ます。

なお，行政手続の瑕疵が取消事由となるのかは解釈問題ですが（159頁以下），理由付記の瑕疵が取消事由になるのは判例法理として確立しています（最判昭和47・12・5民集26巻10号1795頁。ノート5-12・百選Ⅰ82参照）。

したがって，本件処分は理由付記の要件を欠くものとして違法であるといえます。

理由付記の程度については，行手法に関する一級建築士耐震偽装事件（最判平成23・6・7民集65巻4号2081頁。ノート12-5［A］・百選Ⅰ117）もあります。しかし，この事件は，理由提示の程度として，法規（法律や法規命令）に限らず，処分基準への当てはめまで要するかが直接争われたものですから，条例と法規命令に関する本件で論じる必要はありません。平成23年最判については平成28年予備試験（224頁以下）で扱いますので，そちらをご覧ください。

5　起案例

1　処分要件を充足しない

本件規則は，本件条例11条2項による委任を受けた法規命令（地自法15条1項，規則1条）であるところ，規則11条によれば，本件処分の要件は「①市長は，②ⓘ指定工事店がⓘ条例又はこの規則の規定に違反したとき」である。本件処分は，「排水設備の新設等を行おうとする者」に対して「あらかじめ市長の確認」を受けることを義務付ける条例9条，条例9条の「市長の確認」を受けなければ工事に着手してはならないと定める規則7条2項6号，ひいては「法令（条例及び規則を含む。）」に従うことを定める規則7条1項に違反するとしてなされたものである。

しかし，本件工事は，Cが乙市に知らせることなく行ったものであるが，CがAを通さずに行ったものであるから，「指定工事店」であるAが違反したという

要件①を充足しない。

2　比例原則違反

　本件規則 11 条は，選択できる処分を複数掲げており，「できる」という文言により処分をするか否かの選択も許す規定である。そのため，処分要件に該当するとしても，B には，処分をするか否か，いかなる処分をするかにつき効果裁量があることは否定できないが，裁量権行使の逸脱・濫用といえる場合には違法となる（行訴法 30 条）。処分の根拠法規の趣旨・目的の達成に必要な限度にとどまっていなければ，比例原則に反し，裁量権行使の逸脱・濫用といえる。

　本件条例 11 条は，指定取消しと 6 月を超えない範囲内での指定の効力の停止の 2 つを定めているところ，本件処分は，指定取消しであり，指定の効力の停止よりも重い。万が一，処分要件に該当するとしても，A は「本件処分以前に処分を受けたことはなかった」のであるから，行政指導や指定の効力の停止により，再発防止をすることはできる。それにもかかわらず，何らの指導や処分をすることなく，最も重い指定取消しをすることは，比例原則に反し，裁量権行使の逸脱・濫用である。

3　行政手続条例 13 条 1 項 1 号イ違反

　本件処分は，指定工務店としての指定を取り消すものであるから，「その権利を制限する処分」である「不利益処分」（行手条例 2 条 4 号柱書）のうち「許認可等を取り消す不利益処分」に当たるため，聴聞手続を執らなければならない（同 13 条 1 項 1 号イ）。同条 2 項の適用除外に当たる事情もないため，乙市長が，意見陳述や資料提出の機会を与えなかったことは，同条 1 項に違反する。

　意見陳述や資料提出の機会は，適正手続の中でも，名あて人の防御権として重要な手続として，行政手続条例で法定されたものであるから，これを欠く場合には，結果に対する影響の有無にかかわらず，処分の違法事由となると解すべきである。

4　行政手続条例 14 条 1 項違反

　行手条例は，原則として，不利益処分の理由を示さなければならないと定めているところ（同 14 条 1 項本文），その趣旨は，①処分庁の判断の慎重・合理性の

担保と恣意を抑制する機能と②処分の相手方の争訟の便宜を図る機能にある。少なくとも，本件処分のように，憲法22条1項が保障する職業の自由を制約するものであり，指定工事店としての資格をはく奪するという指定の効力の停止よりも重いような場合には，当該処分に係る根拠条文の提示では足りず，いかなる事実関係に基づきいかなる法規を適用して処分されたのかを，申請者においてその記載自体から了知しうるものでなければならない。

　ところが，本件処分の通知書には，単に「Aが，本市市長の確認を受けずに，下水道接続工事を行ったため。」としか記載されておらず，その記載自体からは，いかなる法規を適用したのかも，その処分要件に該当する具体的事実も了知し得ないから，上記①②の趣旨を害するものであり，行手条例14条1項の要件を充たさない。

　理由付記は，適正手続の中でも，上記①②の趣旨に基づく重要な手続として，行政手続条例で法定されたものである。判例も，理由付記を欠く場合には，結果に対する影響の有無にかかわらず，処分の違法事由としている。

5　結論

　したがって，本件処分は，処分要件を充足しないこと，比例原則に違反すること，聴聞手続を欠く点で行手条例13条1項1号イに違反すること，理由付記が不十分である点で同14条1項に反することから，いずれも違法であり取り消されるべきである。

以上

（出題趣旨）

　本問は，行政処分の違法事由についての基本的な知識，理解及びそれを事案に即して運用する基本的な能力を試すことを目的にして，排水設備工事に係る指定工事店としての指定を取り消す旨の処分を受けた建設会社Aが当該処分の取消訴訟を提起した場合に主張すべき違法事由について問うものである。処分の根拠となった条例及び規則の仕組みを正確に把握した上で，処分要件規定や比例原則に照らした実体的違法事由及び聴聞や理由提示の手続に係る違法事由について検討し，事案に即して当該処分の違法性に関する受験者の見解を述べることが求められる。

Ⅲ　平成 25 年予備試験問題

　A市は，景観法（以下「法」という。）に基づく事務を処理する地方公共団体（景観行政団体）であり，市の全域について景観計画（以下「本件計画」という。）を定めている。本件計画には，A市の臨海部の建築物に係る形態意匠の制限として，「水域に面した外壁の幅は，原則として 50 メートル以内とし，外壁による圧迫感の軽減を図る。」と定められている。事業者Bは，A市の臨海部に，水域に面した外壁の幅が 70 メートルのマンション（以下「本件マンション」という。）を建築する計画を立て，2013 年 7 月 10 日に，A市長に対し法第 16 条第 1 項による届出を行った。本件マンションの建築は，法第 17 条第 1 項にいう特定届出対象行為にも該当する。しかし，本件マンションの建築予定地の隣に建っているマンションに居住するCは，本件マンションの建築は本件計画に違反し良好な景観を破壊するものと考えた。Cは，本件マンションの建築を本件計画に適合させるためには，水域に面した外壁の幅が 50 メートル以内になるように本件マンションの設計を変更させることが不可欠であると考え，法及び行政事件訴訟法による法的手段を採ることができないか，弁護士Dに相談した。Cから同月 14 日の時点で相談を受けたDの立場に立って，以下の設問に解答しなさい。

　なお，法の抜粋を資料として掲げるので，適宜参照しなさい。

〔設問 1〕

　Cが，本件計画に適合するように本件マンションの設計を変更させるという目的を実現するには，法及び行政事件訴訟法によりどのような法的手段を採ることが必要か。法的手段を具体的に示すとともに，当該法的手段を採ることが必要な理由を，これらの法律の定めを踏まえて説明しなさい。

〔設問 2〕

　〔設問 1〕の法的手段について　法及び行政事件訴訟法を適用する上で問題となる論点のうち，訴訟要件の論点に絞って検討しなさい。

【資料】景観法（平成16年法律第110号）（抜粋）

（目的）

第1条　この法律は，我が国の都市，農山漁村等における良好な景観の形成を促進するため，景観計画の策定その他の施策を総合的に講ずることにより，美しく風格のある国土の形成，潤いのある豊かな生活環境の創造及び個性的で活力ある地域社会の実現を図り，もって国民生活の向上並びに国民経済及び地域社会の健全な発展に寄与することを目的とする。

（基本理念）

第2条　良好な景観は，美しく風格のある国土の形成と潤いのある豊かな生活環境の創造に不可欠なものであることにかんがみ，国民共通の資産として，現在及び将来の国民がその恵沢を享受できるよう，その整備及び保全が図られなければならない。

2～5　（略）

（住民の責務）

第6条　住民は，基本理念にのっとり，良好な景観の形成に関する理解を深め，良好な景観の形成に積極的な役割を果たすよう努めるとともに，国又は地方公共団体が実施する良好な景観の形成に関する施策に協力しなければならない。

（景観計画）

第8条　景観行政団体は，都市，農山漁村その他市街地又は集落を形成している地域及びこれと一体となって景観を形成している地域における次の各号のいずれかに該当する土地（中略）の区域について，良好な景観の形成に関する計画（以下「景観計画」という。）を定めることができる。

　一～五　（略）

2～11　（略）

（届出及び勧告等）

第16条　景観計画区域内において，次に掲げる行為をしようとする者は，あらかじめ，（中略）行為の種類，場所，設計又は施行方法，着手予定日その他国土交通省令で定める事項を景観行政団体の長に届け出なければならない。

　一　建築物の新築（以下略）

　二～四　（略）

2〜7　（略）

（変更命令等）

第 17 条　景観行政団体の長は，良好な景観の形成のために必要があると認める
　　ときは，特定届出対象行為（前条第 1 項第 1 号又は第 2 号の届出を要する行為
　　のうち，当該景観行政団体の条例で定めるものをいう。（中略））について，景
　　観計画に定められた建築物又は工作物の形態意匠の制限に適合しないものをし
　　ようとする者又はした者に対し，当該制限に適合させるため必要な限度におい
　　て，当該行為に関し設計の変更その他の必要な措置をとることを命ずることが
　　できる。（以下略）

2　　前項の処分は，前条第 1 項又は第 2 項の届出をした者に対しては，当該届出
　　があった日から 30 日以内に限り，することができる。

3〜9　　　（略）

1　問題分析

　本問は，周辺住民である C が「本件計画に適合するように本件マンションの
設計を変更させる」ための法的手段につき，C から相談を受けた弁護士 D の立
場から検討させるものです。C は，A 市に対し，本件マンションの施主である
B への不利益処分の発動を求めていますから（三面関係），**不利益処分発動モデ
ル**（61 頁）に当たります。

2　設問 1：訴訟選択

（1）　訴訟選択

　設問 1 では，「C が，本件計画に適合するように本件マンションの設計を変更
させるという目的を実現する」ための「法及び行政事件訴訟法」による「法的
手段」が問われています。しかも，「法的手段を具体的に示す」だけでなく，
「当該法的手段を採ることが必要な理由」を「これらの法律の定めを踏まえて説
明」することが求められています。「これらの法律」とは，行訴法のみならず，
景観法も含まれていることに注意が必要です。

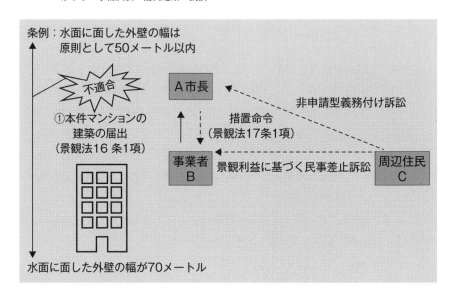

そこで，問題文に掲げられた【資料】景観法を上から順に読むと，目的（1条），基本理念（2条），住民の責務（6条）といった抽象的な規定が続きます。景観計画（8条）は，内容は具体的ですが，「景観行政団体」の権限を定めるものです。これに続き，届出および勧告等（16条）で，「建築物の新築」をしようとする者は，「景観行政団体の長に届け出なければならない」との定めがあり，変更命令等（17条）の定めに行き着きます。

同1項は，①「景観行政団体の長」（行政機関）は，②⒤「良好な景観の形成のために必要があると認めるときは」，⒤⒤「特定届出対象行為」について，⒤⒤⒤「景観計画に定められた建築物又は工作物の形態意匠の制限に適合しないものをしようとする者又はした者」（行為要件）に対し，③「当該制限に適合させるため必要な限度において，当該行為に関し設計の変更その他の必要な措置をとることを命ずることができる。」（行為内容）と定めています。また，同2項は，変更命令等は，②⒤⒱同16条1項または2項の届出をした者に対しては，③'「当該届出があった日から30日以内に限り，することができる。」という期間制限を定めています。

A市がBに対し「水面に面した外壁の幅が50メートル以内になるように本

件マンションの設計を変更」する変更命令（本件変更命令）を出せば，Ｃの要望に応えることができます。そこで，Ｃは，不利益処分発動モデルの法的手段である非申請型義務付け訴訟（行訴法 3 条 6 項 1 号。以下「本件訴訟」といいます）により，Ａ市を被告として，景観法 17 条 1 項に基づく本件変更命令の義務付けを求めて訴えることとなります。

　行訴法は，義務付け訴訟を 2 種類定めているところ（同 3 条 6 項各号），まず，非申請型義務付け訴訟を「行政庁が一定の処分をすべきであるにかかわらずこれがされないとき」（1 号本文）と定義し，「次号に掲げる場合を除く」（同号括弧書き）として申請型義務付け訴訟を除外しています。そして，同 2 号は，申請型義務付け訴訟を「行政庁に対し一定の処分又は裁決を求める旨の法令に基づく申請又は審査請求がされた場合において，当該行政庁がその処分又は裁決をすべきであるにかかわらずこれがされないとき。」と定義しています。

　そうすると景観法の定めから，同 2 号に該当しないことを説明しなければなりません。具体的には，「法令に基づく申請又は審査請求がされた場合」に該当しないことにつき，景観法 17 条 1 項の行為要件には申請が含まれていないことを指摘すれば足ります。

　なお，Ｃは，Ｂに対し，景観利益に基づく民事差止訴訟を提起することも考えられますが，「法及び行政事件訴訟法」による「法的手段」ではないため，検討する必要はないでしょう。

（2）　仮の救済

　本問では，単に「法的手段」が問われており，平成 23 年予備試験〔設問 2〕のような「仮の救済については検討しなくてよい」とのなお書きもありませんから，仮の救済の検討を忘れてはなりません（24 頁）。

　とりわけ，景観法 17 条 2 項は，変更命令の期間制限を定めているところ，問題文の「事業主Ｂは（中略）2013 年 7 月 10 日に，Ａ市長に対し法第 16 条第 1 項による届出を行った」との記載によれば，③' の期間制限の効力が生じ，変更命令等は同年 8 月 9 日までになされなければなりません。非申請型義務付け訴訟にも狭義の訴えの利益が必要であるところ（後述 3（1）），ＤがＣから相談を

受けた同年7月14日時点では変更命令等を出すことはできますが，本件訴訟の判決が出るころには期限の8月9日が経過し，狭義の訴えの利益が失われてしまいます。

　　したがって，Cは，**仮の義務付け**（行訴法37条の5第1項。以下「本件仮の義務付け」といいます）の申立てをしなければなりません。

【本問の事実経過】

年月日	事　実	評　価
―	A市：本件計画（水域に面した外壁の幅は原則として50メートル以内）を定める	
2013年7月10日	B→A市：本件マンション（水域に面した外壁の幅は70メートル）建築の届出	本件計画に適合しない
2013年7月14日 現　在	C→D：相談	
2013年8月9日	A市→B：措置命令の期限（景観法17条2項）	措置命令を義務付ける必要あり

（30日 ↓）

3　設問2：訴訟要件

　　設問2では，設問1の法的手段で問題となる論点のうち「訴訟要件の論点に絞って」検討することが求められています。もちろん，「Dの立場に立って」の解答が求められていますので，なるべく訴訟要件を肯定する方向での検討が望ましいところです。

（1）　非申請型義務付け訴訟の訴訟要件

　　非申請型義務付け訴訟（35頁）の訴訟要件は，ⅰ処分性（行訴法37条の2第1項），ⅱ原告適格（同3項），ⅲ狭義の訴えの利益，ⅳ被告適格（同38条1項，11条），ⅴ管轄（同38条1項，12条）といった取消訴訟の訴訟要件に加え，ⅵ「一定の処分がされないことにより重大な損害を生ずるおそれ」があること（同37条の2第1項。以下「重大な損害」といいます），ⅶ「その損害を避けるため他に適当な方法がないとき」（同項。以下「補充性」といいます）という固有の訴訟要件が必要

です。

　固有の訴訟要件を要する趣旨は，非申請型義務付け訴訟が，法令上申請権がない者に対し，あたかも申請権を認めることと同じ結果となるため，提訴できる場合を救済の必要性が高い場合に限定するためです。

（2）　処分性

　まず，ⅰ処分性を検討すると，本件処分は，公権力の主体である A 市長が B に対し景観法 17 条 1 項に基づき一方的に設計を変更する義務を課すものですから，処分性を肯定することができます。

　なお，非申請型義務付け訴訟の場合，「一定の」処分を特定する必要がありますが，「水域に面した外壁の幅が 50 メートル以内になるように本件マンションの設計を変更させる」旨の命令であれば特定としては十分でしょう。

（3）　原告適格

　次に，ⅱ原告適格を検討すると，非申請型義務付け訴訟の原告適格も，取消訴訟と同様に「法律上の利益を有する者」に認められます（行訴法 37 条の 2 第 3 項）。また，C は「処分又は裁決の相手方以外の者」であるところ，取消訴訟の第三者の原告適格に関する法定考慮事項（同 9 条 2 項）が準用されます（同 37 条の 2 第 4 項）。C は，「本件マンションの建築予定地の隣に立っているマンションに居住」していますので，周辺住民型に当たります。

ア　拾い出し

　まず，原告の被侵害利益を検討すると，本件変更命令等をしないことが違法であった場合，景観計画に適合しない建築物により，C の「良好な景観」の恵沢を享受する利益（景観利益）が害されます。次に，原告の被侵害利益が係争処分の根拠法令の保護範囲に含まれているかを検討すると，Ⓐ処分の「根拠法令」である景観法 17 条 1 項の趣旨・目的は，「良好な景観の形成を促進」するという法目的（同 1 条）に基づき定められた景観計画（同 8 条 1 項柱書）の制限に適合しないものを排除することで，景観利益を保護しています（なお，本問では，資料として景観法が掲げられているのみですので，「目的を共通にする関連法令」の検討は省略します）。

イ 切り出し

そこで，原告の景観利益が「個々人の個別的利益としても保護される利益」であるかを検討すると，サテライト大阪事件（最判平成21・10・15民集63巻8号1711頁。ノート17-12・百選Ⅱ161）が，Ⓑ処分において考慮されるべき利益の内容・性質・程度等につき「広い意味での生活環境の悪化」を「基本的には公益に属する利益」であることや，生命・身体・健康等の侵害と直接的・具体的に結びつかないことから，「切り出し」と「個別化」を否定したことが想起されます（105頁以下）。そうすると，景観利益を個別化することは難しそうですが，Dの立場から最大限の主張を検討してみます。

そもそも，サテライト大阪事件は「広い意味での生活環境の悪化」や「都市環境の悪化」に関する判断ですが，本件で問題となっている景観利益は，これらよりも具体的です。景観利益といえば，国立マンション事件（最判平成18・3・30民集60巻3号948頁）が，「⑦良好な景観に近接する地域内に居住し，④その恵沢を日常的に享受している者は，⑤良好な景観が有する客観的な価値の侵害に対して密接な利害関係を有する」として景観利益を法律上保護に値すると判断したことが想起されます。この規範によれば，景観利益を享受する者を「切り出し」できます。

もっとも，私法上の利益として保護されるとしても，これが行訴法上の法律上の利益に当たるかは別問題です。この点については，下級審ではあるものの鞆の浦差止訴訟（広島地判平成21・10・1判時2060号3頁。ノート20-5 POINT）が参考になります。

この事件は，歴史的・文化的価値を有する鞆の浦を埋め立て架橋する事業を阻止するため，景観利益を享受する原告らなどが，公水法2条に基づく埋立免許処分の差止めを求めたものでした。広島地裁は，公水法3条は利害関係人に意見書の提出を認めていること，埋立免許処分にも適用される瀬戸内法13条1項が同3条1項の瀬戸内海の景観等の特殊性に十分配慮すべきと定めていること，公水法4条1項3号が適合を求める広島県計画が瀬戸内法13条2項の基本方針に沿って環境保全に十分配慮し，地域住民の意見が反映されるよう努めることを定めていることに加え，景観利益の価値や回復困難性といった被侵害利益の性質・侵害の程度を考慮し，公水法等は法的保護に値する景観利益を個別

的利益として保護する趣旨を含むと判断しました。

本件の処分根拠法規である景観法は，まさに景観利益の保護を目的としていること（同 1 条），景観利益は「美しく風格ある国土の形成と潤いのある豊かな生活環境の創造に不可欠なものであること」と定めており（同 2 条 1 項），住民にも良好な景観の形成に「積極的な役割」を果たす責務を課しています（同 6 条）。また，景観法は，景観計画区域（同 8 条）を定めていますから，景観区域内については，前述の法的保護に値する景観利益については「切り出し」することもできます。さらに，景観利益の価値や回復困難性も考慮すべきでしょう。

したがって，景観法は，景観計画区域内の景観利益のうち，法的保護に値する景観利益については，一般的公益とは区別した個々人の個別的利益として保護すべきものとする趣旨を含むと主張し得るでしょう。

ウ 具体的線引き

最後に，具体的線引きとして，Ｃが景観利益を享受する者に含まれるかを検討すると，Ａ市の全域が景観計画区域であることに加え，Ｃは，㋐「本件マンションの建築予定地の隣に立っているマンションに居住」する者であり，㋑Ａ市の臨海部の水域の景観の恵沢を日常的に享受しているところ，㋒本件マンションの建築により当該景観利益が損なわれるといえます。

したがって，Ｄの立場からは，Ｃは「法律上の利益を有する者」に当たると主張できるでしょう[1]。

（4） 重大な損害

ⅳ重大な損害は，一定の処分がされないことと因果関係のある損害が生ずるおそれがあること（蓋然性），損害が重大であること（重大性）の 2 つに区別されていますが，本件マンションが建築されれば，Ｃの主張する良好な景観の破壊という損害が生ずることは明らかですから，問題となるのは損害の重大性です。行訴法 37 条の 2 第 2 項は，その考慮事項につき，ⓐ「損害の回復の困難の程度を考慮」するものとし，ⓑ「損害の性質及び程度」ならびにⓒ「処分の内容

1） 建築基準法 6 条 1 項に基づく建築確認処分の差止訴訟に関する裁判例ですが，景観法を「関連法令」として，景観利益を有する者に原告適格を認めた事例もあります（那覇地判平成 21・1・20 判タ 1337 号 131 頁）。

及び性質」をも勘案すると法定しています（法定解釈指針）。

　本件で問題となる損害は景観利益ですから，ⓑの観点から考えると，生命・身体・健康と比べると「重大な損害」というにはハードルが高そうです。しかし，上記の通り，景観利益は，一定の場合には法律上保護に値する利益となること，「美しく風格ある国土の形成と潤いのある豊かな生活環境の創造に不可欠なものであること」（景観法2条1項）に加え，ⓐの観点からも，一度害されると回復することが難しく，金銭賠償によっても救済されないといった損害の「性質」，日常的に侵害されるといった損害の「程度」も主張し得ます。

（5）　補充性

　⑦補充性については，景観法上はこれを争う救済手段は法定されていません。Cは，Bに対して，人格権に基づく民事差止訴訟を提起することも考えられますが，非申請型義務付け訴訟と民事訴訟とが主従関係にあるわけではないため，直ちに補充性が否定されるわけではありません（実務解説258頁〔松尾剛行〕）。

（6）　その他の訴訟要件

　念のため，その他の訴訟要件も検討をしておくと，ⅲ狭義の訴えの利益は，提訴時には肯定できますが，2013年8月9日を経過すると失われてしまう（景観法17条2項）ため，仮の義務付けをすべきことは上記のとおりです。ⅳ被告適格は，「景観行政団体の長」であるA市長の所属するA市，ⅴ管轄はA市の普通裁判籍の所在地を管轄する裁判所です。

　本問では，本案上の主張は問われていませんが，簡潔に触れておきます。非申請型義務付け訴訟の本案勝訴要件は，羈束処分であればⓐ「行政庁がその処分をすべきであることがその処分の根拠となる法令の規定から明らかであると認められ」ること，裁量処分であればⓑ「行政庁がその処分をしないことがその裁量権の範囲を超え若しくはその濫用となると認められる」ことです（行訴法37条の2第5項）。
　Cの主張を前提とすると，景観計画には「水域に面した外壁の幅が50メートル以内」

であることが定められているところ，本件マンションは 70 メートルであるため（本件違反），これを建築しようとする B の行為は，法 17 条 1 項の②処分要件ⅱに当たります。

しかし，ⅰ「良好な景観のために必要があると認めるとき」という処分要件は，文言が抽象的であるため要件裁量が認められてしまう可能性があります。しかも，同項は「できる」規定ですので，効果裁量を争うことは難しいところです。そのため，本案勝訴要件としては，ⓑの規範が適用されてしまいます。

C としては，景観計画に適合しないことが明らかである場合には直ちに「必要がある」といえること，本件違反は景観計画に適合しないことが明らかであり，違反の程度も大きいこと，A 市の臨海部の建築物に係る形態意匠の制限はこれまで保護されてきた A 市の重要な景観であること等を主張し，変更命令等をしないことが裁量権行使の逸脱・濫用になると主張し得るでしょう。

4　起案例

設問 1

（1）　C は，A 市に対し，法 17 条 1 項に基づき，水域に面した外壁の幅が 50 メートル以内になるように本件マンションの設計を変更させる旨の命令（以下「本件命令」という。）の義務付けを求める非申請型義務付け訴訟（行訴法 3 条 6 項 1 号。以下「本件訴訟」という。）を提起すべきである。なぜなら，法 17 条 1 項の処分要件には，当事者の申請が含まれていないため，申請型の義務付け訴訟は提起できないからである。

（2）　また，C は，本件訴訟とともに，本件命令の仮の義務付け（行訴法 37 条の 5 第 1 項）を求めるべきである。なぜなら，事業主 B が A 市長に対し法 16 条 1 項による届出を行ったのは 2013 年 7 月 10 日であるところ，法 17 条 2 項によれば，本件命令をなし得るのは同日から 30 日以内に限られるため，同年 8 月 9 日を経過すると本件訴訟の狭義の訴えの利益が失われるからである。

設問 2

1　非申請型義務付け訴訟の訴訟要件は，①処分性（行訴法 37 条の 2 第 1 項），②原告適格（同 3 項），③狭義の訴えの利益，④被告適格（同 38 条 1 項，11

条），⑤管轄（同38条1項・12条），⑥「一定の処分がされないことにより重大な損害を生ずるおそれ」があること（同37条の2第1項。以下「重大な損害」という。），⑦「その損害を避けるため他に適当な方法がないとき」（同項。以下「補充性」という。）である。

2　まず，①処分性を検討すると，本件処分は，公権力の主体であるA市長がBに対し法17条1項に基づき一方的に設計を変更する義務を課すものであるから，抗告訴訟の対象となる行政処分に当たる。また，本件命令の内容は特定として十分であるから，「一定の」処分といえる。

3　次に，②原告適格を検討すると，非申請型義務付け訴訟の原告適格も，取消訴訟と同様に「法律上の利益を有する者」に認められる（行訴法37条の2第3項）。Cは「処分又は裁決の相手方以外の者」であるから，取消訴訟の第三者の原告適格に関する法定考慮事項（同9条2項）が準用される（同37条の2第4項）。

（1）　本件変更命令等をしないことが違法であった場合，景観計画に適合しない建築物により，Cの「良好な景観」の恵沢を享受する利益（景観利益）が害される。処分の「根拠法令」である景観法17条1項の趣旨・目的は，「良好な景観の形成を促進」するという法目的（同1条）に基づき定められた景観計画（同8条1項柱書）の制限に適合しないものを排除することで景観利益を保護することにある。

（2）　そこで，景観利益が「個々人の個別的利益としても保護される利益」であるかを検討すると，判例によれば，良好な景観に近接する地域内に居住し，その恵沢を日常的に享受している者は，良好な景観が有する客観的な価値の侵害に対して密接な利害関係を有するとして，景観利益は，広い意味での生活環境と異なり，公益ではなく私法上の利益として保護されるものである。

　そして，本件の処分の根拠法規である景観法は，まさに景観利益の保護を目的としていること（同1条），景観利益は「美しく風格ある国土の形成と潤いのある豊かな生活環境の創造に不可欠なものであること」（同2条1項），住民にも良好な景観の形成に「積極的な役割」を果たす責務を課しているこ

　とも定めている（同6条）。また，景観利益は，長年にわたり形成されたものとして価値があり，一度侵害されると回復が困難である。

　したがって，本件処分の根拠法令である景観法は，景観計画区域（同8条）内においては，上記の法的保護に値する景観利益に限り，一般的公益とは区別した個々人の個別的利益としても保護すべきものとする趣旨を含むといえる。

（3）　A市は全域が景観計画区域であるところ，Cは，本件マンションの建築予定地の隣に立っているマンションに居住する者として，A市の臨海部の水域の景観の恵沢を日常的に享受しているため，本件マンションの建築により当該景観利益が損なわれることにつき，「法律上の利益を有する者」に当たる。

4　⑥重大な損害については，本件マンションが建築されれば，Cの主張する良好な景観の破壊という損害が生ずることは明らかである。行訴法37条の2第2項に基づき検討すると，景観利益は「美しく風格ある国土の形成と潤いのある豊かな生活環境の創造に不可欠」であり（景観法2条1項），一度害されると回復することが難しく，金銭賠償によっても救済されないという性質を有する。しかも，本件マンションの建設により害されれば，日常的に景観利益が侵害されることになるから，損害の程度を踏まえると，重大な損害といえる。

5　⑦補充性についても，景観法上はこれを争う救済手段は法定されていない。Cは，Bに対して，人格権に基づく民事差止訴訟を提起することも考えられるが，非申請型義務付け訴訟と民事訴訟とが主従関係にあるわけではないから，補充性は否定されない。

6　③狭義の訴えの利益は，2013年8月9日を経過しない限り肯定できる（法17条2項）。④被告適格は，「景観行政団体の長」であるA市長の所属するA市，⑤管轄はA市の普通裁判籍の所在地を管轄する裁判所である。

7　以上のとおり，本件訴訟は，いずれの訴訟要件も充たす。

以上

（出題趣旨）

　本問は，事案に即して，また関係行政法規を踏まえて，行政訴訟についての基本的な知識及び理解を運用する基本的な能力を試す趣旨の問題である。具体的には，マンションの建設計画に対し近隣住民が景観計画の遵守を求めるための行政事件訴訟法上の手段について問うものである。景観法による変更命令の期間制限に照らして，実際上仮の義務付けの申立てが必要なこと，及び，当該申立てを行うには非申請型（直接型）義務付け訴訟の提起が必要なことを説き，申立て及び請求の趣旨を具体的に示した上で，原告適格を中心とする訴訟要件の論点について，景観法の趣旨及び景観という利益の性質に即して論じることが求められる。

Ⅳ　平成 26 年予備試験問題

　A 県は，漁港漁場整備法（以下「法」という。）に基づき，漁港管理者として B 漁港を管理している。B 漁港の一部には公共空地（以下「本件公共空地」という。）があり，C は，A 県の執行機関である A 県知事から，本件公共空地の一部（以下「本件敷地」という。）につき，1981 年 8 月 1 日から 2014 年 7 月 31 日までの期間，3 年ごとに法第 39 条第 1 項による占用許可（以下「占用許可」とは，同法による占用許可をいう。）を受けてきた。そして，1982 年に本件敷地に建物を建築し，現在に至るまでその建物で飲食店を経営している。同飲食店は，本件公共空地の近くにあった魚市場の関係者によって利用されていたが，同魚市場は徐々に縮小され，2012 年には廃止されて，関係施設も含め完全に撤去されるに至った。現在 C は，観光客などの一般利用者をターゲットとして飲食店の営業を継続し，2013 年には，客層の変化に対応するために店内の内装工事を行っている。他方，A 県知事は，魚市場の廃止に伴って，観光客を誘引するために，B 漁港その他の県内漁港からの水産物の直売所を本件敷地を含む土地に建設する事業（以下「本件事業」という。）の構想を，2014 年の初めに取りまとめた。なお，本件事業は，法第 1 条にいう漁港漁場整備事業にも，法第 39 条第 2 項にいう特定漁港漁場整備事業にも，該当するものではない。

　C は，これまで受けてきた占用許可に引き続き，2014 年 8 月 1 日からも占用許可を受けるために，本件敷地の占用許可の申請をした。しかし，A 県知事は，C に対する占用許可が本件事業の妨げになることに鑑みて，2014 年 7 月 10 日付けで占用不許可処分（以下「本件不許可処分」という。）をした。C は，「C は長期間継続して占用許可を受けてきたので，本件不許可処分は占用許可を撤回する処分と理解すべきである。」という法律論を主張している。A 県側は，「法第 39 条第 1 項による占用許可をするか否かについて，同条第 2 項に従って判断すべき場合は，法第 1 条の定める法の目的を促進する占用に限定されると解釈すべきである。C による本件敷地の占用は，法第 1 条の定める法の目的を促進するものではないので，C に対し本件敷地の占用許可をするかどうかについては，その実質に照らし，地方自治法第 238 条の 4 第 7 項が行政財産の使用許可について定める基

準に従って判断するべきである。」という法律論を主張している。なお，B漁港は，A県の行政財産である。

　A県の職員から，Cがなぜ上記のような法律論を主張しているのか，及び，A県側の法律論は認められるかについて，質問を受けた弁護士Dの立場に立って，以下の設問に解答しなさい。なお，法の抜粋を資料として掲げるので，適宜参照しなさい。

〔設問1〕

　本件不許可処分を，占用許可申請を拒否する処分と理解する法律論と，占用許可の撤回処分と理解する法律論とを比べると，後者の法律論は，Cにとってどのような利点があるために，Cが主張していると考えられるか。行政手続法及び行政事件訴訟法の規定も考慮して答えなさい。

〔設問2〕

（1）　Cによる本件敷地の占用を許可するか否かについて，法第39条第2項に従って判断する法律論と，A県側が主張するように，地方自治法第238条の4第7項の定める基準に従って判断する法律論とを比べると，後者の法律論は，A県側にとってどのような利点があるか。両方の規定の文言及び趣旨を比較して答えなさい。

（2）　本件において，A県側の上記の法律論は認められるか，検討しなさい。

【資料】漁港漁場整備法（昭和25年法律第137号）（抜粋）

（目的）

第1条　この法律は，水産業の健全な発展及びこれによる水産物の供給の安定を図るため，環境との調和に配慮しつつ，漁港漁場整備事業を総合的かつ計画的に推進し，及び漁港の維持管理を適正にし，もつて国民生活の安定及び国民経済の発展に寄与し，あわせて豊かで住みよい漁村の振興に資することを目的とする。

（漁港の保全）

第39条　漁港の区域内の水域又は公共空地において，（中略）土地の一部の占用

（中略）をしようとする者は，漁港管理者の許可を受けなければならない。（以
下略）

2　　漁港管理者は，前項の許可の申請に係る行為が特定漁港漁場整備事業の施行
又は漁港の利用を著しく阻害し，その他漁港の保全に著しく支障を与えるもの
でない限り，同項の許可をしなければならない。

3〜8　（略）

1　問題分析

本問は，A 県の管理する B 漁港の本件公共空地につき長年占用許可を受けて
きた C が，A 県知事より占用不許可処分（本件不許可処分）を受けたという事例
です[2]。当事者は A 県と C であり（二面関係），本件不許可処分は C による「本
件敷地の占用許可の申請」に対してなされたもの（申請に対する処分）ですから，
形式的には申請に対する処分発動モデル（57 頁）に当たりますが，後述のとお
り，不利益処分阻止モデルとの解釈もあり，このモデル選択自体が問われてい
ます。

本問では，A 県の職員から「質問を受けた弁護士 D の立場」からの検討が求
められていますから，一見すると A 県側の立場から論じることが求められてい
るように思えます。

しかし，設問 1 では A 県ではなく C の法律論の利点が問われている一方，設
問 2 の小問（1）では「A 県側にとってどのような利点があるか」，小問（2）
では「A 県側の上記の法律論は認められるか，検討しなさい」と問われていま
すから，第三者視点からの解答が求められているといえます。

2　設問 1：2 つの法律論の比較検討

設問 1 では，㋐「占用許可申請を拒否する処分と理解する法律論」と㋑「占
用許可を撤回処分と理解する法律論」とを比べて，㋑の法律論は，「C にとって

---

2)　本問の元ネタは東京高判平成 22・9・15 判タ 1359 号 111 頁と思われます。

どのような利点があるために，Cが主張していると考えられるか」が問われています。「行政手続法及び行政事件訴訟法の規定も考慮して答えなさい」と書かれていますから，手元の六法を開いて，行手法と行訴法の規定をよく読みながら分析をしてみましょう。

（1） 行政手続法の観点

行手法の目次を見ると，「第2章 申請に対する処分」と「第3章 不利益処分」とで異なる定めとなっていることがわかります。次に，「申請に対する処分」の定義を探すと，2条3号が「申請」を「法令に基づき，行政庁の許可，認可，免許その他の自己に対し何らかの利益を付与する処分（以下「許認可等」という。）を求める行為であって，当該行為に対して行政庁が諾否の応答をすべきこととされているものをいう。」と定義しています。続いて，「不利益処分」の定義を探すと，同4号が「行政庁が，法令に基づき，特定の者を名あて人として，直接に，これに義務を課し，又はその権利を制限する処分をいう。」と定義しつつ，「ただし，次のいずれかに該当するものを除く。」として同号イ～ニを除外しています。

⑦の法律論によれば，本件不許可処分は「占用許可申請を拒否する処分」と理解されるところ，Cに対して「義務を課し」あるいは「権利を制限する」ものの，同号ロの「申請により求められた許認可等を拒否する処分その他申請に基づき当該申請をした者を名あて人としてされる処分」として不利益処分から除外され，申請に対する処分の規律が適用されますから，申請に対する処分発動モデルに当たります。

行手法は，申請に対する処分につき，審査基準の設定・公開（5条・義務），標準処理期間の設定（6条・努力義務），申請に対する審査・応答（7条・義務），申請拒否処分の理由の提示（8条・義務），情報の提供（9条・努力義務），公聴会等の開催（10条・努力義務），共管事務の迅速処理（11条1項・義務，2項・努力義務）を定めていますが（櫻井＝橋本197～200頁），その多くが努力義務です。

他方，④の法律論によれば，本件不許可処分を「撤回処分」と理解するところ，撤回は「権利を制限する処分」（行手法2条4号柱書）のうち「許認可等を取り消す不利益処分」（同13条1項1号イ）ですから（櫻井＝橋本94頁），不利益処分

阻止モデル（52 頁）に当たります。行手法は，不利益処分については，処分理由の設定・公開（12 条）は努力義務ですが，理由の提示（14 条・義務），予定される処分の通知（15 条・30 条・義務）に加え（櫻井＝橋本 201〜202 頁），原則として，聴聞（15 条以下）または弁明の機会の付与（29 条）といった意見聴取手続を執らなければなりません（13 条）。

　本件不許可処分につき，審査基準の設定・公開や標準処理期間，応答義務，理由の提示は問題になっていませんが，A 県側は㋐の法律論に基づいていますから，意見聴取手続を執っていません。そのため，㋑の法律論は，C にとって，意見聴取手続（本件処分では行手法 13 条 1 項 1 号イに基づく聴聞）をしていないという手続の瑕疵を主張できる利点があります。

（2）　行政事件訴訟法の観点

　次に，行訴法上の利点を検討すると，㋐の法律論によれば，申請に対する処分発動モデルとして，C は，本件不許可処分の取消訴訟（行訴法 3 条 2 項）と新たな占用許可の（拒否処分型）申請型義務付け訴訟（同条 6 項 2 号，37 条の 3 第 1 項 2 号）を併合提起するとともに（同 3 項 2 号），仮の義務付け（同 37 条の 5）を申し立てなければなりません。なぜなら，C の本件敷地の占用許可は 2014 年 7 月 31 日までの期間であるところ，申請に対する処分である本件不許可処分を取り消すだけでは，申請がなされていない状態に戻るだけだからです。そのため，同日を経過すれば，C には適法な占用権原が認められませんから，申請型義務付け訴訟を提起し，本案勝訴要件を充たさなければならないのです。仮の義務付けにおいても，「償うことのできない損害を避けるため緊急の必要」を疎明しなければなりません（同 37 条の 5 第 1 項，同 4 項，25 条 5 項）。しかも，これらの主張立証責任は，原告である C にあると解されています（西川 129〜132 頁〔石田明彦〕）。

　これに対し，㋑の法律論によれば，不利益処分阻止モデルとして，C は，本件不許可処分の取消訴訟（同 3 条 2 項）を提起し，執行停止（同 25 条）を申し立てれば足ります。また，申請に対する処分と異なり，授益的処分の撤回には，当事者の信頼保護や法的安定性の要請から，比例原則による制限を受けると解されており，得られる利益と失われる利益が較量されることになります（櫻井＝橋本 96〜97 頁）。しかも，C は，地自法 238 条の 4 第 7 項の定める基準に従い裁

量審査を行うのではなく，法39条2項に従い処分要件不充足を審査すべきと主張しているため，A県側が主張立証責任を負うという利点もあります。仮の救済である執行停止についても，「重大な損害を避けるため緊急の必要があるとき」を疎明すれば足ります（行訴法25条2項，5項）。

3　設問2：本案論

（1）　小問（1）：地自法238条の4第7項による法律論の利点

　設問2の小問（1）では，「Cによる本件敷地の占用を許可するか否か」について，⑦「法39条2項に従って判断する法律論」と，A県側が主張する㊁「地方自治法238条の4第7項に定める基準に従って判断する法律論」とを比べ，㊁の法律論は「A県側にとってどのような利点があるか」が問われています。

　小問（1）では，「両方の規定の文言及び趣旨を比較して答えなさい」というヒントがありますから，まずは条文の文言を読んでみましょう。

ア　⑦の法律論

　【資料】に記載のある法39条2項を読むと，①「漁港管理者」（行政機関）は，②ⅰ「ⓐ前項の許可の申請に係る行為がⓑ特定漁港漁場整備事業の施行又は漁港の利用を著しく阻害」し，または，ⅱ「その他漁港の保全に著しく支障を与えるもの」でない限り（行為要件），③「同項の許可をしなければならない。」（行為内容）と定めています。③が「許可をしなければならない」ですから，①「漁港管理者」であるA県の執行機関であるA県知事には効果裁量はありません。不許可とできるのは，要件②ⅰまたはⅱのいずれかに該当する場合に限られます。

　そこで，要件②ⅰに当たるかを検討すると，ⓐ「前項の許可の申請に係る行為」とは，法39条1項による占用許可の申請の対象は，Cによる飲食店の経営です。要するに，Cによる飲食店の経営が，ⓑ「特定漁港漁場整備事業の施行」や「漁港の利用」を「著しく阻害」するといえるならば，A県知事は不許可とできるのです。

　問題文によれば，本件不許可処分がなされた理由は，A県知事が「B漁港その他の県内漁港からの水産物の直売所を本件敷地を含む土地に建設する事業」

（本件事業）を構想しているところ，「C に対する占用許可が本件事業の妨げになること」にあります。ところが，「本件事業は，法第 1 条にいう漁港漁場整備事業にも，法第 39 条第 2 項にいう特定漁港漁場整備事業にも，該当するものではない」と書かれています。つまり，本件事業は，ⓑ「特定漁港漁場整備事業の施行」に当たらないため，ⓐC による飲食店の経営がⓑ「特定漁港漁場整備事業の施行」を「著しく阻害」するとはいえないのです。また，「漁港の利用」を「著しく阻害」するかについては，必ずしも問題文からは明らかではありませんが，本件事業は「漁港漁場整備事業」でもないことや 33 年間もの長期間にわたり占用許可がなされていたことからすれば考えにくいところです。

　そうすると，②ⅱ「その他漁港の保全に著しく支障を与えるもの」といえるかが問題となるところ，こちらの文言は抽象的であり，漁港の実情に精通した漁港管理者の要件裁量が認められる余地があります。とはいえ，問題文中には，本件事業の妨げになる以外の事情はないため，これを肯定することも難しいでしょう。

　したがって，ⓦの法律論によれば，本件不許可処分は処分要件を充たさず，違法という結論が導かれる可能性があるのです。

イ　ⓔの法律論

　これに対し，ⓔの法律論の根拠となっている地自法 238 条の 4 第 7 項は，問題文には掲載されていません。そこで，少し面倒でも，手元の六法を引いてみると，①行政機関は明示されていませんが，「行政財産」は，②「その用途又は目的を妨げない限度において」（行為要件），③「その使用を許可することができる。」（行為内容）と書かれています。

　「行政財産」は，「普通地方公共団体において公用又は公共用に供し，又は供することと決定した財産」をいい（地自法 238 条 4 項），「公有財産」の一部です。「公有財産」とは，「普通地方公共団体の所有に属する財産」のうち一定のものをいい（同条 1 項），「行政財産」と「普通財産」とに分類されるところ（同条 3 項），「普通財産」は「行政財産以外の一切の公有財産」と定義されています（同条 4 項）。同 238 条の 4 第 7 項の①行政機関は，「行政財産」に関する権限を有する普通地方公共団体の執行機関となります。

同項のうち、②「用途又は目的」を妨げるかに要件裁量が認められるかは難しいかもしれませんが、③目的外使用は本来の用途または目的ではないため、これを許可するか否かは一義的に定まらないこと、同項も「できる」規定であることから、要件裁量も効果裁量も認められます。

また、行政財産の目的外使用といえば、呉市公立学校施設使用不許可事件（最判平成18・2・7民集60巻2号401頁。ノート6-9・百選I70）も思い出してほしいところです。同判決は、「学校教育上支障があれば使用を許可することができないことは明らかであるが、そのような支障がないからといって当然に許可しなくてはならないものではなく、行政財産である学校施設の目的及び用途と目的外使用の目的、態様等との関係に配慮した合理的な裁量判断により使用許可をしないこともできる」と判断していました。

つまり、㋔の法律論によれば、仮に、Cによる飲食店の経営が「特定漁港漁場整備事業の施行や漁港の利用を著しく阻害」しないとしても、当然に許可しなくてはならないわけではなく、A県知事の裁量によって不許可とすることができるのです。

したがって、㋔の法律論は、不許可処分とする要件が限定され、効果裁量もない㋒の法律論と比べると、不許可処分とするか否かに効果裁量が認められる点で、A県側にとって有利であるといえます。

（2）　小問（2）：地自法238条の4第7項による法律論の当否

小問（2）では、A県側の㋔の法律論が認められるのかを検討することが求められていますので、第三者視点から、いずれの結論が認められそうかを検討することとなります。

そこで、A県側の主張を詳しく読んでみると、法39条2項に従って判断すべき場合は「法第1条の定める法の目的を促進する占用に限定される」こと、地自法238条の4第7項に従う理由は「その実質」に照らすべきであることの2点が挙げられています。

この「実質」とは、占有の実質を意味するところ、「実質」の具体的内容は定かではありませんが、行政法総論の原則論から考えてみましょう。一般的には、講学上の許可であれば、本来的自由に対する一般的禁止の個別的解除なので裁

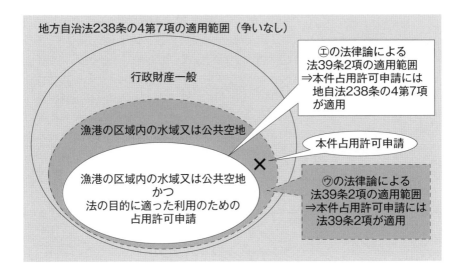

量は狭いのに対し，講学上の特許であれば，特権ないし特別の能力の付与とし
て裁量が広いと解されています（櫻井＝橋本 76〜80 頁）。

　この観点から検討をすると，本件公共空地の占用許可は，特定人に対して排
他的占用権を付与するものであるところ，国民の本来的自由に属するとはいえ
ない特権の付与ですから，講学上の特許に当たります。つまり，一般的に考え
れば，公共空地の利用には，本来的には広い裁量が認められるはずのところ，
法 39 条 2 項は，その原則と例外を逆転させるものなのです。このような「実
質」から考えると，⑦の法律論のように原則と例外を完全に逆転させ，漁港の
区域内の水域や公共空地につき，漁港管理者の裁量をゼロとすることは考え難
いでしょう[3]。しかも，⑦の法律論によると，本来は国民一般の自由使用が認
められるべき公共空地につき，特定人による排他独占的な占用を許すことに
なってしまいます。

　したがって，㊤の法律論のように「法 1 条の定める法の目的を促進する占用
に限定される」と解する法律論のほうが説得的といえます。

3）　本問と類似の問題を検討している橋本・基礎 100〜108 頁も参照。

　設問では問われていませんが，㋔の法律論を前提とすれば，本件事業が法の保護する「漁港漁場整備事業」にも「特定漁港漁場整備事業」にも当たらないとしても，「魚市場の廃止に伴って，観光客を誘引するため」という正当な目的によるものですから，本件敷地が本件事業の対象地に含まれている以上，本件不許可処分が裁量権行使の逸脱・濫用ということはできません。

　Cは，本件敷地を33年間もの長期間にわたり占用を継続していることや，これを信頼して飲食店を継続するために店内の内装工事をしていることを考慮すべきであることから，信頼保護原則違反を主張するかもしれませんが，信頼保護原則は，法律による行政の原理と抵触が生じる場合があるため慎重に適用すべきところ（櫻井＝橋本31〜32頁），行政財産に特定者の排他的占用権を付与することは例外的な特権ですから，これに対する信頼が保護に値するとはいえないでしょう。

　また，Cは，林試の森事件（最判平成18・9・4判時1948号26頁。ノート6-10）を参照して，本件敷地が本件事業に不可欠か否かを検討していないことを主張するかもしれませんが，同判決は民有地の収用が問題となった事例であり，特権に関する本問に射程が及ぶとはいえません。

　したがって，不許可処分とすることにつき裁量権行使の逸脱・濫用はないといえるでしょう。

4　起案例

設問1

1　手続の瑕疵を主張できること

　占用許可の撤回処分と理解する法律論によれば，行政庁が直接に「権利を制限する処分」として「不利益処分」に当たり（行手法2条4号柱書），「名あて人の資格又は地位を直接にはく奪する不利益処分」として聴聞手続が必要になる（同13条1項1号ロ）。そのため，Cにとっては，本件で聴聞手続が執られていないという手続の瑕疵を違法事由として主張できる利点がある。

　これに対し，占用許可申請を拒否する処分と理解する法律論によれば，本件処分は「申請」（行手法2条3号）を「拒否する処分」（同4号ロ参照）として「申請に対する処分」（同2章）が適用されるが，情報提供（同9条）や公聴会の開

催等（同 10 条）は努力義務にとどまるため，手続の瑕疵を主張できない。

2　本案勝訴要件と立証責任が有利となること

　法 39 条 1 項による占用許可は，3 年間の期限付きであるから，申請拒否処分と理解する法律論によれば，C 側は，本件不許可処分を取消訴訟（行訴法 3 条 2 項）により取り消すだけでは，適法に占用をすることができない。そのため，新たに占用許可処分を受けるため，占用の許可を求める申請型義務付け訴訟（同条 6 項 2 号）を併合提起し（同 37 条の 3 第 3 項 2 号），本案勝訴要件を充たさなければならない。しかも，C 側は，C による申請が法 39 条 2 項の要件を充たすことにつき立証責任を負うこととなり，仮の救済においても，「償うことのできない損害を避けるため緊急の必要」を疎明しなければならない（行訴法 37 条の 5 第 1 項，同 4 項，25 条 5 項）。

　これに対し，不利益処分と理解する法律論によれば，法 39 条 1 項による占用許可は，行政庁により適法に取消しまたは撤回されない限り，有効なものとして存続するから，C にとって，本件不許可処分に対する取消訴訟を提起すれば足りるという利点がある。しかも，法 39 条 2 項が適用されるのであれば，C は本件不許可処分の違法性を主張することで争点を指摘すれば足り，A 県側が本件不許可処分の適法性の立証責任を負うことになる。仮の救済である執行停止についても，「重大な損害を避けるため緊急の必要があるとき」を疎明すれば足りる（同 25 条 2 項，5 項）。

3　授益処分の撤回制限の法理が主張できること

　申請拒否処分と理解する法律論によれば，C 側は申請を認容する新たな処分を受けなければならないが，不利益処分と理解する法律論によれば，本件不許可処分は，行政作用の適法な成立後に後発的事情により将来的に無効とするものとして，講学上の「撤回」に当たる。

　授益処分の撤回は，当事者の信頼保護や法的安定性の要請から，比例原則による制限を受けると解されており，得られる利益と失われる利益が較量されることになる。そのため，不利益処分と理解する法律論には，C が店内の内装工事に費用をかけたことにつき，比例原則による統制を主張できる利点がある。

設問2

小問（1）

　法39条2項は，「同項の許可をしなければならない」として，不許可にできる場合を限定しているから，同項に従って判断する法律論（C側の法律論）によれば，法39条1項の許可申請に対する不許可処分をするためには，許可の申請に係る行為が⑦特定漁港漁場整備事業の施行または漁港の利用を著しく阻害するか，④その他漁港の保全に著しく支障を与えるものでなければならない。しかし，本件事業は「特定漁港漁場整備事業」に該当しないため，Cによる飲食店の経営が⑦④を充たすとはいい難いから，A側が敗訴するリスクがある。

　これに対し，地方自治法238条の4第7項の定める基準に従って判断する法律論（A県側の法律論）によれば，行政財産は原則として「私権を設定することができない」（同1項）ことになる。本件不許可処分は，その例外として同条7項に基づく許可となるところ，同項は「行政財産は，その用途又は目的を妨げない限度においてその使用を許可することができる」と定めており，例外許可をするか否かにつき，管理権者の要件裁量と効果裁量が認められている。

　したがって，A県側としては，本件不許可処分に当たり，本件事業のために本件敷地を使用する必要性など，様々な事情を考慮要素とすることで，本件不許可処分を適法とする事情につき主張することができるという利点がある。

小問（2）

1　A県側の法律論が認められるのかは，法39条2項が行政裁量を限定した趣旨が，本件占用許可の事例のような範囲まで及ぶかにより決するべきである。

2　そもそも，本件敷地はA県の「行政財産」であるB漁港の一部であるため，A側が主張する通り，私権を設定することはできないのが原則であり，特定人に対して行政財産の排他的占用権を付与し，継続的な占用を認めることは，国民の本来的自由に属しない特権を付与する講学上の「特許」としての性格を有する。そのため，管理権者は，その用途や目的を定めるにあたって，一定の裁量が認められるのが原則である。

　法39条2項は，原則として占有を「許可しなければならない」と定めてお

り，原則と例外を逆転させるものであるから，行政財産に対する特許であるという実質を踏まえると，その適用範囲は限定的に解釈すべきである。具体的には，同項が行政財産の管理権者の裁量を限定した趣旨は，法１条の定める「水産業の健全な発展及びこれによる水産物管理の供給の安定を図る」という事業目的を推進するためにあるから，その適用範囲は法の目的にかなった利用のための占用許可申請に限られるべきである。

3　本件において，Ｃによる占有は飲食店の経営のためであり，法１条の目的に適合するものではないから，Ａ県側の法律論が認められる。

以上

（出題趣旨）

　本問は，漁港において公共空地の占用許可を継続的に受けてきた事業者が，引き続き占用許可を申請したところ，不許可処分を受けたという事例に即して，行政手続，行政訴訟及び行政処分の違法事由についての基本的な知識及び理解を試す趣旨の問題である。設問１では，申請拒否処分と不利益処分について行政手続法が定める規律の相違や抗告訴訟で争う場合の行政事件訴訟上の規定の相違及び授益処分の撤回の制限法理について論じること，設問２では，行政財産の目的外使用許可と行政庁の裁量についての理解を前提とした上で，行政庁が占用許可についてどのような法的基準を用いて判断するべきかを，関係規定及び関係制度の文言や趣旨並びに本件の事実関係に照らして論じることが，それぞれ求められている。

V 平成 27 年予備試験問題

　A県に存するB川の河川管理者であるA県知事は，1983年，B川につき，河川法第6条第1項第3号に基づく河川区域の指定（以下「本件指定」という。）を行い，公示した。本件指定は，縮尺2500分の1の地図に河川区域の境界を表示した図面（以下「本件図面」という。）によって行われた。

　Cは，2000年，B川流水域の渓谷にキャンプ場（以下「本件キャンプ場」という。）を設置し，本件キャンプ場内にコテージ1棟（以下「本件コテージ」という。）を建築した。その際，Cは，本件コテージの位置につき，本件図面が作成された1983年当時と土地の形状が変化しているため不明確ではあるものの，本件図面に表示された河川区域の境界から数メートル離れており，河川区域外にあると判断し，本件コテージの建築につき河川法に基づく許可を受けなかった。そして，河川法上の問題について，2014年7月に至るまで，A県知事から指摘を受けることはなかった。

　2013年6月，A県知事は，Cに対し，本件コテージにつき建築基準法違反があるとして是正の指導（以下「本件指導」という。）をした。Cは，本件指導に従うには本件コテージの大規模な改築が必要となり多額の費用を要するため，ちゅうちょしたが，本件指導に従わなければ建築基準法に基づく是正命令を発すると迫られ，やむなく本件指導に従って本件コテージを改築した。Cは，本件コテージの改築を決断する際，本件指導に携わるA県の建築指導課の職員Dに対し，「本件コテージは河川区域外にあると理解しているが間違いないか。」と尋ねた。Dは，A県の河川課の担当職員Eに照会したところ，Eから「測量をしないと正確なことは言えないが，今のところ，本件コテージは河川区域外にあると判断している。」旨の回答を受けたので，その旨をCに伝えた。

　2014年7月，A県外にある他のキャンプ場で河川の急激な増水による事故が発生したことを契機として，A県知事は本件コテージの設置場所について調査した。そして，本件コテージは，本件指定による河川区域内にあると判断するに至った。そこで，A県知事は，Cに対し，行政手続法上の手続を執った上で，本件コテージの除却命令（以下「本件命令」という。）を発した。

　Cは，本件命令の取消しを求める訴訟（以下「本件取消訴訟」という。）を提起
し，本件コテージが本件指定による河川区域外にあることを主張している。さら
に，Cは，このような主張に加えて，本件コテージが本件指定による河川区域内
にあると仮定した場合にも，本件命令の何らかの違法事由を主張することができ
るか，また，本件取消訴訟以外に何らかの行政訴訟を提起することができるかと
いう点を，明確にしておきたいと考え，弁護士Fに相談した。Fの立場に立っ
て，以下の設問に答えなさい。なお，河川法及び同法施行令の抜粋を資料として
掲げるので，適宜参照しなさい。

〔設問1〕
　本件取消訴訟以外にCが提起できる行政訴訟があるかを判断する前提として，
本件指定が抗告訴訟の対象となる処分に当たるか否かを検討する必要がある。本
件指定の処分性の有無に絞り，河川法及び同法施行令の規定に即して検討しなさ
い。なお，本件取消訴訟以外にCが提起できる行政訴訟の有無までは，検討しな
くてよい。

〔設問2〕
　本件コテージが本件指定による河川区域内にあり，本件指定に瑕疵はないと仮
定した場合，Cは，本件取消訴訟において，本件命令のどのような違法事由を主
張することが考えられるか。また，当該違法事由は認められるか。

【資　料】
○　河川法（昭和 39 年 7 月 10 日法律第 167 号）（抜粋）
（河川区域）
第6条　この法律において「河川区域」とは，次の各号に掲げる区域をいう。
　一　河川の流水が継続して存する土地及び地形，草木の生茂の状況その他その
　　　状況が河川の流水が継続して存する土地に類する状況を呈している土地（中
　　　略）の区域
　二　（略）
　三　堤外の土地（中略）の区域のうち，第1号に掲げる区域と一体として管理

を行う必要があるものとして河川管理者が指定した区域〔注：「堤外の土地」とは，堤防から見て流水の存する側の土地をいう。〕

2・3 （略）

4 河川管理者は，第1項第3号の区域（中略）を指定するときは，国土交通省令で定めるところにより，その旨を公示しなければならない。これを変更し，又は廃止するときも，同様とする。

5・6 （略）

（河川の台帳）

第12条 河川管理者は，その管理する河川の台帳を調製し，これを保管しなければならない。

2 河川の台帳は，河川現況台帳及び水利台帳とする。

3 河川の台帳の記載事項その他その調製及び保管に関し必要な事項は，政令で定める。

4 河川管理者は，河川の台帳の閲覧を求められた場合においては，正当な理由がなければ，これを拒むことができない。

（工作物の新築等の許可）

第26条 河川区域内の土地において工作物を新築し，改築し，又は除却しようとする者は，国土交通省令で定めるところにより，河川管理者の許可を受けなければならない。（以下略）

2〜5 （略）

（河川管理者の監督処分）

第75条 河川管理者は，次の各号のいずれかに該当する者に対して，（中略）工事その他の行為の中止，工作物の改築若しくは除却（中略），工事その他の行為若しくは工作物により生じた若しくは生ずべき損害を除去し，若しくは予防するために必要な施設の設置その他の措置をとること若しくは河川を原状に回復することを命ずることができる。

一 この法律（中略）の規定（中略）に違反した者（以下略）

二・三 （略）

2〜10 （略）

第102条 次の各号のいずれかに該当する者は，1年以下の懲役又は50万円以下

の罰金に処する。

一　（略）

二　第 26 条第 1 項の規定に違反して，工作物の新築，改築又は除却をした者

三　（略）

○　河川法施行令（昭和 40 年 2 月 11 日政令第 14 号）（抜粋）

（河川現況台帳）

第 5 条　（略）

2　河川現況台帳の図面は，付近の地形及び方位を表示した縮尺 2500 分の 1 以上
　（中略）の平面図（中略）に，次に掲げる事項について記載をして調製するもの
　とする。

一　河川区域の境界

二～九　（略）

1　問題分析

　本問では，B 川流水域の渓谷の本件キャンプ場内に本件コテージを建築した
C 自身が（二面関係），本件コテージは河川法 6 条 1 項 3 号の河川区域内にある
として A 県知事によりなされた本件コテージの除去命令（不利益処分）の阻止を
求めていますから，**不利益処分阻止モデル**（52 頁）に当たります。「本件命令の
取消しを求める訴訟」（本件取消訴訟）を提起すべきことは，問題文でも前提とさ
れています。

　設問 1 は，「本件指定が抗告訴訟の対象となる処分に当たるか否か」として訴
訟要件論が問われており，処分性のみを問う**特定訴訟要件検討型**に当たりま
す。また，設問 2 では，「C は，本件取消訴訟において，本件命令のどのような
違法事由を主張することが考えられるか」として本案論が問われています。

2　設問 1：処分性

　設問 1 では，「本件取消訴訟以外に C が提起できる行政訴訟があるかを判断

する前提として，本件指定が抗告訴訟の対象となる処分に当たるか否かを検討
する必要がある」と書かれています。どういうことなのかというと，「行政事件
訴訟」には，抗告訴訟のほかに，当事者訴訟，民衆訴訟，機関訴訟の4類型が
あるところ（2頁），「行政庁の公権力の行使」に関する不服の訴訟は抗告訴訟と
して扱われ，当事者訴訟として扱われないため，「本件指定が抗告訴訟の対象と
なる処分に当たるか否か」により，「Cが提起できる行政訴訟」が変わるという
ことです（19頁）。問題文には，Cから相談を受けた弁護士Fの立場からの検討
が指示されていますが，訴訟選択の前提としての検討では第三者視点が求めら
れるでしょう。

　　本問では「本件取消訴訟以外にCが提起できる行政訴訟の有無」は検討対象外です
が，本件指定に処分性があるならば，本件指定の取消訴訟の出訴期間が過ぎているため，
⑦本件指定の無効確認訴訟を提起することが考えられます。本件指定が有効であること
を前提に，④本件コテージが本件指定の範囲外にあることの確認訴訟（公法上の当事者訴
訟）を提起することも考えられますが，本件指定に処分性があるならば，無名抗告訴訟
となるのではないのかが問題となります。横川川事件（最判平成元・7・4判時1336号86
頁。ノート20-6 POINT）の伊藤正己裁判官補足意見は，④の訴えを無名抗告訴訟と解し
ていますが，学説上は，公法上の当事者訴訟として理解すべきとも主張されています（小
早川・下Ⅲ336頁）。「行政事件訴訟」に限られない「行政訴訟」という意味では，⑨A県
に対する国家賠償請求も考えられます。

　設問では「河川法及び同法施行令の規定に即して」検討せよという誘導があ
りますので，まずは法や施行令を読み進めましょう。問題文によれば，本件指
定は「河川法第6条第1項第3号に基づく河川区域の指定」と書かれています
から，同項では「河川区域」が定義されており，3号はそのうちの一類型であ
ることがわかります。同条4項を読むと，①「河川管理者」（行政機関）は，②「第
1項第3号の区域（中略）を指定するとき」（行為要件）は，③「国土交通省令で定
めるところにより，その旨を公示しなければならない」（行為内容）ことや，②'
「これを変更し，又は廃止するとき」（行為要件）も，③'「同様とする」（行為内容）
と定められています。

　ここから，本件指定は，「公示」という不特定多数の者に対する通知行為によ

り行われ，特定の名あて人に対してなされるものではないことがわかります。ここから，一般的処分として，処分性の指標②＝A（直接具体的な法的効果）が問題になることが想起されます（95頁）。

　また，条文を読み進めて河川法の仕組みを読み解くと，本件指定により「河川区域」となると，台帳が調製され（12条1項），Ⓐ河川区域内の土地では工作物の新築等が制限され（26条1項），これに違反した場合には，Ⓑ河川管理者から工事の中止・工作物の除去・原状回復などの監督処分を受けるおそれがあるうえ（75条1項），Ⓒ刑事罰の対象となります（102条2号）。ここから，本件指定により，河川区域内における工作物の新築等が制限されるという法的効果が生じることがわかります。

　ただ，施行令5条2項1号を読むと，「河川現況台帳の図面」は，「付近の地形及び方位を表示した縮尺2500分の1以上（中略）の平面図」に「河川区域の境界」が記載されたものにすぎず，河川区域がどの範囲になるのかを具体的に特定することが難しいことがわかります。つまり，計画決定行為・中間段階行為としても，処分性の指標②＝A（直接具体的な法的効果）が問題になることが想起されます（96頁）。

　まず，一般的処分については，二項道路の一括指定告示（最判平成14・1・17民集56巻1号1頁。ノート16-8・百選Ⅱ149）を想起すれば，告示の形式であったとしても，具体的な法的効果が生じるのであれば，個別の行政処分の束として処分性は肯定されます（神橋53～59頁）。

　そこで，具体的な法的効果といえるかを検討すると，都市計画法に基づく用途地域の指定の処分性を否定した判決（最判昭和57・4・22民集36巻4号705頁。ノート16-16・百選Ⅱ148）が想起されます。同判決は，用途地域を指定する決定が告示されると「当該地域内の土地所有者等に建築基準法上新たな制約を課し，その限度で一定の法状態の変動を生ぜしめるものであることは否定できない」としつつも，新たに法令が制定された場合と同様，「不特定多数の者に対する一般的抽象的」な効果にすぎないとして，「個人に対する具体的な権利侵害を伴う処分」ではないことを理由としています。これを河川法にあてはめると，河川区域の指定は，縮尺2500分の1以上の平面図によりなされることから，「不特定多数の者に対する一般的抽象的」なものであり，「個人に対する具体的な権利

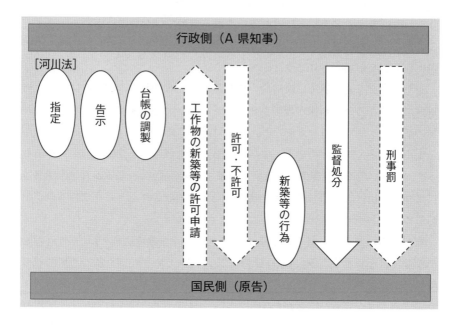

侵害を伴う処分」とはいい難いところです。

　もっとも，近年の最高裁は，処分性を検討するにあたり「実効的権利救済を図るという観点」を考慮しています（88頁）。たしかに，本件指定の処分性が否定されると，「河川区域」内の土地であるか否かが明らかでないため，許可申請をすることなく新築等の行為を行ってしまった場合，新築等の行為をした後，監督処分に対する取消訴訟で本件指定の違法性を争うことになりますが，一度，工作物の新築等をしなければならず，万が一敗訴した場合，これに要した費用が無駄になるというリスクがあります。そのため，実効的権利救済を図るという観点からは，不許可処分の取消訴訟や監督処分の取消訴訟ではなく，本件指定に対する抗告訴訟の提起を認めることに合理性があるとも考え得るところです。しかし，工作物の新築等を行おうとする者は，許可申請をした上で不許可処分を受け，これに対する取消訴訟で本件指定の違法性を争うことが可能です。

　また，実効的権利救済を図るという観点は，あくまでも指標①②といった「行政庁の処分」の定義への当てはめができることを前提に，プラスアルファの理

由付けにすぎません。そのため，指標①②に対して，形式的にでも当てはめる必要があります。

　いわゆる**青写真判決**（最大判昭和 41・2・23 民集 20 巻 2 号 271 頁。ノート 16-14）を変更した**浜松市土地区画整理事業事件**（最大判平成 20・9・10 民集 62 巻 8 号 2029 頁。ノート 16-15・百選Ⅱ147）の多数意見が法的効果としてとらえたのは「換地処分を受けるべき地位に立たされる」ことであり，事業計画の決定により生じる建築制限のことではありません。平成 24 年司法試験の採点実感等に関する意見（公法系第 2 問）7 頁でも指摘されているとおり，このことは「基本的な学習事項の範囲内」ですので，忘れていたとすれば，判例ノートで復習しておきましょう。

　また，同判決は，土地区画整理事業計画の決定後に換地処分等の具体的処分が予定されている非完結型計画の事案ですから，計画決定後に具体的処分・事業実施等が予定されていない完結型計画の事案（前掲最判昭和 57・4・22。ノート 16-16 等）には射程が及ばないとされています（櫻井 = 橋本 274 頁）。そうすると，河川法は，法的効果が建築制限であること，本件指定後に具体的処分・事業実施等が予定されていないことから，同判決の多数意見を前提とすると，「行政庁の処分」の定義に当たるとはいい難いところです。

　したがって，実効的権利救済を図るという観点や近年の判例を加味しても，処分性がないといわざるをえません。

　なお，平成 20 年最判の涌井裁判官意見のように，建築制限により自由に工作物を建築できなくなり，売却も困難となることから，個人に対する具体的な権利侵害であるとして処分性を肯定することも不可能ではありません。

3　設問 2：本案論——実体的違法

(1)　C の不満

　設問 2 では，本案論として「C は，本件取消訴訟において，本件命令のどのような違法事由を主張することが考えられるか」が問われています。ここだけ読むと，①そもそも本件コテージは本件指定による河川区域内ではないこと

や，ⅱ本件指定が違法であること，ⅲ本件指定に処分性があるならば違法性の承継が認められるか等も問題となりそうですが，「本件コテージが本件指定による河川区域内にあり，本件指定に瑕疵はないと仮定した場合」との指定がありますので，これらは検討対象外となります。

　問題文を読むと，Cの不満は，2013年6月に，本件指導に携わるA県の建築指導課の職員Dに対して「本件コテージは河川区域外にあると理解しているが間違いないか。」と尋ね，Dから照会を受けたA県の河川課の担当職員Eの「今のところ，本件コテージは河川区域外にあると判断している。」旨の回答を信頼して，多額の費用を要する本件コテージを改築したにもかかわらず，わずか1年1か月後の2014年7月に本件コテージの除去命令を受けたことにあることがわかります。

（2）　処分要件の不充足

　もっとも，処分の違法事由として主張するためには，このCの不満を法的に構成しなければなりません。行政処分の違法とは，根拠法令の処分要件を充足していないこと（126頁）ですから，まずは河川法75条1項の処分要件を確認してみましょう。

　同項は，①「河川管理者は」（行政機関），②「次の各号のいずれかに該当する者」＝「この法律（中略）の規定（中略）に違反した者」（1号）＝「河川管理者の許可」を受けずに「河川区域内の土地において工作物を新築し，改築し，又は除却しようとする者」（法26条）に対して（行為要件），③ⅰ「工事その他の行為の中止」，ⅱ「工作物の改築若しくは除却」，ⅲ「工事その他の行為若しくは工作物により生じた若しくは生ずべき損害を除去し，若しくは予防するために必要な施設の設置その他の措置をとること若しくは河川を原状に回復すること」を「命ずることができる」（行為内容）と定められています。

　しかし，問題文では「本件コテージが本件指定による河川区域内にある」と仮定されている以上，Cは②処分要件の「河川区域内の土地において工作物を新築，改築」した者に当たりますから，処分要件の不充足を主張することはできません。

（3） 信頼保護原則

　そこで，それ以外の違法事由を検討すると，河川法 75 条 1 項が「できる」規定になっていることから，河川管理者には処分を出すか否かの効果裁量が認められそうです。そこで，行訴法 30 条に基づき，裁量権の行使の逸脱・濫用の主張をすることになりますが，C の不満は，5 つの裁量統制基準（143〜144 頁）のうち「法の一般原則による統制」にあたる信頼保護原則に基づく主張ができそうです。

　信頼保護原則は，相手方に対する信頼に一定の保護を与えるものですが，私人は国や地方公共団体の行動を強く信頼しているため，この信頼には法的保護を与える必要性が強いといえます。ただし，法律による行政の原理との抵触が生じる場合があるため慎重に適用すべきであり（櫻井＝橋本 31〜32 頁），㋐行政庁による公的見解の表示があり，かつ，㋑私人の側にこれを信頼したことに帰責事由がないことの考慮が不可欠です（青色申告課税事件。最判昭和 62・10・30 判時 1262 号 91 頁。ノート 2 - 6・百選 I 20 参照）。

　まず，C の立場から検討すると，A 県の職員 D を介して河川課の担当職員 E より，「今のところ，本件コテージは河川区域外にあると判断している」旨の㋐公的見解の表示があったと主張できるでしょう。たしかに，職員 E は「測量をしないと正確なことは言えない」とも伝えていますが，2013 年 6 月の本件指導の際も含め，2000 年に本件コテージを建築した後 2014 年 7 月に至るまでの約 14 年間もの長きにわたり，A 県知事から河川法上の問題について指摘を受けていないことから，事実上，㋐公的見解の表示があったと主張するでしょう。また，C は，この公的見解を信頼し，本件コテージの建築基準法違反を是正すべく，大規模な改築のために多額の費用を支出しているところ，ⅰ本件コテージを新築する際，本件図面に表示された河川区域の境界から数メートル離れていることを確認していること，ⅱ本件コテージの改築を決断する際にも自ら A 県に確認をしていることから，㋑私人である C に帰責事由もないことも主張するでしょう。

（4） 第三者視点による検討

　設問 2 は，最後に「当該違法事由は認められるか」を問うていますから，第

三者視点から検討をしてみましょう。

まず，職員Eの発言は，「正確なことは言えない」との留保があるため，公的見解の表示があったとはいい難いでしょう。また，青色申告課税事件（前掲最判昭和62・10・30。ノート2-6）が，税務署が青色申告書の用紙を納税者に送付していたことだけでは，青色申告書の提出を承認されたとは信頼できないとしているため，約14年間見逃していたことを⑦公的見解の表示とすることもできません。

また，④帰責事由についても，ⅰについては，本件コテージ建築時の確認はC自らが行ったものでありA県によるものではないこと，建築時の2000年時点では本件図面が作成された1983年当時と土地の形状が変化しているため不明確であることから，確認としては不十分です。ⅱについても，A県の回答には「測量をしないと正確なことは言えない」との留保があったため，Cは測量をしないリスクを引き受けているといえます。また，本件命令がなされたそもそもの原因は，Cが建築の当時に確認を怠っていたことが原因ですから，Cに帰責事由があるといえます。

したがって，本件命令との関係では，法律による行政の原理を優先すべきであり，Cの主張する違法事由が認められるとはいえません。もっとも，CがA県に対して国家賠償請求訴訟を提起することで，金銭的な救済を受ける余地はあります（最判昭和56・1・27民集35巻1号35頁。ノート2-7参照）。

4　起案例

設問1

1　抗告訴訟の対象となる「行政庁の処分」（行訴法3条2項）とは，公権力の主体たる国または公共団体が行う行為のうち，その行為によって，直接国民の権利義務を形成しまたはその範囲を確定することが法律上認められているものをいうと解される。

2（1）　本件指定は，河川法6条1項3号に基づき行政機関であるA県知事が，一方的にするものである。

（2）　河川法6条1項は，「河川の流水が継続して存する土地」等（1号。以下「1号区域」という。）の他，1号区域と一体として管理を行う必要があるものとして河川管理者が指定した区域（3号。以下「3号区域」という。）を「河川区域」と定め，3号区域の指定がなされた場合，その旨が公示される（同条4項）。公示は，不特定多数の者に対する通知行為であり，特定の者を名あて人としてなされるものではないが，個別具体的な法的効果が生じているのであれば，処分性は肯定できる。

　本件指定により「河川区域」となると，河川現況台帳に「河川区域の境界」が記載されるほか（河川法12条1項，3項，同施行令5条2項1号），河川区域内の土地では工作物の新築等が制限されることとなり（河川法26条1項），これに違反した場合には，河川管理者から工事の中止・工作物の除却・原状回復などの監督処分を受けるおそれがあり（同75条1項），刑事罰の対象となる（同102条2号）。このことから，本件指定により，河川区域内における工作物の新築等が制限されるという法的効果が生じるといえる。

　しかし，本件指定が記載される「河川現況台帳の図面」は，「付近の地形及び方位を表示した縮尺2500分の1以上（中略）の平面図」にすぎず（同施行令5条2項1号），河川区域の範囲を具体的に特定することが難しいから，本件指定による新築制限は，不特定多数の者に対する一般的・抽象的な効果にすぎず，個人に対する具体的な権利侵害を伴う処分とはいえない。

（3）　実効的な権利救済を図るという観点からも，本件指定の処分性を肯定する必要性は乏しい。なぜなら，工作物の新築等を行おうとする者は，「河川区域」内の土地であるか否かが明らかでない場合であっても，許可申請をした上で不許可処分を受け，これに対する取消訴訟で本件指定の違法性を争うことができるからである。万が一，不許可処分がなされなかったとしても，新築等の行為をした後，監督処分に対する取消訴訟で本件指定の違法性を争うこともできる。

（4）　したがって，本件指定は，抗告訴訟の対象となる行政処分に当たらない。

設問2

1　違法事由の主張

（1）　河川法75条1項は，本件命令を「命ずることができる」と定めており，河川管理者に効果裁量を認めているが，裁量権行使の逸脱・濫用となる場合には，本件命令は違法となる（行訴法30条）。

　　もっとも，私人は，国や地方公共団体の行動を強く信頼しているため，この信頼には法的保護を与える必要性が強い。法律による行政の原理との抵触が生じる場合があるため慎重に適用すべきではあるが，行政庁による公的見解の表示があり，かつ，これを信頼した私人の側に帰責事由がない場合には，信義誠実の原則（民法1条2項参照）のひとつである信頼保護原則に反する。

（2）　本問では，A県の職員Dを介して職員Eより，「今のところ，本件コテージは河川区域外にあると判断している」旨の公的見解の表示があった。たしかに，A県の職員Eは，「測量をしないと正確なことは言えない」とも伝えているが，2013年6月の本件指導の際も含め，2000年に本件コテージを建築した後2014年7月に至るまでの約14年間もの長きにわたり，A県知事から河川法上の問題について指摘を受けていないことから，事実上，本件コテージは河川区域外にあるとの公的見解の表示があったといえる。

　　Cは，この公的見解を信頼し，本件コテージの建築基準法違反を是正すべく，大規模な改築のために多額の費用を支出しているところ，本件コテージを新築する際，本件図面に表示された河川区域の境界から数メートル離れていることを確認していること，本件コテージの改築を決断する際にも自らA県に確認をしていることから，帰責事由もない。

（3）　したがって，Cの信頼は，法的保護に値するものであるため，本件命令は信頼保護原則に反し，裁量権行使の逸脱・濫用である。

2　違法事由の検討

　Cの主張する違法事由が認められるかを検討すると，職員Eの発言は，「正確なことは言えない」との留保があるため，公的見解の表示があったとはいい難い。また，約14年間見逃していたことをもって，公的見解の表示とすることもできな

い。

　Ｃの帰責事由についても，本件命令がなされたそもそもの原因は，Ｃが建築の当時に確認を怠っていたことが原因である。本件図面が作成された 1983 年当時と土地の形状が変化しているため，本件コテージが河川区域外にあるかは不明確であった。Ａ県の回答には「測量をしないと正確なことは言えない」との留保があったため，Ｃには自ら測量をしなった帰責性がある。

　したがって，本件命令との関係では，法律による行政の原理を優先すべきであり，Ｃの主張する違法事由は認められない。

以上

（出題趣旨）

　本問は，事案及び関係行政法規に即して，行政訴訟及び行政法の一般原則についての基本的な知識及び理解を運用する能力を試す趣旨の問題である。設問 1 は，河川管理者による河川区域の指定の処分性を問うものである。特定の者を名宛人とせずに特定の区域における土地利用を制限する行政庁の決定の処分性に関する最高裁判所の判例の趣旨を踏まえ，河川区域の指定の法的効果を河川法及び同法施行令の規定に即して検討し，処分性認定の要件に結びつけて論じることが求められる。設問 2 は，河川区域内に無許可で設置され改築された工作物の除却命令の違法性を問うものである。最高裁判所昭和 62 年 10 月 30 日第三小法廷判決（判時 1262 号 91 頁）の趣旨を踏まえ，河川区域内における工作物の設置を規制する河川法の趣旨との関係で，信義則が適用されるのはどのような場合か，そして，信義則の適用に当たっては，行政庁による公的見解の表示の有無，相手方が当該表示を信頼したことについての帰責事由の有無等の考慮が不可欠ではないかを検討した上で，本問の具体的な事実関係に即して，信義則の適用により除却命令が違法となるか否かについて論じることが求められる。

Ⅵ 平成 28 年予備試験問題

株式会社Ｘ（代表取締役はＡ）は，Ｙ県で飲食店Ｂを経営しているところ，平成 28 年 3 月 1 日，Ｂ店において，Ｘの従業員Ｃが未成年者（20 歳未満の者）であるＤら 4 名（以下「Ｄら」という。）にビールやワイン等の酒類を提供するという事件が起きた。

Ｙ県公安委員会は，Ｘに対し，風俗営業等の規制及び業務の適正化等に関する法律（以下「法」という。【資料 1】参照。）第 34 条第 2 項に基づく営業停止処分をするに当たり，法第 41 条及び行政手続法所定の聴聞手続を実施した。聴聞手続においては，以下のとおりの事実が明らかになった。

① 未成年者の飲酒に起因する事故等が社会的な問題となり，飲食店業界においても，未成年者の飲酒防止のために積極的な取組が行われているところ，Ｂ店では，未成年者に酒類を提供しないよう，客に自動車運転免許証等を提示させて厳格に年齢確認を実施していた。
② 事件当日には，未成年者であるＤらとその友人の成年者であるＥら 4 名（以下「Ｅら」という。）が一緒に来店したために，Ｃは，Ｄらが未成年者であることを確認した上で，ＤらのグループとＥらのグループを分けて，それぞれ別のテーブルに案内した。
③ Ｃは，Ｄらのテーブルには酒類を運ばないようにしたが，二つのテーブルが隣接していた上に，Ｃの監視が行き届かなかったこともあって，ＤらはＥらから酒類を回してもらい，飲酒に及んだ。
④ その後，Ｂ店では，このような酒類の回し飲みを防ぐために，未成年者と成年者とでフロアを分けるといった対策を実施した。

聴聞手続に出頭したＡも，これらの事実について，特に争うところはないと陳述した。その後，聴聞手続の結果を受けて，Ｙ県公安委員会は，法第 34 条第 2 項に基づき，Ｘに対し，Ｂ店に係る飲食店営業の全部を 3 か月間停止することを命じる行政処分（以下「本件処分」という。）をした。

その際，本件処分に係る処分決定通知書には，「根拠法令等」として「法第32条第3項，第22条第6号違反により，法第34条第2項を適用」，「処分の内容」として「平成28年5月1日から同年7月31日までの間（3か月間），B店に係る飲食店営業の全部の停止を命ずる。」，「処分の理由」として，「Xは，平成28年3月1日，B店において，同店従業員Cをして，Dらに対し，同人らが未成年者であることを知りながら，酒類であるビール及びワイン等を提供したものである。」と記されてあった。

　Y県公安委員会は，「風俗営業等の規制及び業務の適正化等に関する法律に基づく営業停止命令等の基準」（以下「本件基準」という。【資料2】参照）を定めて公表しているところ，本件基準によれば，未成年者に対する酒類提供禁止違反（法第32条第3項，第22条第6号）の量定は「Bランク」であり，「40日以上6月以下の営業停止命令。基準期間は，3月。」と定められていた（本件基準1，別表［飲食店営業］〈法（中略）の規定に違反する行為〉(10)）。

　Aは，処分決定通知書を本件基準と照らし合わせてみても，どうしてこのように重い処分になるのか分からないとして，本件処分に強い不満を覚えるとともに，仮に，B店で再び未成年者に酒類が提供されて再度の営業停止処分を受ける事態になった場合には，本件基準2の定める加重規定である「最近3年間に営業停止命令を受けた者に対し営業停止命令を行う場合の量定は，（中略）当該営業停止命令の処分事由について1に定める量定の長期及び短期にそれぞれ最近3年間に営業停止命令を受けた回数の2倍の数を乗じた期間を長期及び短期とする。」が適用され，Xの経営に深刻な影響が及ぶおそれがあるかもしれないことを危惧した。

　そこで，Xは，直ちに，Y県を被告として本件処分の取消訴訟を提起するとともに，執行停止の申立てをしたが，裁判所は「重大な損害を避けるため緊急の必要がある」とは認められないとして，この申立てを却下した。

　Xの立場に立って，以下の設問に答えなさい。

　なお，法の抜粋を【資料1】，本件基準の抜粋を【資料2】として掲げるので，適宜参照しなさい。

〔設問1〕

　本件処分の取消訴訟の係属中に営業停止期間が満了した後には，いかなる訴訟要件が問題となり得るか。また，当該訴訟要件が満たされるためにXはどのような主張をすべきか，想定されるY県の反論を踏まえつつ検討しなさい。

〔設問2〕

　本件処分の取消訴訟につき，本案の違法事由としてXはどのような主張をすべきか，手続上の違法性と実体上の違法性に分けて，想定されるY県の反論を踏まえつつ検討しなさい。なお，本件処分について行政手続法が適用されること，問題文中の①から④までの各事実については当事者間に争いがないことをそれぞれ前提にすること。

【資料1】

○　風俗営業等の規制及び業務の適正化等に関する法律（昭和23年法律第122号）（抜粋）

（禁止行為）

第22条　風俗営業を営む者は，次に掲げる行為をしてはならない。

　一～五　（略）

　六　営業所で二十歳未満の者に酒類又はたばこを提供すること。

（深夜における飲食店営業の規制等）

第32条

1・2　（略）

3　第22条（第3号を除く。）の規定は，飲食店営業を営む者について準用する。

　（以下略）

（指示等）

第34条

1　（略）

2　公安委員会は，飲食店営業者〔（注）「飲食店営業者」とは，「飲食店営業を営む者」をいう。〕若しくはその代理人等が当該営業に関し法令（中略）の規定に違反した場合において，（中略）少年の健全な育成に障害を及ぼすおそれがある

と認めるとき（中略）は，当該飲食店営業者に対し，当該施設を用いて営む飲食店営業について，6月を超えない範囲内で期間を定めて営業の全部又は一部の停止を命ずることができる。

（聴聞の特例）

第41条　公安委員会は，（中略）第34条第2項，（中略）の規定により営業の停止を（中略）命じようとするときは，行政手続法（平成5年法律第88号）第13条第1項の規定による意見陳述のための手続の区分にかかわらず，聴聞を行わなければならない。

2〜4　（略）

【資料2】

○　風俗営業等の規制及び業務の適正化等に関する法律に基づく営業停止命令等の基準（抜粋）

［飲食店営業］

（量定）

1　営業停止命令の量定の区分は，次のとおりとし，各処分事由に係る量定は，別表に定めるところによるものとする。

　　Aランク　6月の営業停止命令。

　　Bランク　40日以上6月以下の営業停止命令。基準期間は3月。

　　Cランク〜H3ランク　（略）

（常習違反加重）

2　最近3年間に営業停止命令を受けた者に対し営業停止命令を行う場合の量定は，その処分事由に係る量定がAランクに相当するときを除き，当該営業停止命令の処分事由について1に定める量定の長期及び短期にそれぞれ最近3年間に営業停止命令を受けた回数の2倍の数を乗じた期間を長期及び短期とする。ただし，その長期は，法定の期間を超えることができない。

（営業停止命令に係る期間の決定）

3　営業停止命令により営業の停止を命ずる期間は，次のとおりとする。

　（1）　原則として，量定がAランクに相当するもの以外のものについて営業停止命令を行う場合は，1に定める基準期間（2に規定する場合は当該処分事

由について定められた基準期間の2倍の期間を基準期間とする。）によること
とする。

（2）　量定がAランクに相当するもの以外のものについて営業停止命令を行
う場合において次に掲げるような処分を加重し，又は軽減すべき事由がある
ときは，（1）にかかわらず，情状により，1に定める量定の範囲内において
加重し，又は軽減するものとする。

ア　処分を加重すべき事由とは，例えば，次のようなものである。

（ア）　最近3年間に同一の処分事由により行政処分に処せられたこと。

（イ）　指示処分の期間中にその処分事由に係る法令違反行為と同種の法令違
反行為を行ったこと。

（ウ）　処分事由に係る行為の態様が著しく悪質であること。

（エ）　従業者の大多数が法令違反行為に加担していること。

（オ）　悔悛の情が見られないこと。

（カ）　付近の住民からの苦情が多数あること。

（キ）　結果が重大であり，社会的反響が著しく大きいこと。

（ク）　16歳未満の者の福祉を害する法令違反行為であること。

イ　処分を軽減すべき事由とは，例えば，次のようなものである。

（ア）　他人に強いられて法令違反行為を行ったこと。

（イ）　営業者（法人にあっては役員）の関与がほとんどなく，かつ，処分事
由に係る法令違反行為を防止できなかったことについて過失がないと認め
られること。

（ウ）　最近3年間に処分事由に係る法令違反行為を行ったことがなく，悔悛
の情が著しいこと。

（エ）　具体的な営業の改善措置を自主的に行っていること。

（3）　量定がAランクに相当するもの以外のものについて，処分を軽減すべき
事由が複数あり，営業停止処分を行うことが著しく不合理であると認められ
るときは，（1）（2）にかかわらず，営業停止処分を行わないこととする。

別表（抜粋）

［飲食店営業］

〈法若しくは法に基づく命令又は法に基づく条例の規定に違反する行為〉

(10)　未成年者に対する酒類・たばこ提供禁止違反（第 32 条第 3 項，第 22 条第 6 号）の量定　B ランク

1　問題分析

本問では，Y 県公安委員会から 3 か月の飲食店営業停止処分（不利益処分）を受けた X 社自身が（二面関係）争うものですから，不利益処分阻止モデル（52 頁）に当たります。X が「Y 県を被告として本件処分の取消訴訟を提起するとともに，執行停止の申立て」をすべきことは，問題文に書いてあるとおりです。

問題文には「X の立場に立って」解答するように指示がありますから，なるべく X に有利になるような回答を検討することになります。設問 1 では，「本件処分の取消訴訟の係属中に営業停止期間が満了した後には，いかなる訴訟要件が問題となり得るか」として訴訟要件論が問われているところ，「当該訴訟要件が充たされるために X はどのような主張をすべきか」を問う特定訴訟要件検討型に当たります。また，「想定される Y 県の反論を踏まえつつ検討」する主張反論型の問題です。

設問 2 では，「本案の違法事由として X はどのような主張をすべきか」という本案論が問われています。こちらも「想定される Y 県の反論を踏まえつつ検討」する主張反論型の問題に当たります。

2　設問 1：狭義の訴えの利益

（1）　問題となる訴訟要件

設問 1 では，「本件処分の取消訴訟の係属中に営業停止期間が満了した後には，いかなる訴訟要件が問題となり得るか」がまず問われています。そこで，取消訴訟の訴訟要件（29 頁）を順に思い浮かべると，営業停止期間が満了することで，③狭義の訴えの利益がなくなるのではないかが問題となることは，す

ぐに思い浮かぶでしょう。

（2）　狭義の訴えの利益

　次に，設問1では，「当該訴訟要件が満たされるためにXはどのような主張をすべきか，想定されるY県の反論を踏まえつつ検討」することが求められています。

　問題文によれば，X社の代表取締役Aは，「仮に，B店で再び未成年者に酒類が提供されて再度の営業停止処分を受ける事態になった場合には，<u>本件基準2の定める加重規定</u>（中略）<u>が適用され，Xの経営に深刻な影響が及ぶおそれがあるかもしれない</u>」と危惧していることがわかります。そこで，Xは，本件基準2を根拠に，狭義の訴えの利益があると主張するというスジが見えてきます。

　狭義の訴えの利益を肯定するためには，処分を受けた事実があることが将来別の処分をする際の加重要件となる場合や，不利益な事由として考慮し得る場合には，処分がされたことを理由として法律上の不利益を受けるおそれがあると主張しなければなりません[4]。本件基準2の定める加重規定によれば，最近3年間に受けた営業停止命令により，将来の営業停止処分の期間の長期および短期が変動します。そのため，本件処分の営業停止期間が経過したとしても，本件処分の取消しにより，将来の加重規定の適用を除去できるという「法律上の利益」があると主張できます。

　これに対し，Y県側は，仮に，将来の営業停止命令における期間を決めるにあたって，本件処分を受けたことが不利な考慮要素になったとしても，それは裁量権行使の結果にすぎず，本件処分の法的効果ではないから回復すべき法律上の利益に当たらない，と反論することが想定されますが，この反論は，すでに北海道パチンコ店営業停止命令事件（最判平成27・3・3民集69巻2号143頁。ノート18-7・百選Ⅱ167）が否定しているところです。

　同判決は，処分基準が行手法12条1項に基づいて定められ公にされるのは，「不利益処分に係る判断過程の公正と透明性を確保し，その相手方の権利利益の保護に資するため」であるから，「処分基準の定めと異なる取扱い」は，平等

---

4)　実務的研究120頁参照。

原則や信頼保護の原則の観点から，特段の事情がない限り，裁量権の行使の逸脱・濫用となることを理由に，処分基準を根拠として回復すべき法律上の利益を有すると判断しました。

　条文を読むと，【資料 2】の本件基準は，【資料 1】の風営法から委任を受けたものではないことがわかります。すなわち，風営法 34 条 2 項は，①「公安委員会は」（行政機関），②ⅰ「飲食店営業者若しくはその代理人等が当該営業に関し法令（中略）の規定に違反した場合」において，ⅱ「少年の健全な育成に障害を及ぼすおそれがあると認めるとき」は（行為要件），③「当該飲食店営業者に対し，当該施設を用いて営む飲食店営業について，6 月を超えない範囲内で期間を定めて営業の全部又は一部の停止を命ずることができる。」（行為内容）と定めています。

　③は「できる」規定ですから，公安委員会には，③営業停止を命ずるか否か，全部または一部とするか，その期間をどうするかにつき効果裁量があります。営業停止処分は不利益処分（行手法 2 条 4 号柱書）ですから，本件基準は処分基準（同条 8 号ハ）として定められ，公表されたものです（同 12 条 1 項）。そのため，本件基準は，法規命令と異なり，国民や裁判所を直接拘束しません（墓地埋葬法通達事件（最判昭和 43・12・24 民集 22 巻 13 号 3147 頁。ノート 16-11・百選Ⅰ52）が裁判所の法令解釈における通達の法源性を否定していることを思い出せるとよいでしょう）。しかし，平成 27 年最判を前提とすれば，行政裁量の行使は，法の一般原則により統制されるため，裁量基準が法の一般原則を通じて国民と裁判所を間接的に拘束することになります[5]。そのため，X は，本件基準が行手法 12 条 1 項により定められ，公にされていることを理由に，加重規定の定める本件処分後の 3 年の期間内は，なお本件処分を取り消す「法律上の利益」があると主張し得るといえるのです。

---

5)　平岡久「通達の法的性質」『行政法の争点〔第 3 版〕』（有斐閣，2004 年）45 頁参照。これに対し，法の一般原則を媒介せずとも，裁量基準（審査基準，処分基準）および行政指導指針は，行政手続法の規定によって直接の裁判規範性が付与されるとする見解として，野口貴公美「行政立法──『裁判規範性』に関する一分析」磯部力＝小早川光郎＝芝池義一編『行政法の新構想Ⅱ』（有斐閣，2008 年）25 頁以下参照。

　起案例では北海道パチンコ店営業停止命令事件の立場で記載していますが，Yの反論として，北海道パチンコ店営業停止命令事件を批判することもあり得ます。この判決は，行政基準を公にするとなぜ原則的に裁量がなくなるのかの論証が不十分である，処分基準の自己拘束性を認めれば法規命令と同様の外部的効果を認める結果となる，その結果として法規命令と行政規則の区別が失われるが，これを公正・平等・信頼保護といった抽象的理念だけで根拠づけることはできない，処分基準を公表しなくなるという実務上深刻な副作用をもたらす等，批判も強いところです[6]。

3　設問2：本案論

　設問2では，「本案の違法事由としてXはどのような主張をすべきか」が問われています。ご丁寧に「手続上の違法性と実体上の違法性に分けて」検討すべきことが指定されていますが，このような指定がなくとも両者を区別して検討すべきことは基本事項です（128頁）。

(1)　実体的違法
ア　処分要件の不充足

　行政処分の違法とは，根拠法令の処分要件を充足していないこと（126頁）ですから，先に確認した風営法34条2項の処分要件を思い出してください。まず，要件①を検討すると，B店を経営するX社が「飲食店営業者」に当たることは争えません。次に，当該営業に関し「法令（中略）の規定に違反した場合」に当たるかを検討すると，本件処分の原因事実①〜④によれば，経営するB店において未成年者に酒類を提供したとされているため，②「営業所で二十歳未満の者に酒類又はたばこを提供すること。」を禁ずる法22条6号の該当性が問題であるといえます。同条は「風俗営業を営む者」に対する規定ですが，法32条3項により「飲食店営業を営む者」にも準用されます。

　しかし，事実②③によれば，Xの従業員Cは未成年であるDらと成年者であるEらのグループを分けて別のテーブルに案内し，Dらのテーブルには酒類を

---

6)　櫻井敬子「法治主義の現代的変容」大橋洋一＝仲野武志編『法執行システムと行政訴訟』（弘文堂，2020年）25頁以下，30〜33頁参照。

運ばないようにしていたことから，「飲食店営業者」が「二十歳未満の者に酒類
（中略）を提供」したとはいえず，処分要件①を充足しないと主張し得ます。

イ　裁量権行使の逸脱・濫用

次に，要件⑪について検討すると，どのような行為が「少年の健全な育成に
障害を及ぼすおそれがあると認めるとき」に当たるのかは一義的に定まらない
ことから，要件裁量が認められる可能性は否定できません。また，「できる」規
定なので，公安委員会には効果裁量が認められる可能性があることも上記 **2**
（2） のとおりです。そのため，行訴法 30 条に基づき，裁量権の行使の逸脱・
濫用の主張をするのですが，上記 **2（2）** のとおり，北海道パチンコ店営業停
止命令事件によれば，「処分基準の定めと異なる取扱い」であれば，原則として
裁量権の行使の逸脱・濫用となりますので，まずは処分基準である本件基準の
要件該当性を検討することになります。

そこで，問題文を読むと，これまたご丁寧に「本件基準によれば（中略）量定
は『B ランク』であり，『40 日以上 6 月以下の営業停止命令。基準期間は，3
月。』と定められていた」との説明があり，根拠となるのが「本件基準 1，別表
［飲食店営業］〈法（中略）の規定に違反する行為〉(10)」であることまで書かれ
ています。つまり，「3 か月」の営業停止命令である本件処分は，「基準期間」
がそのまま適用されているのです。

問題文によれば，X 社の代表取締役である「A は，<u>処分決定通知書を本件基
準と照らし合わせてみても，どうしてこのように重い処分になるのか分からな
い</u>として，本件処分に強い不満」を覚えています。この「不満」は，事実①〜
④のように，X 社は未成年者に酒類を提供しないような取組みを行っています
ので，「基準期間」がそのまま適用されることに対するものであるとわかりま
す。この「不満」を法的に構成できないかという観点から，本件基準を読み直
すと，本件基準 3（1）は，原則として A ランク以外は基準期間によると定め
ているものの，同（2）は，処分加重事由（ア）と処分軽減事由（イ）を定め
ています。しかも，同（2）は「ものとする」と定められており，「できる」規
定ではありません。X は，事実③によれば「営業者（法人にあっては役員）の関与
がほとんどなく」，かつ，事実①②によれば「処分事由に係る法令違反行為を防
止できなかったことについて過失がないと認められること。」（同イ（イ））のほ

か，事実④や違反事実を争わない態度からも「最近3年間に処分事由に係る法令違反行為を行ったことがなく，悔悛の情が著しいこと。」（同（ウ））や「具体的な営業の改善措置を自主的に行っていること。」（同（エ））といった複数の処分軽減事由に当たるといえます。しかも，同（3）では，Aランク以外であれば，「処分を軽減すべき事由が複数あり，営業停止処分を行うことが著しく不合理であると認められるとき」であれば，「営業停止処分を行わないこととする。」とも定められていますから，Xはこれに該当するとして，本件処分を行うこと自体を違法と争うことも可能でしょう。

　以上のとおり，本件処分は，裁量基準の定めと異なるため，特段の事情がない限り，裁量権行使の逸脱・濫用として違法であるといえます。

ウ　Y県側の反論を踏まえた主張

　これに対し，Y県側は，そもそも処分基準に従う法的義務はないとして，平成27年最判を批判するでしょう。仮に，原則的に処分基準に従うべきであるとしても，CがDらとEらが友人であったことを認識していた以上，酒類の回し飲みは当然予見し得ること，Cの監視が行き届かなかったことから，処分軽減事由（イ）に該当しないこと，Xの主張する事実では悔悛の情が「著しい」とまではいえないことから同（ウ）にも該当しないことを反論するでしょう。さらに，「未成年者の飲酒に起因する事故等が社会的な問題」となっている以上，処分加重事由（キ）の「結果が重大であり，社会的反響が著しく大きいこと。」に該当するため，これらを総合考慮して，加重も軽減もせず「基準期間」を適用することにつき，裁量権の行使の逸脱・濫用はないと反論するでしょう（社会的な問題となっていることは，「特段の事情」があるとの反論としても主張可能でしょう）。

　Xとしては，平成27年最判を根拠としつつ，本件基準3（2）が「できる」規定ではないことから，公安委員会の裁量を限定するとともに，処分軽減事由に該当するとの主張に加え，本件では「未成年者の飲酒に起因する事故」までは起きていないため，処分加重事由（キ）にも該当せず，特段の事情にも当たらないとして，基準期間をそのまま適用することは，本件基準3に違反し，裁量権の行使の逸脱・濫用であると主張するべきでしょう。

（2）　手続的違法──理由提示の程度

ア　Ｘの主張

次に，「手続上の違法性」を検討しましょう。まず，手続規範の探索をすると，設問 2 では，「本件処分について行政手続法が適用されること」を前提とするように指示がなされています。本件処分は，行手法の適用除外を定める同 3 条 3 項の「地方公共団体の機関がする処分」に当たるものの，同括弧書きでは「その根拠となる規定が条例又は規則に置かれているものに限る。」と書かれているため，風営法を根拠とする本件処分に行手法が適用されることも，今一度確認をしておきましょう。

問題文を読むと，Ａの「不満」は「<u>処分決定通知書を本件基準と照らし合わせてみても，どうしてこのように重い処分になるのか分からない</u>」という点にあります。また，問題文には本件処分に係る決定通知書の具体的な記載内容も書かれていますから，理由提示の程度が問題となることに気が付くことができるでしょう。

手続的違法を検討するに先立ち，本件処分が「申請に対する処分」と「不利益処分」のいずれに該当するかを確認しておくと，「不利益処分」（行手法 2 条 4 号柱書）に該当することは明らかです。そのため，理由提示については，同 14 条 1 項本文が適用されます。

理由提示の程度については，平成 24 年予備試験（173 頁以下）のとおり，法規とその当てはめで足りるところ，本問では，行政基準への当てはめまで要するかが争点です。そのため，旅券発給拒否判決ではなく，まさに一級建築士耐震偽装事件（最判平成 23・6・7 民集 65 巻 4 号 2081 頁。ノート 12-5［Ａ］・百選Ⅰ117）が想起されるところです。

同判決（以下，「平成 23 年最判」といいます）は，行手法 14 条 1 項の趣旨につき，旅券発給拒否判決と同様に，①処分庁の判断の慎重・合理性の担保と恣意抑制機能と②処分の相手方の争訟の便宜を図る機能にあると解し，理由付記の程度については，ⅰ当該処分の根拠法令の規定内容，ⅱ当該処分に係る処分基準の存否および内容ならびに公表の有無，ⅲ当該処分の性質および内容，ⅳ当該処分の原因となる事実関係の内容等を総合考慮して決定すべきとの判断枠組みを定立しました。

そのうえで，ⓘ処分要件が抽象的であり，処分の選択につき行政裁量があること，ⓘⓘ処分基準は公表されているが，かなり複雑であること，ⓘⓘⓘ一級建築士資格をはく奪する重大な不利益処分であること等から，「いかなる理由に基づいてどのような処分基準の適用によって免許取消処分が選択されたのかを知ること」ができる程度の理由提示を要すると判断しました。総合考慮の規範を覚えるのは難しいとしても，理由付記の程度と主な考慮事項くらいは，事前に暗記をしておくことが望ましいでしょう。

本件処分の通知書には，「根拠法令等」として「法第32条第3項，第22条第6号違反により，法第34条第2項を適用」，「処分の理由」として「Xは，平成28年3月1日，B店において，同店従業員Cをして，Dらに対し，同人らが未成年者であることを知りながら，酒類であるビール及びワイン等を提供したものである。」と記載されているため，一応，理由の提示はなされています。しかし，Aの主張を踏まえると，X側としては，処分基準のうち，どの基準に該当すると判断されたのかという，処分基準の「適用関係」についても記載しなければ，理由提示の程度として不十分であると主張することになります。

イ Y県側の反論を踏まえた主張

これに対し，Y県側は，平成23年最判の射程は及ばないと「区別」をしたうえで，審査基準と異なり，処分基準の設定・公表は努力義務として（行手法5条，12条参照）行政裁量に委ねられていることから，理由提示として処分基準の適用関係を含めるか否かについてもその裁量権の範囲内に含まれると反論するでしょう。

平成23年最判の事案は，ⓘⓘⓘ一級建築士資格をはく奪する重大な不利益処分であることが理由のひとつでしたが，本件処分は3か月間の営業停止命令に過ぎません。本件通知書には，違反行為の具体的事実と処分根拠法令の条項も示されていますから，Xが「未成年者に対する酒類・たばこ提供禁止違反」に当たること，本件基準（別表）によれば量定は「B」であり，本件処分は，本件基準1の「基準期間」である3月に該当することは，一般人の判断力によっても理解することができるため，理由付記の要件を欠くとはいえない，と反論し得ます。

また，X側が主張するとおり，処分基準の適用関係まで記載することになる

と，本件基準 1 の量定のみならず，本件基準 3 についても表示する必要が生じ
てくるため，その作業は相当複雑なものであり，時間も労力も要するため，処
分基準の適用関係すべての記載を求めることは現実的ではないとも反論するで
しょう（平成 23 年最判・那須裁判官反対意見（岡部裁判官同調）参照）。

　このような反論を踏まえ，X 側は，平成 23 年最判の考慮事項に即しつつ，す
べての処分につき処分基準の適用関係の記載を求めるものではないが，ⅰ法 34
条 2 項は処分の量定につき何ら定めていないこと，ⅱ本件基準は行手法 12 条 1
項に基づき設定・公表されたものであるところ，加重事由や軽減事由が多岐に
わたる複雑なものであること，ⅲ営業停止命令は飲食店経営者にとっては重大
な財産的損失が生じることを強調しつつ，ⅳ原因となる事実関係の内容も処分
軽減事由の該当性が問われるものであることから，本件基準の適用関係が全く
示されていないことは，理由付記の程度として不十分であると主張すべきで
しょう。

　そのうえで，このような複雑な基準の下では，X において，いかなる理由に
基づいて，処分加重事由や処分軽減事由を含め，どのような処分基準の選択に
よって本件処分が選択されたのかを知ることができないため，上記①②の行手
法 14 条 1 項の趣旨を害することも強調しておくべきです。

　なお，理由付記の瑕疵が取消事由になるのは判例法理として確立しています
から（最判昭和 47・12・5 民集 26 巻 10 号 1795 頁。ノート 5-12・百選Ⅰ82 参照），本件
処分は理由付記の要件を欠くものとして違法であるといえます。

4　起案例

設問 1

1　取消訴訟を利用するためには，原告の請求が認容された場合に原告の具体的
　な権利利益が客観的にみて回復可能であることが求められるところ，本件処分
　の取消訴訟の係属中に営業停止期間が満了した後，狭義の訴えの利益が認めら
　れるかが問題となる。
　（1）　X 側は，本件基準 2 によれば，最近 3 年間に受けた営業停止命令により，

将来の営業停止処分の期間が変動するから，本件処分の営業停止期間が経過したとしても，本件処分の取消しにより将来の加重規定の適用を除去できるという「法律上の利益」があると主張すべきである。

（2）　これに対し，Y県側は，風営法34条2項は，公安委員会に対し「6月を超えない範囲内で」営業の全部または一部の停止を命じることが「できる」として効果裁量を認めているところ，本件基準は，法の委任によらない処分基準（行手法2条8号ハ）であるから，国民や裁判所を直接拘束するものではなく，X側が主張する利益は，裁量権行使の結果に過ぎず，本件処分それ自体の法的効果ではない，と反論することが想定される。

（3）　しかし，判例によれば，裁量権の行使は，行政権の自己拘束を含む法の一般原則により統制されることから，裁量基準が設定・公表されているにもかかわらず，合理的理由なくして裁量基準と異なる処分をすることは，原則として，平等原則（憲法14条1項）や信頼保護の原則に違反する。本件基準は，行手法12条1項により定められ，公にされているものであり，また，自己拘束原理を否定する特段の事情もないことから，Xには，加重規定の定める本件処分後の3年の期間内は，なお本件処分を取り消す「法律上の利益」を有する。

設問2

1　処分要件の不充足

　風営法34条2項の処分要件は，ⓘ「飲食店営業者若しくはその代理人等が当該営業に関し法令（中略）の規定に違反した場合」において，ⓘⓘ「少年の健全な育成に障害を及ぼすおそれがあると認めるとき」であるが，事実②③によれば，Xの従業員Cは未成年であるDらと成年者であるEらのグループを分けて別のテーブルに案内し，Dらのテーブルには酒類を運ばないようにしていたことから，「飲食店営業者」であるXが「二十歳未満の者に酒類（中略）を提供」（法22条6号・32条3号）したとはいえず，処分要件ⓘを充足しない。

2　裁量権行使の逸脱・濫用

（1）　処分要件ⓘⓘの内容は一義的に定まらないため要件裁量が否定できず，同

項は「できる」規定であるから効果裁量も否定できないが，裁量権行使の逸脱・濫用がある場合には，本件処分は違法となる（行訴法30条）。

　本件処分は，本件基準1の別表［飲食店営業］の（10）に基づくものであり，「基準期間」である「3月」の営業停止命令である。しかし，本件基準3（1）は，原則としてAランク以外は基準期間によると定めているものの，同（2）は処分加重・軽減事由を定めている。事実③によれば「営業者（法人にあっては役員）の関与がほとんどなく」，かつ，事実①②によれば「処分事由に係る法令違反行為を防止できなかったことについて過失がないと認められること。」（同イ（イ））に当たるほか，事実④や違反事実を争わない態度からも「最近3年間に処分事由に係る法令違反行為を行ったことがなく，悔悛の情が著しいこと。」（同（ウ））や「具体的な営業の改善措置を自主的に行っていること。」（同（エ））といった複数の処分軽減事由に当たる。

　しかも，同（3）では，Aランク以外であれば，「処分を軽減すべき事由が複数あり，営業停止処分を行うことが著しく不合理であると認められるとき」であれば，「営業停止処分を行わないこととする。」とも定められているから，Xに対する営業停止命令は，同（3）に違反し，裁量権行使の逸脱・濫用である。

（2）　これに対し，Y県側は，そもそも処分基準に従う法的義務はないとの反論が想定される。そのため，Xは，判例によれば，公表されている処分基準の定めと異なる取扱いであれば，Y県公安委員会の裁量権行使は特段の事情がない限り処分基準に覊束され，また，平等原則や信頼保護の原則にも違反し，原則として違法であると主張すべきである。

（3）　また，Y県側は，仮に，原則的に処分基準に従うべきであるとしても，CがDらとEらが友人であったことを認識していた以上，酒類の回し飲みは当然予見し得ること，Cの監視が行き届かなかったことから，処分軽減事由（イ）に該当しない。また，Xの主張する事実では悔悛の情が「著しい」とまではいえないことから，同（ウ）にも該当しない。さらに，「未成年者の飲酒に起因する事故等が社会的な問題」となっている以上，処分加重事由（キ）

の「結果が重大であり，社会的反響が著しく大きいこと。」に該当する。これらを総合考慮して，加重も軽減もせず「基準期間」を適用したとしても，裁量権行使の逸脱・濫用はないと反論することが想定される。

　　しかし，加重軽減事由を定める本件基準3（2）は「できる」規定ではないから，Y県公安委員会の裁量は自己拘束される。Xは，上記のとおり，本件は処分軽減事由に該当するうえ，「未成年者の飲酒に起因する事故」までは起きていないため，処分加重事由（キ）にも該当しないから，基準期間をそのまま適用することは，本件基準3に違反し，裁量権行使の逸脱・濫用であると主張すべきである。

3　手続的違法

（1）　本件処分は「不利益処分」（行手法2条4号柱書）であるから，理由の提示をしなければならない（同14条1項本文）。その趣旨は，①処分庁の判断の慎重・合理性の担保と恣意を抑制する機能と②処分の相手方の争訟の便宜を図る機能にある。

　　判例によれば，理由付記の程度は，⒤当該処分の根拠法令の規定内容，�当該処分に係る処分基準の存否および内容ならびに公表の有無，ⅲ当該処分の性質および内容，ⅳ当該処分の原因となる事実関係の内容等を総合考慮して決定される。

　　本件処分の通知書には，根拠法令と事実関係は記載されているが，処分基準の適用関係が記載されておらず，処分量定を決定した理由がわからないから，理由の提示の程度として不十分である。

（2）　これに対し，Y県側は，審査基準と異なり，処分基準の設定・公表は努力義務として（行手法5条，12条参照）行政裁量に委ねられているため，理由提示として処分基準の適用関係を含めるか否かについてもその裁量権の範囲内に含まれること，本件処分は資格をはく奪するような重大な不利益処分ではないから処分基準の適用関係まで記載する必要もなく現実的でないこと，本件通知書と本件基準の記載からBランクの基準期間である3月が適用されていることは明らかであること等の反論をすることが想定される。

　　しかし，①風営法34条2項は処分の量定につき何ら定めていないこと，ⅱ本件基準は行手法12条1項に基づき設定・公表されたものであるところ，加重・軽減事由が多岐にわたる複雑なものであること，ⅲ営業停止命令は飲食店経営者にとっては重大な財産的損失が生じること，ⅳ原因となる事実関係の内容も処分軽減事由の該当性が問われるものであることから，処分加重事由や処分軽減事由を含め，どのような処分基準の選択によって本件処分が選択されたのかを知ることができないため，上記①②の行手法14条1項の趣旨を害する。

（3）　なお，Y県側からは，理由提示の違法を理由に本件処分を取り消したとしても，同内容の処分がなされることになるから，取消事由といえるほどの重大な瑕疵ではないとの反論も想定されるが，行政手続法が制定されている以上，これに直接違反する場合には，手続の違法として処分取消事由となると解すべきである。

以上

〔出題の趣旨〕

　本問は，公安委員会が，未成年者に酒類を提供した飲食店に対して行った風俗営業等の規制及び業務の適正化等に関する法律（以下「風営法」という。）に基づく営業停止処分に関する法的争点について検討させるものである。

　設問1は，営業停止期間の経過により狭義の訴えの利益（行政事件訴訟法第9条第1項括弧書き）が消滅するか否かを問うものである。狭義の訴えの利益に関する一般論を展開した上で，過去の一定期間内に処分を受けたことを理由として処分を加重する旨の加重規定が法令ではなく，処分基準に定められている場合において，処分の直接的効果が営業停止期間の経過によりなくなった後においても，なお当該処分の取消しによって回復すべき法律上の利益を有するものといえるかを検討することが求められている。

　この論点に関する近時の重要判例として最高裁判所平成27年3月3日第三小法廷判決・民集69巻2号143頁がある。同判決は，本問と同様に，処分の加重規定が処分基準に定められている事案であり，行政手続法第12条第1項により定められ公にされている処分基準に一種の拘束力を認めて，処分の直接的効果が期間の経過によりなくなった後

においても，なお一定の期間，狭義の訴えの利益が存続することを明らかにしたものである。同判決の正しい理解を前提として，処分基準の内容及び性質を踏まえた検討を加えていることは加点事由となる。

　設問2は，営業停止処分の適法性について問うものであるが，手続的瑕疵と実体的瑕疵の二つに分けて検討することが求められている。

　手続的瑕疵については，不利益処分の理由提示に関する重要判例である最高裁判所平成23年6月7日第三小法廷判決・民集65巻4号2081頁を踏まえて，行政手続法第14条第1項本文に基づき要求される理由提示の程度に関する一般論を展開した上で，営業停止処分につき処分基準の適用関係が示されていない本件の事情の下，理由提示の瑕疵が認められるか否かや，理由提示の瑕疵を肯定する場合にはこれが処分の取消事由となるかを検討することが求められている。上記平成23年判決の事例との相違について検討を加えていることは加点事由となる。

　また，実体的瑕疵については，公安委員会がした営業停止処分が処分基準に即しているか否かを検討した上で，処分基準からの逸脱が裁量の逸脱・濫用を導くか否かについて検討することが求められている。

　処分基準は行政規則にすぎないとはいえ，合理的な理由なく処分基準から逸脱することは，信義則や平等原則の観点から処分の違法をもたらすとも考えられる。このような観点から，Xに有利となる事情とXに不利となる事情をそれぞれ踏まえた上で，処分基準に即して裁量権の逸脱・濫用の有無を検討することが求められている。

Ⅶ　平成 29 年予備試験問題

　産業廃棄物の処分等を業とする株式会社 A は，甲県の山中に産業廃棄物の最終処分場（以下「本件処分場」という。）を設置することを計画し，甲県知事 B に対し，廃棄物の処理及び清掃に関する法律（以下「法」という。）第 15 条第 1 項に基づく産業廃棄物処理施設の設置許可の申請（以下「本件申請」という。）をした。

　B は，同条第 4 項に基づき，本件申請に係る必要事項を告示し，申請書類及び本件処分場の設置が周辺地域の生活環境に及ぼす影響についての調査の結果を記載した書類（A が同条第 3 項に基づき申請書に添付したもの。以下「本件調査書」という。）を公衆の縦覧に供するとともに，これらの書類を踏まえて許可要件に関する審査を行い，本件申請が法第 15 条の 2 第 1 項所定の要件を全て満たしていると判断するに至った。

　しかし，本件処分場の設置予定地（以下「本件予定地」という。）の周辺では新種の高級ぶどうの栽培が盛んであったため，周辺の住民及びぶどう栽培農家（以下，併せて「住民」という。）の一部は，本件処分場が設置されると，地下水の汚染や有害物質の飛散により，住民の健康が脅かされるだけでなく，ぶどうの栽培にも影響が及ぶのではないかとの懸念を抱き，B に対して本件申請を不許可とするように求める法第 15 条第 6 項の意見書を提出し，本件処分場の設置に反対する運動を行った。

　そこで，B は，本件申請に対する許可を一旦留保した上で，A に対し，住民と十分に協議し，紛争を円満に解決するように求める行政指導を行った。これを受けて，A は，住民に対する説明会を開催し，本件調査書に基づき本件処分場の安全性を説明するとともに，住民に対し，本件処分場の安全性を直接確認してもらうため，工事又は業務に支障のない限り，住民が工事現場及び完成後の本件処分場の施設を見学することを認める旨の提案（以下「本件提案」という。）をした。

　本件提案を受けて，反対派住民の一部は態度を軟化させたが，その後，上記の説明会に際して A が，（ア）住民のように装った A 社従業員を説明会に参加させ，本件処分場の安全性に問題がないとする方向の質問をさせたり意見を述べさ

せたりした，（イ）あえて手狭な説明会場を準備し，賛成派住民を早めに会場に到着させて，反対派住民が十分に参加できないような形で説明会を運営した，という行為に及んでいたことが判明した。

　その結果，反対派住民は本件処分場の設置に強く反発し，Ａが本件処分場の安全性に関する説明を尽くしても，円満な解決には至らなかった。他方で，建設資材の価格が上昇しＡの経営状況を圧迫するおそれが生じていたことから，Ａは，本件提案を撤回し，説明会の継続を断念することとし，Ｂに対し，前記の行政指導にはこれ以上応じられないので直ちに本件申請に対して許可をするように求める旨の内容証明郵便を送付した。

　これを受けて，Ｂは，Ａに対し，説明会の運営方法を改善するとともに再度本件提案をすることにより住民との紛争を円満に解決するように求める行政指導を行って許可の留保を継続し，Ａも，これに従い，月1回程度の説明会を開催して再度本件提案をするなどして住民の説得を試みたものの，結局，事態が改善する見通しは得られなかった。そこで，Ｂは，上記の内容証明郵便の送付を受けてから10か月経過後，本件申請に対する許可（以下「本件許可」という。）をした。

　Ａは，この間も建設資材の価格が上昇したため，本件許可の遅延により生じた損害の賠償を求めて，国家賠償法に基づき，甲県を被告とする国家賠償請求訴訟を提起した。

　他方，本件予定地の周辺に居住するＣ1及びＣ2は，本件許可の取消しを求めて甲県を被告とする取消訴訟を提起した。原告両名の置かれている状況は，次のとおりである。Ｃ1は，本件予定地から下流側に約2キロメートル離れた場所に居住しており，居住地内の果樹園で地下水を利用して新種の高級ぶどうを栽培しているが，地下水は飲用していない。Ｃ2は，本件予定地から上流側に約500メートル離れた場所に居住しており，地下水を飲用している。なお，環境省が法第15条第3項の調査に関する技術的な事項を取りまとめて公表している指針において，同調査は，施設の種類及び規模，自然的条件並びに社会的条件を踏まえて，当該施設の設置が生活環境に影響を及ぼすおそれがある地域を対象地域として行うものとされているところ，本件調査書において，Ｃ2の居住地は上記の対象地域に含まれているが，Ｃ1の居住地はこれに含まれていない。

　以上を前提として，以下の設問に答えなさい。

なお，関係法令の抜粋を【資料】として掲げるので，適宜参照しなさい。

〔設問1〕

　Aは，上記の国家賠償請求訴訟において，本件申請に対する許可の留保の違法性に関し，どのような主張をすべきか。解答に当たっては，上記の許可の留保がいつの時点から違法になるかを示すとともに，想定される甲県の反論を踏まえつつ検討しなさい。

〔設問2〕

　上記の取消訴訟において，C1及びC2に原告適格は認められるか。解答に当たっては，①仮に本件処分場の有害物質が地下水に浸透した場合，それが，下流側のC1の居住地に到達するおそれは認められるが，上流側のC2の居住地に到達するおそれはないこと，②仮に本件処分場の有害物質が風等の影響で飛散した場合，それがC1及びC2の居住地に到達するおそれの有無については明らかでないことの2点を前提にすること。

【資料】

○　廃棄物の処理及び清掃に関する法律（昭和45年法律第137号）（抜粋）

（目的）

第1条　この法律は，廃棄物の排出を抑制し，及び廃棄物の適正な分別，保管，収集，運搬，再生，処分等の処理をし，並びに生活環境を清潔にすることにより，生活環境の保全及び公衆衛生の向上を図ることを目的とする。

（産業廃棄物処理施設）

第15条　産業廃棄物処理施設（廃プラスチック類処理施設，産業廃棄物の最終処分場その他の産業廃棄物の処理施設で政令で定めるものをいう。以下同じ。）を設置しようとする者は，当該産業廃棄物処理施設を設置しようとする地を管轄する都道府県知事の許可を受けなければならない。

2　前項の許可を受けようとする者は，環境省令で定めるところにより，次に掲げる事項を記載した申請書を提出しなければならない。

　一～九　（略）

3　前項の申請書には，環境省令で定めるところにより，当該産業廃棄物処理施設を設置することが周辺地域の生活環境に及ぼす影響についての調査の結果を記載した書類を添付しなければならない。（以下略）

4　都道府県知事は，産業廃棄物処理施設（中略）について第1項の許可の申請があつた場合には，遅滞なく，第2項（中略）に掲げる事項，申請年月日及び縦覧場所を告示するとともに，同項の申請書及び前項の書類（中略）を当該告示の日から1月間公衆の縦覧に供しなければならない。

5　（略）

6　第4項の規定による告示があつたときは，当該産業廃棄物処理施設の設置に関し利害関係を有する者は，同項の縦覧期間満了の日の翌日から起算して2週間を経過する日までに，当該都道府県知事に生活環境の保全上の見地からの意見書を提出することができる。

（許可の基準等）

第15条の2　都道府県知事は，前条第1項の許可の申請が次の各号のいずれにも適合していると認めるときでなければ，同項の許可をしてはならない。

一　その産業廃棄物処理施設の設置に関する計画が環境省令で定める技術上の基準に適合していること。

二　その産業廃棄物処理施設の設置に関する計画及び維持管理に関する計画が当該産業廃棄物処理施設に係る周辺地域の生活環境の保全及び環境省令で定める周辺の施設について適正な配慮がなされたものであること。

三　申請者の能力がその産業廃棄物処理施設の設置に関する計画及び維持管理に関する計画に従つて当該産業廃棄物処理施設の設置及び維持管理を的確に，かつ，継続して行うに足りるものとして環境省令で定める基準に適合するものであること。

四　（略）

2〜5　（略）

○　廃棄物の処理及び清掃に関する法律施行規則（昭和 46 年厚生省令第 35 号）
（抜粋）

（生活環境に及ぼす影響についての調査の結果を記載した書類）

第 11 条の 2　法第 15 条第 3 項の書類には，次に掲げる事項を記載しなければな
らない。

　一　設置しようとする産業廃棄物処理施設の種類及び規模並びに処理する産業
　　廃棄物の種類を勘案し，当該産業廃棄物処理施設を設置することに伴い生ず
　　る大気質，騒音，振動，悪臭，水質又は地下水に係る事項のうち，周辺地域
　　の生活環境に影響を及ぼすおそれがあるものとして調査を行つたもの（以下
　　この条において「産業廃棄物処理施設生活環境影響調査項目」という。）

　二　産業廃棄物処理施設生活環境影響調査項目の現況及びその把握の方法

　三　当該産業廃棄物処理施設を設置することが周辺地域の生活環境に及ぼす影
　　響の程度を予測するために把握した水象，気象その他自然的条件及び人口，
　　土地利用その他社会的条件の現況並びにその把握の方法

　四　当該産業廃棄物処理施設を設置することにより予測される産業廃棄物処理
　　施設生活環境影響調査項目に係る変化の程度及び当該変化の及ぶ範囲並びに
　　その予測の方法

　五　当該産業廃棄物処理施設を設置することが周辺地域の生活環境に及ぼす影
　　響の程度を分析した結果

　六　大気質，騒音，振動，悪臭，水質又は地下水のうち，これらに係る事項を
　　産業廃棄物処理施設生活環境影響調査項目に含めなかつたもの及びその理由

　七　その他当該産業廃棄物処理施設を設置することが周辺地域の生活環境に及
　　ぼす影響についての調査に関して参考となる事項

1　問題分析

　本問は，A 社が計画する産業廃棄物の最終処分場（本件処分場）の設置許可に
関する紛争につき，設問 1 では A 社の立場から，設問 2 では周辺住民 C らの立
場から検討を求めるものです。

　設問 1 は，甲県知事 B が A 社による産業廃棄物処理施設の設置許可の申請に

対する許可（申請に対する処分）を留保した上で，周辺住民との紛争を調整する行政指導を行ったことにつき，A社自身が争う（二面関係）というものですから，**申請に対する処分発動モデル**（57頁）に当たりますが，本問では損害が生じているため，Aは「甲県を被告とする国家賠償請求訴訟を提起した」と指定されており，抗告訴訟は問題となっていません。設問1では，「本件申請に対する許可の留保の違法性に関し，どのような主張をすべきか」という**本案論**が問われています。

　設問2は，甲県知事BのA社に対する産業廃棄物処理施設の設置許可処分（申請に対する処分）に対して，周辺住民であるC1とC2（以下「Cら」といいます）が争う（三面関係）というものですから，**申請に対する処分阻止モデル**（63頁）に当たります。すでに本件処分がなされているため，事後救済として取消訴訟を選択することになりますが，このことは問題文でも前提とされています。設問2では「C1及びC2に原告適格は認められるか」という**訴訟要件論**が問われており，**特定訴訟要件検討型**に当たります。

2　設問1：国賠訴訟の本案論

(1)　国賠法上の違法性

　国賠法1条に基づく国賠請求の本案勝訴要件は，ⓘ「国又は公共団体」のⓘⓘ「公権力の行使」に当たるⓘⓘⓘ「公務員」が，ⓘⓥ「その職務を行うについて」，ⓥ「故意又は過失」にⓥⓘ「よって」（相当因果関係），ⓥⓘⓘ「違法に」ⓥⓘⓘⓘ「損害を加えた」ことです。各要件の意義や，ⓥⓘⓘ違法性の意義に関する見解，職務行為基準説に立つとⓥ過失の判断と実質的に重複すること等の基本事項は，よく復習をしておいてください（櫻井＝橋本357〜374頁，ノート23）。

　設問1では，「本件申請に対する許可の留保の違法性」に関し，Aは「どのような主張をすべきか」が問われていますから，ⓥⓘⓘ違法性のみを検討すれば足ります。本問で問題となっているのは，AがBに対して行政指導に応じられず，直ちに許可をするように求める内容証明郵便を送付したにもかかわらず，Bが本件許可をするまで10か月を要したことです。

　ⓥⓘⓘ違法性については，判例は，行為不法説を前提に，職務上通常尽くすべき

注意義務を尽くしたか否かによって判断しています（職務行為基準説）。本件で問題となっている行政指導の内容は，「住民と十分に協議し，紛争を円満に解決するように求める」ものでした。このような周辺住民との紛争の調整を求める行政指導や，これによる許可権限の不行使といえば，基本判例のひとつである品川マンション事件（最判昭和 60・7・16 民集 39 巻 5 号 989 頁。ノート 8-2・百選 I 121）を想起しなければなりません。

> 　行手法 33 条は「申請者が当該行政指導に従う意思がない旨を表明した」場合には，「当該申請者の権利の行使を妨げるようなことをしてはならない」と定めていますが，同法上の規律であり，国賠法上の違法性に関する規定ではないことに注意が必要です（ノート 8-2 の POINT 参照）。

　品川マンション事件のポイントは，①行政指導に伴う建築確認の留保も「社会通念上合理的と認められるとき」には許容されること，しかし，②建築主が「行政指導にはもはや協力できないとの意思を真摯かつ明確に表明し，当該確認申請に対し直ちに応答すべきことを求めているものと認められるとき」には，特段の事情がない限り，それ以後の行政指導を理由とする確認処分の留保は違法となること，③ⅰ「建築主が受ける不利益」と「行政指導の目的とする公益上の必要性」とを「比較衡量」して，ⅱ「建築主の不協力が社会通念上正義の観念に反する」場合には特段の事情が認められることの 3 点にあります。この規範のすべてを覚えるのは大変かもしれませんが，基本判例ですから，最低限，青字にしているキーワードは覚えておきましょう（行政法学習でも暗記の要素が全くないわけではありません）。

> 　A は，ⅷ損害として，10 か月間に「建築資材の価格が上昇したため，本件許可の遅延により生じた損害」を主張しているところ，B 県知事による行政指導や本件許可権限の不行使がⅰ～ⅳに当たることや，これらの行為と損害とのⅵ因果関係は，大きく問題になりません。

（2）　違法となる時点の検討

　以上を踏まえて，Aの立場から違法性の主張を組み立ててみましょう。設問1では，㋐「許可の留保がいつの時点から違法になるかを示す」ことや，㋑「想定される甲県の反論を踏まえ」ることが求められています。㋐違法の時点の候補となるものとして，ⓐ本件許可申請をした後に標準処理期間を経過した時点，ⓑAがBに対して内容証明郵便を送付した時点が考えられます。

　Aの立場からは，まず，ⓐの時点から違法であると主張することを検討すべきです。しかし，甲県からは，品川マンション事件の規範①によれば，行政指導が「社会通念上合理的と認められる」のであれば，行政指導に伴う本件許可の留保も許容されるから，ⓐの時点では違法にならないとの反論が想定されます。本件行政指導は，法15条6項の意見書の提出を契機としてなされたものですが，同項の趣旨は，産業廃棄物処理施設が周辺地域の生活環境等に与える影響を考慮して，利害関係人と調整することにあります。そのため，周辺住民との協議を求める行政指導は，法の趣旨に適合するものですから，Aの立場からしても「社会通念上合理的」ではないと主張するのは難しそうです。

　もっとも，Aは，ⓑの時点で行政指導に従わないことを「真摯かつ明確に表明」したといえますから，品川マンション事件の規範②によればⓑの時点から違法であると主張することができます。

　これに対し，甲県からは，同最判の規範③ⅱに基づき，Aによる不協力は「社会通念上正義の観念に反する」と反論することが想定されます。というのも，Aは，「住民に対する説明会を開催し，本件調査書に基づき本件処分場の安全性を説明」するとともに，本件処分場の施設を見学することを認める本件提案も行っていますが，事実（ア）「住民のように装ったA社従業員を説明会に参加させ，本件処分場の安全性に問題がないとする方向の質問をさせたり意見を述べさせたりした」こと，事実（イ）「あえて手狭な説明会場を準備し，賛成派住民を早めに会場に到着させて，反対派住民が十分に参加できないような形で説明会を運営した」ことが明らかになっているからです。

　Aの立場からは，「本件提案を受けて，反対派住民の一部は態度を軟化させた」ことに加えて，反対派住民を説明会から排除したり，反対派住民からの質問を受け付けなかったりしたことはないから，ⅱ「社会通念上正義の観念に反

する」とまではいえないと主張すべきでしょう。また，規範③ⅱは，あくまでも①の比較衡量の一部にすぎないところ，本問では，建築資材の高騰による経営の圧迫という A の受ける不利益が大きいことから，周辺住民との円満な協議という公益上の必要性を上回るとも主張することになるでしょう。

　なお，甲県からは，A は，ⓑの時点の後，ⓒ「説明会の運営方法を改善するとともに再度本件提案をすることにより住民との紛争を円満に解決するように求める行政指導」（再度の行政指導）にも従っているため，この時点で行政指導に従わないという意思は撤回されたと反論することも想定されます。しかし，A の立場からは，ⓑ時点で行政指導を拒否している以上，ⓒ再度の行政指導は許されず，「社会通念上合理的」とはいえないと主張できるでしょう。

3　設問 2：原告適格

（1）　モデル分析

　設問 2 では，端的に「C1 及び C2 に原告適格は認められるか」が問われていますから，第三者視点から解答をすることになります。取消訴訟の原告適格は「法律上の利益を有する者」（行訴法 9 条 1 項）に認められるところ，C らは周辺住民であり「処分又は裁決の相手方以外の者」ですから，平成 25 年予備試験と同じく周辺住民型に当たり，法定考慮事項（同 9 条 2 項）が適用されます。

（2）　拾い出し

　まず，原告の被侵害利益を検討すると，問題文中には，住民の一部が「本件処分場が設置されると，地下水の汚染や有害物質の飛散により，住民の健康が脅かされるだけでなく，ぶどうの栽培にも影響が及ぶのではないかとの懸念」を抱いています。そのため，本件許可が違法であった場合，不利益ⓐ生命・身体・健康が害されることと，不利益ⓑ農作物への被害を受けることの 2 つが問題となります。

　もっとも，問題文の後半と設問 2 には，C1 と C2 の個別事情が書かれています。これによれば，C1 は，㋐本件予定地から約 2 キロメートル離れた場所に居住しており，本件調査書の対象地域に含まれていない，㋑本件予定地の下

流側に居住しているため，本件処分場の有害物質が地下水に浸透すれば居住地に到達するおそれが認められる，⑦地下水を利用して新種の高級ぶどうを栽培している，①地下水は飲用していない，⑦本件処分場の有害物質が風等の影響で飛散した場合，C1の居住地に到達するおそれの有無は不明である，とされています。

　また，C2は，⑦はC1と共通ですが，⑦本件予定地から約500メートル離れた場所に居住しており，本件調査書の対象地域に含まれている，⑪本件予定地の上流側に居住しているため，本件処分場の有害物質が地下水に浸透しても到達するおそれが認められない，⑦地下水を飲用している，とされています。

　そのため，細かく証拠調べをすれば，C1は，地下水により不利益ⓑは害されるが（⑦⑦），不利益ⓐは害されず（⑦①），有害物質の飛散によって不利益ⓐⓑが害されるかは真偽不明（⑦）となりますから，不利益ⓑが重要となります。他方，C2は，高級ぶどうを栽培していないため，不利益ⓑのおそれはありません。また，C2は，地下水により不利益ⓐも害されず（⑪⑦），有害物質の飛散によって不利益ⓐが害されるかも真偽不明（⑦）となりますから，原告適格を否定されかねません。しかし，「**訴訟の入口にすぎない訴訟要件の審理で，ここまで細かく主張・立証をする必要があるのか？**」という疑問が生じます。本問では，これらの個別事情を原告適格においてどの程度考慮すべきかが問われているといえます。

　話を元に戻して，原告の被侵害利益が係争処分の根拠法令の保護範囲に含まれているかを検討しましょう。法定考慮事項に従い，Ⓐ処分の「根拠法令」を検討すると，本件許可の処分要件を定めている法15条の2第1項を見つけることができます。同項は，①「都道府県知事」（行政機関）は，②「次の各号のいずれにも適合していると認めるときでなければ」（行為要件），③「許可をしてはならない」（行為内容）と定めていますから，効果裁量はなく，**本件許可は各号に定める処分要件を充たしていなければ直ちに違法となります**。そこで，各号の要件を検討すると，ⅰ「その産業廃棄物処理施設の設置に関する計画が<u>環境省令で定める技術上の基準</u>に適合していること。」（1号），ⅱ「その産業廃棄物処理施設の設置に関する計画及び維持管理に関する計画が当該産業廃棄物処理施設に係る<u>周辺地域の生活環境の保全及び環境省令で定める周辺の施設につい</u>

て適正な配慮がなされたものであること。」（2号），ⅲ「申請者の能力がその産業廃棄物処理施設の設置に関する計画及び維持管理に関する計画に従つて当該産業廃棄物処理施設の設置及び維持管理を的確に，かつ，継続して行うに足りるものとして環境省令で定める基準に適合するものであること。」（3号）の3つが掲げられています（4号は省略されています）。

　処分要件において，不利益ⓐⓑが保護されているかを検討すると，ⅰとⅲについては，環境省令が掲載されていないため，具体的な内容はわかりませんが，ⅱには「周辺地域の生活環境の保全」と書かれています。法1条が「生活環境の保全及び公衆衛生の向上を図ること」を目的としていることを踏まえると，15条の2第1項の趣旨・目的は，周辺地域の生活環境を保全することにあると解されるため，不利益ⓐⓑは保護範囲に含まれるといえそうです。

（3）　切り出し

　そこで，不利益ⓐⓑが「個々人の個別的利益としても保護される利益」であるかを検討すると，ここでもやはり，サテライト大阪事件（最判平成21・10・15民集63巻8号1711頁。ノート17-12・百選Ⅱ161）が，Ｂ処分において考慮されるべき利益の内容・性質・程度等につき「広い意味での生活環境の悪化」を「基本的には公益に属する利益」であるとして「切り出し」と「個別化」を否定したことが想起されます。しかし，同判決は，生命・身体・健康等の侵害と直接的・具体的に結びつかないことを理由としていたところ，不利益ⓐは，まさに生命・身体・健康に危害が及ぼされるおそれですから，利益の「性質」から，個別的に保護されているといえます。

　もっとも，不利益ⓑは財産権であるところ，周辺住民型の事例では，財産権侵害を法律上の利益から外す判例が見られますから（112頁），Ｂ損害の「性質」だけで個別的に保護されると結論付けることは難しいところです。そこで，手掛かりとなる規定を探して，処分要件の趣旨・目的の解釈論から組み立てなければなりません。

　こういった観点から法15条を読み直すと，1項の許可を受けるためには，申請書を提出するとともに（同2項），調査書も添付しなければならず（同3項），これらが提出されたら都道府県知事が告示をし，1月間公衆の縦覧に供され

（同4項），利害関係人に意見書を提出する機会まで与えています（同6項）。このことから，法は，利害関係人の利益を「切り出し」て「個別化」していると考えることができます。

　また，法から委任を受けた規則11条の2は，調査書には，「当該産業廃棄物処理施設を設置することに伴い生ずる大気質，騒音，振動，悪臭，水質又は地下水に係る事項のうち，周辺地域の生活環境に影響を及ぼすおそれがあるものとして調査を行つたもの」（同1号）等を記載しなければならないと定めています。そうすると，法は，生命・身体・健康だけではなく，大気や土壌の汚染，水質の汚濁，悪臭等によって健康または（財産権を含む）生活環境に係る著しい被害を直接的に受けるおそれのある者の利益を個々人の個別的利益として保護すべき趣旨を含むと解することができます。

（4）　具体的線引き

　最後に，Cらが「健康又は生活環境に係る著しい被害を直接的に受けるおそれのある者」に当たるのかを当てはめることになります。上記のとおり，Cらの個別事情を前提とすると，C1は，本件処分場の有害物質が地下水に浸透した場合，不利益ⓐ生命・身体・健康は侵害されないものの，不利益ⓑ農作物への被害を受けるおそれがあります。他方，C2は，高級ぶどうを栽培していないため不利益ⓑのおそれはなく，地下水を飲用しているものの，上流側に居住しているため，本件処分場の有害物質が地下水に浸透しても到達するおそれはありません。また，Cらは，いずれも，本件処分場の有害物質が風等の影響で飛散したとしても，それが到達するおそれの有無は真偽不明です。

　以上を前提とすると，C1は不利益ⓑを理由に原告適格を肯定できそうですが，C2は原告適格が否定されてしまいそうです。しかし，原告適格は訴訟要件であるため，現実の被害のおそれの有無ではなく，これらの被害を受けると想定されている地域であるか否かという，抽象的なおそれの有無で判断するべきでしょう。類似の判断をしたものとして，産業廃棄物等処分業の許可についての最判（最判平成26・7・29民集68巻6号620頁。ノート17-13）があります。これを暗記することまで求めるのはやや酷かもしれませんが，同判決が，現実の被害のおそれの有無を検討し，原告適格を否定した原審を破棄したことは，頭の

片隅に入れておきましょう。

　こういった観点から具体的な「線引き」ができるかを検討すると，健康や生活環境の被害は「近接の度合い」が影響するところ，法 15 条 3 項が調査書を要求しているのは，調査書の対象地域は，類型的にこれらの被害が生ずるおそれがあるとして具体的利益を保護する趣旨であると解することができます。このような解釈は，より簡明に原告適格の有無の判断を行える点で，妥当であるといえるでしょう[7]。

　これを本件についてみると，C2は，調査書の対象地域に含まれているため原告適格が認められます。また，C1は，調査書の対象地域ではありませんが，不利益ⓑ農作物への被害が「著しい」といえるならば，原告適格が認められます。「著しい」と主張するためには，有害物質が地下水に浸透するおそれだけでなく，新種の高級ぶどうの価値が大幅に下落することや，土壌改良は容易ではないこと，一度風評被害が生じれば信頼回復には長期間を要することなどを主張するとよいでしょう。

4　起案例

> 設問 1
> 1　国賠法上の違法とは，公務員が個別の国民に対して負う法的義務に違反する場合をいう。
> 　　判例は，①行政指導に伴う許可の留保は，社会通念上合理的と認められるときには許容されるが，②相手方が行政指導にもはや協力できないとの意思を真摯かつ明確に表明し，当該許可申請に対し直ちに応答すべきことを求めていると認められるときには，特段の事情がない限り違法となると判断した。そして，③ⅰ相手方が受ける不利益と行政指導の目的とする公益上の必要性とを比較衡量して，ⅱ相手方の不協力が社会通念上正義の観念に反する場合には，特段の事情が認められる。
> 2　許可の留保がいつの時点から違法になるかを検討すると，まず，本件許可申

---

7)　最判解民平成 26 年度 313 頁以下，331〜332 頁〔清水知恵子〕参照。

請をした後に標準処理期間を経過した時点が考えられるが，①行政指導が社会通念上合理的であれば，許可の留保を直ちに違法とすることはできない。本件行政指導は，法15条6項の意見書の提出を契機になされているところ，同項の趣旨は，産業廃棄物処理施設が周辺地域の生活環境等に与える影響を考慮して利害関係人と調整することにある。周辺住民との協議を求める行政指導は，法の趣旨に適合するため，社会通念上合理的でないとはいえない。

　もっとも，AがBに対して内容証明郵便を送付した時点では，②不協力の意思を真摯かつ明確に表明し，直ちに処分をすべきことを求めているため，特段の事情がない限り，この時点から違法となる。

3（1）　これに対し，甲県からは，Aによる不協力は，社会通念上正義の観念に反するから，特段の事情があると反論することが想定される。なぜなら，Aは，事実（ア）「住民のように装ったA社従業員を説明会に参加させ，本件処分場の安全性に問題がないとする方向の質問をさせたり意見を述べさせたりし」，事実（イ）「あえて手狭な説明会場を準備し，賛成派住民を早めに会場に到着させて，反対派住民が十分に参加できないような形で説明会を運営」していたからである。

　　　しかし，特段の事情の有無は，比較衡量により決すべきところ，本問では，建築資材の高騰による経営の圧迫というAの受ける不利益が大きく，周辺住民との円満な協議という公益上の必要性を上回る。

　　　また，Aは，住民に対する説明会を開催し，本件調査書に基づき本件処分場の安全性を説明するとともに，本件処分場の施設を見学することを認める本件提案も行っており，実際に反対派住民の一部は態度を軟化させた。また，反対派住民を説明会から排除したり，反対派住民からの質問を受け付けなかったりしたことはないから，事実（ア）（イ）を踏まえても，ⅱ社会通念上正義の観念に反するとまではいえない。

（2）　甲県は，AがBに内容証明郵便を送付した時点の後に，説明会の運営方法を改善するとともに再度本件提案をすることにより住民との紛争を円満に解決するように求める行政指導（再度の行政指導）にも従っているため，こ

の時点で行政指導に従わないという意思は撤回されたことから，違法ではないと反論するとも想定される。

　しかし，前の時点で行政指導を拒否している以上，再度の行政指導は許されず，これ自体が社会通念上合理的とはいえない。

4　したがって，行政指導に伴う許可の留保は，Ａは B に内容証明郵便を送付した時点から違法である。

設問 2

1　本件許可の相手方でない C1 および C2 に取消訴訟の原告適格が認められるためには，「法律上の利益を有する者」(行訴法 9 条 1 項) でなければならない。「法律上の利益を有する者」とは，当該処分により自己の権利もしくは法律上保護された利益を侵害され，または必然的に侵害されるおそれのある者をいい，処分の根拠法規が，専ら一般的公益の中に吸収解消できない個々人の個別的利益も保護する趣旨を含む場合，当該個別的利益は法律上保護された利益に当たる (同 2 項参照)。

2 (1)　本件許可が違法であった場合，C2 は ⓐ生命・身体・健康が害され，C1 は ⓑ農作物への被害を受けるおそれがある。処分の根拠法規である法 15 条の 2 第 1 項は，①産廃処理施設の設置計画が環境省令で定める技術上の基準に適合していること (1 号)，②設置計画と維持管理計画が周辺地域の生活環境の保全および環境省令で定める周辺の施設について適正な配慮がなされたものであること (2 号)，③申請者の能力が計画を的確かつ継続的に行うに足りるものとして環境省令基準に適合すること (3 号) を許可要件としている。同項の趣旨・目的は，法 1 条が「生活環境の保全及び公衆衛生の向上を図ること」を目的としていることを踏まえると，周辺地域の生活環境の保全と解されるから，不利益ⓐⓑは，処分の根拠規範が保護するものである。

(2)　不利益ⓐは，生活環境の悪化に起因する生命・身体・健康への危害であるから，その利益の性質から，個々人の個別的利益としても保護されているといえる。また，不利益ⓑは，損害の性質は財産権ではあるものの，本件許可を受けるためには，申請書を提出するとともに (同 2 項)，調査書も添付

しなければならず（同3項），これらが提出されたら都道府県知事が告示を
し，1月間公衆の縦覧に供され（同4項），利害関係人に意見書を提出する機
会が与えられる（同6項）。また，法から委任を受けた規則11条の2は，調
査書には，「当該産業廃棄物処理施設を設置することに伴い生ずる大気質，騒
音，振動，悪臭，水質又は地下水に係る事項のうち，周辺地域の生活環境に
影響を及ぼすおそれがあるものとして調査を行つたもの」（同1号）等を記載
しなければならないと定めている。

　そうすると，法は，生命・身体・健康だけではなく，大気や土壌の汚染，
水質の汚濁，悪臭等によって健康または財産権を含む生活環境に係る著しい
被害を直接的に受けるおそれのある者の利益を個々人の個別的利益としても
保護すべき趣旨を含むと解することができる。

　また，健康や生活環境の被害は「近接の度合い」が影響するところ，法15
条3項が調査書を要求しているのは，調査書の対象地域は，類型的にこれら
の被害が生ずるおそれがあるとして具体的利益を保護する趣旨である。その
ため，調査書の対象地域に含まれる場合には，類型的に原告適格が認められ
ると解すべきである。

（3）　C1は，本件予定地から約2キロメートル離れた場所に居住しており，
本件調査書の対象地域に含まれていないから，個別的に原告適格を検討する
必要がある。C1は，本件予定地の下流側に居住しているため，本件処分場
の有害物質が地下水に浸透すれば到達するおそれが認められるが，地下水は
飲用していない。また，本件処分場の有害物質が風等の影響で飛散した場合，
C1の居住地に到達するおそれの有無は不明である。そのため，C1は，不利
益ⓐが害されるとはいえない。

　しかし，C1は，地下水を利用して新種の高級ぶどうを栽培しているため，
本件処分場の有害物質が地下水に浸透した場合，不利益ⓑのうち，農作物へ
の被害を受けるおそれがある。新種の高級ぶどうの価値が大幅に下落するこ
とや，土壌改良は容易ではないこと，一度風評被害が生じれば信頼回復には
長期間を要することから，その被害は「著しい」といえるから，C1は原告

適格を有する。

（4）　他方，C2は，高級ぶどうを栽培していないため不利益ⓑが害されるとはいえず，地下水を飲用しているものの，上流側に居住しているため，本件処分場の有害物質が地下水に浸透しても到達するおそれはないから，不利益ⓐが害されるともいい難い。

　もっとも，C2は，本件処分場の有害物質が風等の影響で飛散したとしても，それが到達するおそれの有無は不明であるものの，調査書の対象地域内に居住しているため，上記のとおり類型的にこれらの被害が生ずるおそれがあると認められるから，原告適格を有する。

以上

（出題の趣旨）

　設問1は，産業廃棄物処理施設の設置許可の申請に対し，知事が許可を留保した上で，周辺住民との紛争を調整する行政指導を行った事例について，国家賠償法上の違法性の検討を求めるものである。

　マンションの建築確認を留保して周辺住民との紛争を調整する行政指導を行った事案である最判昭和60年7月16日民集39巻5号989頁を踏まえ，行政指導が継続されている状況の下で許可の留保が違法になる要件として，申請者において許可を留保されたままでの行政指導にはもはや協力できないとの意思を真摯かつ明確に表明したこと，及び，申請者が受ける不利益と行政指導の目的とする公益上の必要性とを比較衡量して，申請者の行政指導への不協力が社会通念上正義の観念に反するといえるような特段の事情がないことの二つを適切に示すことが求められる。

　その上で，問題文中に示された事実を適切に上記の要件に当てはめて，許可の留保の違法性を主張することが求められる。具体的には，真摯かつ明確な意思の表明に関する事情として，内容証明郵便の送付が挙げられる。次に，特段の事情の有無に関わる事情として，①Aの受ける不利益（建設費用の高騰による経営の圧迫），②行政指導の目的とする公益（周辺住民との十分な協議による紛争の円満解決），③社会通念上正義の観念に反する事情（説明会におけるAの不誠実な対応やAが示した譲歩策の撤回）が挙げられる。これらの事実を示した上で説得力ある主張を展開することが求められる。なお，上記①及び③の事情については，意思表明の真摯性と関係付けて論じることも考えられる。

　設問2は，付近住民が産業廃棄物処理施設の設置許可に対する取消訴訟を提起した場合に，原告適格が認められるか否かを問うものである。「法律上の利益」の解釈を踏まえ，行政事件訴訟法第9条第2項の考慮要素に即して，関係する法令の規定や原告らの置かれている利益状況を適切に考慮して，その有無を判断することが求められる。

　まず，法令の趣旨・目的の検討については，廃棄物の処理及び清掃に関する法律第1条の目的規定に定める「生活環境の保全及び公衆衛生の向上」や第15条第6項の定める利害関係者の意見提出権，第15条の2第1項第2号の許可基準の定める「周辺地域の生活環境の保全」等が原告適格を基礎付ける要素に当たるか，また，同法施行規則第11条の2が「周辺地域の生活環境に及ぼす影響」の調査を求めていることが原告適格を基礎付ける要素に当たるかを検討することが求められる。

　次に，設置許可において考慮されるべきC1及びC2それぞれの利益の内容・性質について検討することが求められる。本件処分場がもたらす環境影響として，有害物質の飛散と地下水の汚染がもたらす健康被害や生業上の損害（農作物への被害）が考えられるが，これらの利益の内容及び性質（重要性や回復可能性等）や侵害の可能性を踏まえて判断することが求められる。

　さらに，原告適格が認められる者の具体的範囲について，本件調査書における「対象地域」をどのように考慮し得るかが問題となる。近時の判例（最判平成26年7月29日民集68巻6号620頁）では，本問と類似の事案において，具体的な権利侵害の証明がされない場合でも，対象地域内に居住すること等を考慮して原告適格が認められており，この判断を踏まえた検討がされることが望ましい。

Ⅷ　平成 30 年予備試験問題

　XはY県において浄水器の販売業を営む株式会社であるところ，Y県に対して「Xが消費者に対して浄水器の購入の勧誘を執拗に繰り返している。」との苦情が多数寄せられた。Y県による実態調査の結果，Xの従業員の一部が，購入を断っている消費者に対して，（ア）「水道水に含まれる化学物質は健康に有害ですよ。」，（イ）「今月のノルマが達成できないと会社を首になるんです。人助けだと思って買ってください。」と繰り返し述べて浄水器の購入を勧誘していたことが判明した。

　そこでY県の知事（以下「知事」という。）は，Xに対してY県消費生活条例（以下「条例」という。）第 48 条に基づき勧告を行うこととし，条例第 49 条に基づきXに意見陳述の機会を与えた。Xは，この意見陳述において，①Xの従業員がした勧誘は不適正なものではなかったこと，②仮にそれが不適正なものに当たるとしても，そのような勧誘をしたのは従業員の一部にすぎないこと，③今後は適正な勧誘をするよう従業員に対する指導教育をしたことの 3 点を主張した。

　しかし知事は，Xのこれらの主張を受け入れず，Xに対し，条例第 25 条第 4 号に違反して不適正な取引行為を行ったことを理由として，条例第 48 条に基づく勧告（以下「本件勧告」という。）をした。本件勧告の内容は，「Xは浄水器の販売に際し，条例第 25 条第 4 号の定める不適正な取引行為をしないこと」であった。

　本件勧告は対外的に周知されることはなかったものの，Xに対して多額の融資をしていた金融機関Aは，Xの勧誘についてY県に多数の苦情が寄せられていることを知り，Xに対し，Xが法令違反を理由に何らかの行政上の措置を受けて信用を失墜すれば，融資を停止せざるを得ない旨を通告した。

　Xは，融資が停止されると経営に深刻な影響が及ぶことになるため，Y県に対し，本件勧告の取消しを求めて取消訴訟を提起したが，さらに，条例第 50 条に基づく公表（以下「本件公表」という。）がされることも予想されたことから，本件公表の差止めを求めて差止訴訟を提起した。

　以上を前提として，以下の設問に答えなさい。

　なお，条例の抜粋を【資料】として掲げるので，適宜参照しなさい。

〔設問1〕

　Xは，本件勧告及び本件公表が抗告訴訟の対象となる「行政庁の処分その他公権力の行使に当たる行為」に当たることについて，どのような主張をすべきか。本件勧告及び本件公表のそれぞれについて，想定されるY県の反論を踏まえて検討しなさい。

〔設問2〕

　Xは，本件勧告の取消訴訟において，本件勧告が違法であることについてどのような主張をすべきか。想定されるY県の反論を踏まえて検討しなさい（本件勧告の取消訴訟が適法に係属していること，また，条例が適法なものであることを前提とすること）。

【資料】

○　Y県消費生活条例

（不適正な取引行為の禁止）

第25条　事業者は，事業者が消費者との間で行う取引（中略）に関して，次のいずれかに該当する不適正な取引行為をしてはならない。

　一～三　（略）

　四　消費者を威迫して困惑させる方法で，消費者に迷惑を覚えさせるような方法で，又は消費者を心理的に不安な状態若しくは正常な判断ができない状態に陥らせる方法で，契約の締結を勧誘し，又は契約を締結させること。

　五～九　（略）

（指導及び勧告）

第48条　知事は，事業者が第25条の規定に違反した場合において，消費者の利益が害されるおそれがあると認めるときは，当該事業者に対し，当該違反の是正をするよう指導し，又は勧告することができる。

（意見陳述の機会の付与）

第49条　知事は，前条の規定による勧告をしようとするときは，当該勧告に係る事業者に対し，当該事案について意見を述べ，証拠を提示する機会を与えなければならない。

（公表）

第 50 条　知事は，事業者が第 48 条の規定による勧告に従わないときは，その旨を公表するものとする。

（注）Y 県消費生活条例においては，資料として掲げた条文のほかに，事業者が第 48 条の規定による勧告に従わなかった場合や第 50 条の規定による公表がされた後も不適正な取引行為を継続した場合に，当該事業者に罰則等の制裁を科する規定は存在しない。

1　問題分析

　本問は，Y 県知事による X に対する本件勧告と本件公表（不利益処分）に対し，X 自身が争うものですから（二面関係），不利益処分阻止モデル（52 頁）に当たります[8]。X は，すでになされた本件勧告については，事後救済として「Y 県に対し，本件勧告の取消しを求めて取消訴訟」を，いまだなされていない本件公表については，事前救済として，Y 県に対し「本件公表の差止めを求めて差止訴訟」を提起すべきことは，問題文に書かれているとおりです。

　設問 1 は，「本件勧告」と「本件公表」（以下，あわせて「本件各措置」といいます）のそれぞれにつき訴訟要件論である処分性を検討させるものですから，特定訴訟要件検討型に当たります。しかも，X は「『行政庁の処分その他公権力の行使に当たる行為』に当たることについて，どのような主張をすべきか」として，X の立場から処分性を肯定するための主張を検討させる点で特徴的です。しかも，「それぞれについて」，「想定される Y 県の反論を踏まえて検討」することも求められる主張反論型でもあります。

　設問 2 は，X の立場から「本件勧告が違法であることについてどのような主張をすべきか」という本案論が問われています。こちらも，X の立場から「違法であること」を前提とした主張につき，「想定される Y 県側の反論を踏まえて検討」することが求められています。

---

8)　なお，本問に関する橋本博之先生のコメントとして，橋本博之「法曹養成制度雑感」日本エネルギー法研究所月報 256 号（2019 年）1 頁以下も参照。

2 設問1：処分性

（1） 本件勧告の処分性

　まず，本件勧告の根拠条文を探すと，本件勧告は，本件条例48条に基づき，知事が一方的にするものであるといえそうです。しかし，勧告は，一般に行政庁による見解の表明にすぎないため，Y県側から，処分性の指標②の法的地位の変動がないとの反論が想定されます。これは，本書の指標②＝C（法的地位の変動）の類型（98〜99頁）に当たります。そのため，処分性を肯定したいXとしては，法的地位の変動があることを中心に主張を組み立てることとなります。

　ここで想起すべきは，勧告の処分性を肯定した病院開設中止勧告最判（最判平成17・7・15民集59巻6号1661頁。ノート16-7・百選Ⅱ154）です。処分性に関する最重要判例の一つですから，論理の流れやキーワードもしっかりと覚えておきましょう。同判決は，病院開設中止の勧告を行政指導であるとしつつも，これに従わない場合「相当程度の確実さをもって，病院を開設しても保健医療機関の指定を受けることができなくなる」という勧告の指定に及ぼす効果と，指定が受けられないと「実際上病院の開設自体を断念せざるを得ないこと」という「病院経営における保険医療機関の指定の持つ意義」を併せ考えて，処分性を肯定しています。つまり，①相当程度の確実さで不利益な後続処分がなされ，ⅱその不利益性が深刻であれば，処分性を肯定できると判断していると定式化できます。

　そこで，本件勧告の後続処分を探してみると，問題文の（注）によれば，本件勧告に従わないことに対して「罰則等の制裁を科する規定は存在しない」ものの，本件公表（本件条例50条）を見つけることができます。本件公表に処分性があるかは別として，まずは条文を確認すると，①行政機関は「知事」であり，②行為要件は「事業者が第48条の規定による勧告に従わないとき」，③行為内容は「その旨を公表するものとする」と定められています。③は「ものとする」であり効果裁量がないこと，②は本件勧告に従わないことが行為要件になっていることから，要件①を充足するといえます。

　また，本件公表がなされれば，「融資が停止されると経営に深刻な影響が及ぶ」ことから，要件ⅱに当たると主張することができます。これに対しては，本件勧告や本件公表による事実上の効果にすぎず，「法的な効果」ではないとの

反論も想定されますが，不利益が深刻であることを強調し，本件勧告や本件公表から生じる不利益であり，法律上保護に値すると主張するべきでしょう。

具体的な法的地位の変動については，浜松市土地区画整理事業事件（最大判平成 20・9・10 民集 62 巻 8 号 2029 頁。ノート 16-15・百選Ⅱ147）の多数意見が「換地処分を受けるべき地位に立たされる」ことと捉えたのを参考に，「公表を受け得る地位に立たされる」と表現することもできます。それ以外にも，本件勧告が制裁的公表によって担保されていることを捉えて，勧告に従う義務が生ずると表現することもできるでしょう。このあたりは，行政法ガールⅠ 102〜108 頁も一読しておくとよいでしょう。

さらに条文を読んでみると，本件条例 49 条が，勧告に先立ち意見陳述の機会を付与していることが発見できるでしょう。意見陳述の機会は，行手法 13 条が「不利益処分」に要するとしているものですから，同法が地方自治体の条例に基づく処分には適用されないとしても（同 3 条 3 項），本件条例があえて意見陳述の機会を与えているのは，本件勧告を「不利益処分」として処分性があると考えているからであると主張し得ます（橋本・基礎 82 頁）。

「実効的権利救済を図るという観点」からも，本件条例 50 条は，勧告に従わない場合には「公表するものとする」として，知事に公表をしない裁量を認めていません。そうであれば，勧告の段階で争う方が合理性があるといえます。これに対し，Ｙ県側より，本件公表に対するＸの人格権に基づく民事差止訴訟と本件公表の差止仮処分を申し立てれば足りるとの反論が想定されます。そのため，Ｘは，民事差止訴訟や差止仮処分の要件が不明確かつ厳格であるのに対し，本件勧告に対する取消訴訟と執行停止で争う方が要件も明確であるため，実効的権利救済の観点からも適切であると主張することになるでしょう。

（2） 本件公表の処分性

続いて，本件公表の処分性を検討すると，本件公表は，本件条例 50 条に基づき，知事が一方的にするものであるといえます。しかし，公表も，一般的には情報提供を目的とした事実行為と解されています，そのため，Ｙ県側からは，本件公表は消費者被害の発生・拡大を防止するために悪質事業者の名称を情報提供する目的であるから，処分性の指標②の法的地位の変動がないとの反論が

想定されます。

　処分性を肯定したい X としては，本件勧告と同様，法的地位の変動があることを論じなければなりませんが，本件公表がされた後には「罰則等の制裁を科する規定」がないうえ，後続処分もない点で本件勧告と異なります。そのため，本件公表による信用毀損による不利益性が深刻であることを主張することになりますが，これを「法的な効果」とすることに異論があり得るのは本件勧告と同様です。X としては，本件勧告に従わなかった場合の「罰則等の制裁を科する規定」がない以上，本件公表には**制裁的機能**があり，事業者を経営上・競争上不利益な地位に立たせるという法的効果があることを主張するべきでしょう。

　　もっとも，現実的には，本件勧告と本件公表のいずれについても処分性を肯定するためのハードルは高いといえます。なぜなら，本件公表により生じる不利益は，事実上の不利益にすぎず，病院開設中止勧告最判のような病院開設を断念するほどの効果があるとはいい難いからです。

　　また，東京都消費生活条例50条に基づく公表の処分性については，東京地決平成29・2・3（判例集未登載）が肯定したのに対し，抗告審である東京高決平成29・7・12（判例集未登載）は否定しています。詳しくは，天本哲史「行政による制裁的公表の処分性を争点とする判例の傾向と分析」桃山法学34巻（2021年）117頁以下が参考になりますが，前者を「公表の処分性の存在を認めたおそらく特筆すべき唯一の裁判例ではあっても例外的存在である」と評しています（同126頁）。

　　本問は，こういった厳しい見通しの中であっても，X の立場からの立論を考えさせるという，弁護士にとって不可欠なスキルを試すものといえます。

3　設問2：本案論──実体的違法

　設問2では，本件勧告が違法であるとの主張を検討することになりますが，「条例が適法なものであることを前提とすること」との指示があるため，本件条例が特商法の範囲内といえるかを論じる必要はありません（実務上の論点なので，受験生が思い浮かばなくても問題はありません）。

（1）　処分要件の不充足

　行政処分の違法とは根拠法令の処分要件を充足していないこと（126 頁）ですから，いつもどおり本件勧告の処分要件を確認してみましょう。本件条例 48 条は，①「知事」（行政機関）は，②ⅰ「事業者が第 25 条の規定に違反した場合」において，ⅱ「消費者の利益が害されるおそれがあると認めるとき」は（行為要件），③当該事業者に対し，ⅰ「当該違反の是正をするよう指導」し，またはⅱ「勧告」することが「できる」（行為内容）と定めています。③行為内容が「できる」となっていることや，ⅰ「指導」とⅱ「勧告」という 2 つの手段があることから，処分をするか否か，どの処分を選択するかにつき効果裁量がありそうだとわかります。

　もっとも，だからといって，いきなり行訴法 30 条に飛びついて，裁量権行使の逸脱・濫用があるとの主張を展開するべきではありません。本件条例 48 条をよく読むと，知事は処分要件を充足しなければそもそも本件勧告ができないことに気付くはずです。だからこそ，Ｘ としては，知事に行政裁量が認められる行訴法 30 条の土俵で戦うのではなく，まずは処分要件の不充足の土俵で戦った方が有利なのです。

　そこで，処分要件ⅰに関する条例 25 条 4 号を読むと，ⓐ「消費者を威迫して困惑させる方法」で，ⓑ「消費者に迷惑を覚えさせるような方法」で，またはⓒ「消費者を心理的に不安な状態若しくは正常な判断ができない状態に陥らせる方法」で，ⓓ「契約の締結を勧誘し，又は契約を締結させること。」が禁止行為として定められています。

　Ｙ 県側は，処分要件ⅰⓐ～ⓒと処分要件ⅱのいずれも，条文の文言が抽象的であるとして要件裁量があると反論することが想定されます。しかし，Ｘ の立場からは，通常の法律要件の定め方であること，本件勧告が公表されると信用を失墜し，多額の融資が停止され経営に深刻な影響が及ぶこと（侵害される権利利益の性質・重大性），消費者の権利が侵害されるか否かは裁判所も判断可能であること（専門的判断の必要性）の 3 つの理由から要件裁量を否定すべきです。

　そのうえで，問題文中の Ｘ の主張①～③を法的に組み立て直すと，発言（ア）は，単なる水道水に対する事実を伝えるものであり，発言（イ）も情に働きかけるものにすぎないため，これらを「繰り返し述べ」たとしても，処分要件ⅰ

ⓐ「威迫して困惑させる」，ⓑ「迷惑を覚えさせる」，ⓒ「心理的に不安な状態」に陥らせるといった要件に該当しないと主張できます（主張①）。また，「そのような勧誘をしたのは従業員の一部」であり（主張②），かつ，「今後は適正な勧誘をするよう従業員に対する指導教育をしたこと」（主張③）から，将来において違反行為が繰り返されることはないため，処分要件ⅱ「消費者の利益が害されるおそれがある」とはいえないとも主張できます。

（2）　裁量権行使の逸脱・濫用

　Ｘとしては，処分要件の不充足の主張が認められなかった場合に備え，知事の効果裁量の行使には裁量権行使の逸脱・濫用があると主張することになります。本件条例48条は，③行為内容として①指導とⅱ勧告の2つがあることから，いきなり公表が控えているⅱ勧告をすることは，**比例原則**に違反するといった主張が考えられます。

　比例原則によれば，本件勧告は，処分根拠法規の趣旨・目的の達成に必要な限度にとどまっていなければなりません。

　具体的には，上記の主張②③を踏まえれば，本件勧告をしなくとも，Ｘの勧誘行為の改善が期待できるため，処分根拠法規の趣旨・目的を達成できるといえます。それにもかかわらず，経営に深刻な影響が及ぶ本件勧告をすることは，必要な限度にとどまっているとはいえません。仮に，何らかの措置をするにしても，①是正指導にとどめるべきであり，経営に深刻な影響が及ぶ本件勧告をすることは，比例原則に反すると主張することになります。

4　起案例

設問1

1　取消訴訟の対象となる「行政庁の処分」（行訴法3条2項）とは，公権力の主体たる国または公共団体が行う行為のうち，その行為によって，直接国民の権利義務を形成しまたはその範囲を確定することが法律上認められているものをいうと解される。

2　本件公表の処分性

（1）　本件公表は，行政機関である Y 県知事により，本件条例 50 条に基づき一方的になされるものである。

（2）　また，本件公表がなされれば，これにより信用が失墜し，金融機関からの融資が停止されるなど，種々の不利益が生じ得ることを条例が予定しているのであり，制裁としての法的性格が認められるので，「国民の権利義務を形成」するものといえる。

（3）　これに対し，Y 県側は，公表は，一般に情報提供としての事実上の行為に過ぎないから，「直接国民の権利義務を形成」するものではないと反論することが想定される。

　　たしかに，本件条例には公表に従わなかったとしても罰則等の制裁を科する規定は存在しないから，公表により何らかの処分を受けうる地位に立たされるわけではない。しかし，本件公表により，事業者は経営上・競争上不利益な地位に立たせるという法的保護に値する利益が害される。本件条例に制裁規定がないのは，本件公表が条例違反に対する制裁的機能があるからにほかならない。

　　したがって，本件公表には，事業者を不利益な地位に立たせるという法的効果があるから，「直接国民の権利義務を形成」するものといえる。

（4）　よって，本件公表は，抗告訴訟の対象となる処分に当たる。

3　本件勧告の処分性

（1）　本件勧告も，行政機関である Y 県知事により，本件条例 48 条に基づき一方的になされるものである。

（2）　これに対し，Y 県側は，勧告は，一般に行政庁による見解の表明として行政指導であるから，法的効果を有しない事実行為にすぎず，「直接国民の権利義務を形成」するものではないと反論することが想定される。

　　しかし，本件条例 50 条は，勧告に従わないことを要件とし，その旨を「公表するものとする」と定めており，知事に公表をするか否かにつき効果裁量を認めていない。そのため，勧告がなされれば，事業者は相当程度の確実さをもって，公表がなされることとなる。上記のとおり，本件公表は処分であると

ころ，本件勧告がなされれば，公表を受け得る地位に立たされることになる。

　また，本件条例49条は，勧告に先立ち意見陳述の機会を付与する等，不利益処分と同等の手続保障を定めており（行手法13条1項2号参照），本件勧告を処分に当たると解している。

　しかも，本件条例50条によれば勧告がなされれば，これに従わない限り公表がなされる以上，実効的権利救済の観点からは，勧告の段階で争う方が合理的である。

（3）　これに対し，Y県側からは，本件公表に対するXの人格権の侵害のおそれに基づく民事差止訴訟と本件公表の差止仮処分を申し立てれば足りるとの反論も想定される。

　しかし，これらの手段は，要件が不明確かつ厳格であるから，要件が明確な本件勧告に対する取消訴訟と執行停止で争う方が実効的権利救済の観点からも適切である。

（4）　したがって，本件勧告は抗告訴訟の対象となる行政処分に当たる。

設問2

1　処分要件の不充足

（1）　Xの従業員の行為は，本件勧告の処分要件（本件条例25条4号）に該当しないから，本件処分は違法である。

　すなわち，発言（ア）は，単なる水道水に対する事実を伝えるものであり，発言（イ）も情に働きかけるものにすぎないため，これらを「繰り返し述べ」たとしても，処分要件の「威迫して困惑させる」，「迷惑を覚えさせる」，「心理的に不安な状態」に陥らせることには該当しない。

　また，そのような勧誘をしたのはXの従業員の一部であり，かつ，Xは，今後は適正な勧誘をするよう従業員に対する指導教育をしたことから，将来において違反行為が繰り返されることはないため，「消費者の利益が害されるおそれがある」とも認められない。

（2）　これに対し，Y県側は，いずれの処分要件も文言が抽象的であるから，知事には要件裁量があると反論することが想定される。

　　しかし，条文の文言は通常の法律要件の定め方であること，本件勧告が公表されると信用を失墜し，多額の融資が停止され経営に深刻な影響が及ぶこと，消費者の権利が侵害されるか否かは裁判所も判断可能であることから，処分要件の解釈においては，知事の専門的・技術的裁量も政治的裁量も認める余地はない。

2　裁量権行使の逸脱・濫用

（1）　万が一，これらの処分要件に該当するとしても，本件条例 48 条は勧告をすることが「できる」と定めているところ，本件勧告は裁量権行使の逸脱・濫用として違法である（行訴法 30 条）。

　　すなわち，本件条例 48 条は，勧告のほかに是正指導を定めているところ，勧告がなされれば，これに従わない限り公表されることで，経営に深刻な影響が及ぶことになる。そのため，是正指導では足りず，勧告をすべきとの知事の判断が適法か否かは，比例原則の観点から，処分根拠法規の趣旨・目的の達成に必要な限度にとどまっていなければならない。

（2）　しかし，本件で問題となっている勧誘をしたのは X の従業員の一部にすぎず，X は従業員に対する指導教育をしているため，将来において違反行為が繰り返されることはない。また，X は，これまで是正指導も勧告も受けたことがない。そのため，本件勧告をせず，是正指導をしたとしても，X の勧誘行為の改善は期待できる。

（3）　したがって，経営に深刻な影響が及ぶこととなる本件勧告を行うことは，比例原則に反し違法である。

以上

（出題の趣旨）

　設問 1 は，Y 県消費生活条例（以下「条例」という）に基づく勧告と公表のそれぞれについて，その処分性（行政事件訴訟法第 3 条第 2 項にいう「行政庁の処分その他公権力の行使に当たる行為」への該当性）の有無の検討を求めるものである。

　まず，最高裁判所昭和 39 年 10 月 29 日判決（民集 18 巻 8 号 1809 頁。大田区ゴミ焼却場

事件）などで示された処分性の一般論を正しく説明し，処分性の有無を判定する際の考慮要素を挙げることが求められる。また，最高裁判所平成 20 年 9 月 10 日判決（民集 62巻 8 号 2029 頁。土地区画整理事業計画事件）などの近時の判例では，実効的な権利救済を図るという観点を考慮する場合もあるが，このような実効的な権利救済について指摘することは加点事由となる。

　その上で，勧告の処分性については「公表を受け得る地位に立たされる」という法効果が認められるか否か，条例第 49 条に基づく手続保障の存在が処分性を基礎付けるか否か，勧告段階での実効的な救済の必要が認められるか否か，の 3 点について当事者の主張を展開することが求められる。

　同様に，公表の処分性についても，公表のもたらす信用毀損等が法的な効果に当たるか否か，公表に制裁的機能が認められるか否か，公表に対する差止訴訟を認めることが実効的な権利救済の観点から必要か否か，の 3 点について当事者の主張を展開することが求められる。

　設問 2 は，勧告に処分性が認められることを前提とした上で，勧告の違法性について検討を求めるものである。

　まず，条例の文言の抽象性，侵害される権利利益の性質・重大性，専門的判断の必要性の 3 つを踏まえて，行政庁の裁量権が認められるか否かについて，当事者の主張を展開することが求められる。

　次に，X がした勧誘行為が条例第 25 条に掲げる「不適正な取引行為」の類型に当てはまるか否かの検討が必要となる。具体的には，同条第 4 号にいう「威迫して困惑させること」，「迷惑を覚えさせること」，「心理的に不安な状態若しくは正常な判断ができない状態にすること」の 3 つの要件の該当性を検討することが求められる。

　また，条例第 48 条にいう「消費者の利益が害されるおそれ」の要件については，将来において違反行為が繰り返される可能性を踏まえて，その有無を検討することが求められる。

　3 つ目として，仮に要件該当性が認められるとしても，その効果として，勧告を行うことが比例原則に反するか否か，あるいは裁量権の逸脱・濫用に当たるか否かの検討が求められる。具体的には，前者については，比例原則に関する一般論を展開した上で，X の違反行為の態様やその後の対応，X が受ける不利益の程度を考慮に入れて当事者の主張を展開することが求められる。また，後者については，裁量権の逸脱・濫用に関する一般論を展開した上で，X の違反行為の態様やその後の対応，X が受ける不利益の程度を考慮に入れて当事者の主張を展開することが求められる。

Ⅸ　平成 31（令和元）年予備試験問題

　屋外広告物法は，都道府県が条例により「屋外広告物」（常時又は一定の期間継続して屋外で公衆に表示されるものであって，看板，立看板，はり紙及びはり札並びに広告塔，広告板，建物その他の工作物等に掲出され，又は表示されたもの並びにこれらに類するもの）を規制することを認めており，これを受けて，Ａ県は，屋外広告物（以下「広告物」という。）を規制するため，Ａ県屋外広告物条例（以下「条例」という。）を制定している。条例は，一定の地域，区域又は場所について，広告物又は広告物を掲出する物件（以下「広告物等」という。）の表示又は設置が禁止されている禁止地域等としているが，それ以外の条例第 6 条第 1 項各号所定の地域，区域又は場所（以下「許可地域等」という。）についても，広告物等の表示又は設置には，同項により，知事の許可を要するものとしている。そして，同項及び第 9 条の委任を受けて定められたＡ県屋外広告物条例施行規則（以下「規則」という。）第 10 条第 1 項及び別表第 4 は，各広告物等に共通する許可基準を定め，規則第 10 条第 2 項及び別表第 5 二は，建築物等から独立した広告物等の許可基準を定めている。

　広告事業者であるＢは，Ａ県内の土地を賃借し，依頼主の広告を表示するため，建築物等から独立した広告物等である広告用電光掲示板（大型ディスプレイを使い，店舗や商品のコマーシャル映像を放映するもの。以下「本件広告物」という。）の設置を計画した。そして，当該土地が都市計画区域内であり，条例第 6 条第 1 項第 1 号所定の許可地域等に含まれているため，Ｂは，Ａ県知事に対し，同項による許可の申請（以下「本件申請」という。）をした。

　本件広告物の設置が申請された地点（以下「本件申請地点」という。）の付近には鉄道の線路があり，その一部区間の線路と本件申請地点との距離は 100 メートル未満である。もっとも，当該区間の線路は地下にあるため，設置予定の本件広告物を電車内から見通すことはできない。また，本件申請地点は商業地域ではなく，本件広告物は「自己の事務所等に自己の名称等を表示する広告物等」には該当しない。これらのことから，Ａ県の担当課は，本件申請について，規則別表第 5 二（ハ）の基準（以下「基準 1」という。）に適合しない旨の判断をした。他

方，規則別表第4及び第5のその他の基準については適合するとの判断がされた
ことから，担当課は，Bに対し，本件広告物の設置場所の変更を指導したものの，
Bは，これに納得せず，設置場所の変更には応じていない。

　一方，本件申請がされたことは，本件申請地点の隣地に居住するCの知るとこ
ろとなった。そして，Cは，本件広告物について，派手な色彩や動きの速い動画
が表示されることにより，落ちついた住宅地である周辺の景観を害し，また，明
るすぎる映像が深夜まで表示されることにより，本件広告物に面した寝室を用い
るCの安眠を害するおそれがあり，規則別表第4二の基準（以下「基準2」とい
う。）に適合しないとして，これを許可しないよう，A県の担当課に強く申し入
れている。

　以上を前提として，以下の設問に答えなさい。

　なお，条例及び規則の抜粋を【資料】として掲げるので，適宜参照しなさい。

〔設問1〕

　A県知事が本件申請に対して許可処分（以下「本件許可処分」という。）をし
た場合，Cは，これが基準2に適合しないとして，本件許可処分の取消訴訟（以
下「本件取消訴訟1」という。）の提起を予定している。Cは，本件取消訴訟1に
おける自己の原告適格について，どのような主張をすべきか。想定されるA県の
反論を踏まえながら，検討しなさい。

〔設問2〕

　A県知事が本件広告物の基準1への違反を理由として本件申請に対して不許可
処分（以下「本件不許可処分」という。）をした場合，Bは，本件不許可処分の取
消訴訟（以下「本件取消訴訟2」という。）の提起を予定している。Bは，本件取
消訴訟2において，本件不許可処分の違法事由として，基準1が条例に反して無
効である旨を主張したい。この点につき，Bがすべき主張を検討しなさい。

【資料】

○　A県屋外広告物条例（抜粋）

（目的）

第1条　この条例は，屋外広告物法に基づき，屋外広告物（以下「広告物」とい
　　う。）及び屋外広告業について必要な規制を行い，もって良好な景観を形成し，
　　及び風致を維持し，並びに公衆に対する危害を防止することを目的とする。

（広告物の在り方）

第2条　広告物又は広告物を掲出する物件（以下「広告物等」という。）は，良好
　　な景観の形成を阻害し，及び風致を害し，並びに公衆に対し危害を及ぼすおそ
　　れのないものでなければならない。

（許可地域等）

第6条　次の各号に掲げる地域，区域又は場所（禁止地域等を除く。以下「許可
　　地域等」という。）において，広告物等を表示し，又は設置しようとする者は，
　　規則で定めるところにより，知事の許可を受けなければならない。

　　一　都市計画区域

　　二　道路及び鉄道等に接続し，かつ，当該道路及び鉄道等から展望できる地域
　　　　のうち，知事が交通の安全を妨げるおそれがあり，又は自然の景観を害する
　　　　おそれがあると認めて指定する区域（第1号の区域を除く。）

　　三，四　略

　　五　前各号に掲げるもののほか，知事が良好な景観を形成し，若しくは風致を
　　　　維持し，又は公衆に対する危害を防止するため必要と認めて指定する地域又
　　　　は場所

2　略

（許可の基準）

第9条　第6条第1項の規定による許可の基準は，規則で定める。

○　A県屋外広告物条例施行規則（抜粋）

（趣旨）

第1条　この規則は，A県屋外広告物条例（以下「条例」という。）に基づき，
　　条例の施行に関し必要な事項を定めるものとする。

（許可の基準）

第10条 条例第6条第1項の規定による許可の基準のうち，各広告物等に共通する基準は，別表第4のとおりとする。

2 前項に規定するもののほか，条例第6条第1項の規定による許可の基準は別表第5のとおりとする。

別表第4（第10条第1項関係）

一 地色に黒色又は原色（赤，青及び黄の色をいう。）を使用したことにより，良好な景観の形成を阻害し，若しくは風致を害し，又は交通の安全を妨げるものでないこと。

二 蛍光塗料，発光塗料又は反射の著しい材料等を使用したこと等により，良好な景観の形成を阻害し，若しくは風致を害し，又は交通の安全を妨げるものでないこと。

別表第5（第10条第2項関係）

一 略

二 建築物等から独立した広告物等

（イ） 一表示面積は，30平方メートル以下であること。

（ロ） 上端の高さは，15メートル以下であること。

（ハ） 自己の事務所等に自己の名称等を表示する広告物等以外の広告物等について，鉄道等までの距離は，100メートル（商業地域にあっては，20メートル）以上であること。

三〜九 略

1 問題分析

設問1は，A県知事が広告事業者Bに対して本件申請に対して本件許可（申請に対する処分）をした場合，本件申請地点の隣地に居住するCが争う事例（三面関係）ですから，**申請に対する処分阻止モデル**（63頁）に当たります。すでに本件許可がなされているので，Cは，事後救済として「本件許可処分の取消訴

訟」（本件取消訴訟1）を提起することになることは，設問1でも明示されています。設問1は，「本件取消訴訟1における自己の原告適格」の主張を検討させる**特定訴訟要件検討型**ですが，Cの立場からの検討を求めるものですから，原告適格を肯定する方向で立論すべきです。「想定されるA県の反論を踏まえながら」検討することが求められているため**主張反論型**にも当たります。

　設問2は，A県知事が広告事業者Bに対して本件申請に対して本件許可（申請に対する処分）を不許可とした場合，B自身が争う事例（二面関係）ですから，**申請に対する処分発動モデル**（57頁）に当たります。すでに処分がなされているので，Bは，事後救済として「本件不許可処分の取消訴訟」（本件取消訴訟2）を提起した上で，申請型義務付け訴訟を併合提起することになります。問題文では前者しか触れられていませんが，これに勝訴するだけでは当然に許可がされるわけではありませんので，後者も併合提起する必要があります。設問2では，本件取消訴訟2において「本件不許可処分の違法事由として，基準1が条例に反して無効である旨」の主張という本案論を問うものです。「Bがすべき主張」が問われており，「A県側の反論を踏まえながら」という指示がないため，端的にBが主張すべき違法事由を検討すれば足ります。

2　設問1：取消訴訟の原告適格

（1）　拾い出し

　取消訴訟の原告適格は「法律上の利益を有する者」（行訴法9条1項）に認められるところ，Cは周辺住民であり「処分又は裁決の相手方以外の者」ですから，平成25年・平成29年予備試験と同じく周辺住民型に当たり，法定考慮事項（同9条2項）が適用されます。

　まず，原告の被侵害利益の拾い出しをすると，問題文によれば，Cは，不利益ⓐ「派手な色彩や動きの速い動画が表示されることにより，落ちついた住宅地である周辺の景観を害」すること，不利益ⓑ「明るすぎる映像が深夜まで表示されることにより，本件広告物に面した寝室を用いるCの安眠を害するおそれ」があることの2つを主張していることがわかります。不利益ⓐは平成25年予備試験と同様に良好な景観の恵沢を享受する権利（景観利益），不利益ⓑは小

田急高架訴訟判決（最大判平成17・12・7民集59巻10号2645頁。ノート17-11・百選Ⅱ159）を参考に周辺住民の健康または生活環境の被害を受けない権利と構成することができます。

　次に，これらの不利益が係争処分の根拠法令の保護範囲に含まれるかを検討すると，問題文の第1段落に誘導があるとおり，Ⓐ本件許可の「根拠法令」は本件条例6条1項であるところ，①行政機関は「知事」と定められていますが，②処分要件は，㋐「許可地域等」において「広告物等を表示し，又は設置しようとする者」であること以外，㋑同9条により規則に委任されています。そこで，委任を受けた委任命令である規則10条によれば，別表第4（同1号）と別表第5（同2号）が処分要件を定めています。

　処分要件㋐「許可地域等」は，禁止地域等を除く「次の各号に掲げる地域，区域又は場所」であるところ（条例6条1項柱書），ⅰ「都市計画区域」（1号），ⅱ「道路及び鉄道等に接続し，かつ，当該道路及び鉄道等から展望できる地域のうち，知事が交通の安全を妨げるおそれがあり，又は自然の景観を害するおそれがあると認めて指定する区域（第1号の区域を除く。）」（2号），ⅲ「前各号に掲げるもののほか，知事が良好な景観を形成し，若しくは風致を維持し，又は公衆に対する危害を防止するため必要と認めて指定する地域又は場所」（5号）です（問題文では一部が省略されています）。

　具体的な許可基準である処分要件㋑は，別表第4によれば，ⅰ「地色に黒色又は原色（赤，青及び黄の色をいう。）を使用したことにより，良好な景観の形成を阻害し，若しくは風致を害し，又は交通の安全を妨げるものでないこと。」（1号），ⅱ「蛍光塗料，発光塗料又は反射の著しい材料等を使用したこと等により，良好な景観の形成を阻害し，若しくは風致を害し，又は交通の安全を妨げるものでないこと。」（2号）が，別表第5によれば，「建築物等から独立した広告物等」は，ⅲ「一表示面積は，30平方メートル以下であること。」（同2号（イ）），ⅳ「上端の高さは，15メートル以下であること。」（同（ロ）），ⅴ「自己の事務所等に自己の名称等を表示する広告物等以外の広告物等について，鉄道等までの距離は，100メートル（商業地域にあっては，20メートル）以上であること。」（同（ハ））と定められています。

　処分要件㋐の「許可地域等」には，ⅱ道路及び鉄道等に接続し，かつ，展望

できる地域のうち「自然の景観」を害するおそれがある地域（2号）のほか，「良好な景観」の形成や「風致」の維持のため必要と認めて指定する地域または場所（5号）も含めています。また，処分要件④の許可基準①と⑪は，いずれも「良好な景観の形成を阻害」し，もしくは「風致」を害するものでないことですから，不利益ⓐは保護範囲に含まれるといえそうです。

　他方，不利益ⓑについては明らかではありませんが，処分基準⑦のうち，⑪は「交通の安全」，「自然の景観」だけなのに対し，⑫は「良好な景観」，「風致」に加え，「交通の安全」よりも広く「公衆に対し危害」を及ぼさないことを定めています。また，処分要件ではありませんが，「目的」（条例1条）や「広告物の在り方」（同2条）にも「公衆に対し危害」を及ぼさないことが明示されていますから，不利益ⓑが法定考慮事項Aの処分根拠法令の「趣旨及び目的」（行訴法9条2項）に含まれることは間違いありません。

（2）　切り出し

　そこで，「個々人の個別的利益としても保護される利益」であるかを検討すると，A県側からは，景観の悪化は，「広い意味での生活環境の悪化」のように基本的には公益に属する利益にすぎないため，個々人の個別的利益としては保護されないとの反論が想定されます（サテライト大阪事件（最判平成21・10・15民集63巻8号1711頁。ノート17-12・百選Ⅱ161）参照）。しかし，たとえ景観利益であっても，国立マンション事件を参考に一定の範囲内でこれを享受する者を個々人の個別的利益として「切り出し」できることは，平成25年予備試験で解説したとおりです（190頁以下）。

　本件条例が，わざわざ「許可地域等」を限定していることから，少なくとも，同地域内または近接する地域内に居住し，その恵沢を日常的に享受する者については，条例が一般的公益と区別して個々人の個別的利益としても保護する趣旨を含むといえそうです。

　他方，不利益ⓑについては，単に「公衆に対し危害」を及ぼさないことだけでは，どのような「公衆」に対し，どのような「危害」までが含まれるのか不明確ですから，「切り出し」や「個別化」が必要です。条文を探しても「公衆に対し危害」を及ぼさないとの処分要件以外の手掛かりはなさそうですから，こ

の文言を手掛かりに、法定考慮事項Bの「当該処分において考慮されるべき利益の内容及び性質」（行訴法9条2項）を検討してみましょう。これまでの判例の傾向からすれば、「危害」については、生命・身体・健康であれば、「公衆」の範囲についても、これらの利益が直接的・具体的に害されるのであれば、個々人の個別的利益としても「切り出し」することができます（109頁）。

したがって、Cの立場からは、ⓐ' 許可地域等の地域内または近接する地域内に居住し、その恵沢を日常的に享受している等の景観利益を害されるおそれのある者と、ⓑ' 許可地域等の広告物等に起因して生命・身体・健康に係る著しい被害を直接的に受けるおそれがある者は、本件許可処分の取消しを求めるにつき法律上の利益を有すると主張することができます。

（3） 具体的線引き

最後に、Cがⓐ'ⓑ' に当たるのかを当てはめると、「本件申請地点」は「許可地域等」に当たり、Cは「本件申請地点の隣地に居住」しているため、景観利益の恵沢を日常的に享受しているといえ、ⓐ' に該当します。また、本件広告は広告用電光掲示板であるところ、Cの寝室は「本件広告に面した」場所にあるため、「明るすぎる映像が深夜まで表示されること」で、直接的に「安眠を害するおそれ」があります。安眠が日常的に妨げられることで、健康に「著しい被害」が生じるおそれがあるため、ⓑ' に該当するといえます。

以上が、Cの原告適格を肯定するための主張となります。

3 設問2：本案論

（1） 処分要件

基準1（＝上記処分要件⑦ⓥ）の内容を確認しておくと、「自己の事務所等に自己の名称等を表示する広告物等以外の広告物等について、鉄道等までの距離は、<u>100メートル</u>（商業地域にあっては、20メートル）<u>以上</u>であること。」と定められています。問題文によれば、「本件申請地点は商業地域ではなく、本件広告物は『自己の事務所等に自己の名称等を表示する広告物等』には該当しない」ため、「鉄道までの距離」を「100メートル以上」確保しなければならないとこ

ろ，本件広告は，「一部区間の線路と本件申請地点との距離は<u>100メートル未満</u>である」ため，形式的には基準1に該当しません。

　もし，基準1が裁量基準ならば，A県知事が基準1に従って本件不許可処分をした場合であっても，Bとしては，個別事情審査義務違反を主張し，行訴法30条に基づき裁量権行使の逸脱・濫用を主張できる可能性はあります。しかし，上記のとおり，基準1を含む規則10条や別表第4および5は，いずれも本件条例9条から委任を受けた委任命令ですから，A県知事の行政裁量の行使の問題ではないのです。Bとしては，基準1該当性を争うことは難しい以上，基準1それ自体が無効であると主張しなければなりません。

（2）　委任立法の違法性

　問題文によれば，Bの不満は，本件広告物は形式的には基準1に該当しないものの「当該区間の線路は地下にあるため，設置予定の本件広告物を電車内から見通すことはできない」ため，実質的には鉄道からの良好な景観を害していないという点にあります。このようなBの不満を法的主張に組み替える必要があります。

　委任命令の違法の場合，行訴法30条に基づく裁量権行使の逸脱・濫用の主張ではなく，委任をする法律または条例が白紙委任ではないか，委任を受けた命令が法律または条例の委任の趣旨を逸脱・濫用しているかという2ステップで判断されます（櫻井＝橋本60〜65頁）。なお，ここで検討すべきなのは，一般的・抽象的なルールである基準1の不合理性ですから，B固有の司法事実は問題にならないことに注意が必要です。

　本件条例9条は，一見すると白紙委任のようにも読めますが，同2条で「広告物の在り方」を定めているため，白紙委任とまではいえません。また，Bとしても，白紙委任であることを争いたいというよりも，基準1それ自体の問題を争いたいと考えているはずですから，条例の委任の趣旨を逸脱・濫用しているかを検討することとなります（行手法38条1項）。

　そこで，Bの立場から条例9条の委任の趣旨を検討すると，条例2条は「良好な景観の形成を阻害し，及び風致を害し，並びに公衆に対し危害を及ぼすおそれのないもの」と一般的に定めていますが，同6条1項2号は，「道路及び鉄

道等から展望できる地域」のうち,「交通の安全を妨げるおそれ」と「自然の景観を害するおそれ」がある地域に限って「許可地域等」と定めていますから,「鉄道等から展望できる地域」であり,かつ,「交通の安全を妨げ」たり,「自然の景観」を害するおそれがある場合に限って,これを禁止する趣旨であるといえます。

　それにもかかわらず,基準1は,「鉄道」から「展望できる地域」か否かにかかわらず,距離のみをもって一律に不許可事由として定めているため,本件条例9条の委任の趣旨に反し,無効であるといえます。

　　設問では問われていませんが,本件取消訴訟1における本案論では,行訴法10条1項により「自己の法律上の利益に関係のない違法」の主張は主張自体失当となるところ,Cは本件処分の相手方ではありません。新潟空港訴訟判決(最判平成元・2・17民集43巻2号56頁。ノート19-2・百選Ⅱ183)は比較的厳しく主張制限をしているうえ,一般的にも,原告適格を基礎付ける規定以外の処分の根拠規定は,当該第三者の権利利益を保護する趣旨と解することはできないと解されているため,Cは,基準2違反は主張し得るものの,基準1違反を主張することは難しいところです。

　　Cの立場からは,原告適格の解釈上の漏れをなくすという行訴法9条2項の趣旨から,同10条1項の解釈においても「当該処分が考慮される要素・要件を充たしていないこと」を主張できるというべきでしょう(櫻井＝橋本299〜300頁)。具体的には,同10条1項は「関係のない」違法と定めているため,原告適格よりも広く解することができること,第三者であっても処分要件を充たさない処分を受けないという利益があることなどを主張するとよいでしょう(行政法ガールⅠ149〜150頁)。

4　起案例

設問1

1　本件許可の「相手方」でないCに取消訴訟の原告適格が認められるためには,「法律上の利益を有する者」(行訴法9条1項)に当たらなければならない。「法律上の利益を有する者」とは,当該処分により自己の権利もしくは法律上保護された利益を侵害され,または必然的に侵害されるおそれのある者をい

い，処分の根拠法規が，専ら一般的公益の中に吸収解消できない個々人の個別的利益としても保護する趣旨を含む場合，当該個別的利益は法律上保護された利益に当たる（同2項参照）。

2（1）　本件許可が違法であった場合，Cは，ⓐ落ちついた住宅地である周辺の景観とⓑ安眠が害されることになる。ⓐは良好な景観の恵沢を享受する利益，ⓑは周辺住民の健康または生活環境の被害を受けない利益といえる。

　　　　本件許可の「根拠法令」である本件条例6条1項は，許可地域等として，道路および鉄道等に接続し，かつ，展望できる地域のうち「自然の景観」を害するおそれがある地域（2号）や，「良好な景観」の形成や「風致」の維持のため必要と認めて指定する地域または場所（5号）を含めている。また，同項から委任を受けた規則10条は，「地色に黒色又は原色」の使用や「蛍光塗料，発光塗料又は反射の著しい材料等」により「良好な景観」の形成を阻害し，もしくは「風致」を害するものでないこと（別表4・1号，2号）を処分基準として定めている。そのため，本件許可の根拠規範である本件条例は，不利益ⓐを保護しているといえる。

　　　　また，本件条例6条1項5号が「交通の安全」よりも広く「公衆に対する危害」を防止するために必要な場合を要件としていることや，本件条例の「目的」（1条）と「広告物の在り方」（2条）にも「公衆に対し危害」を及ぼさないことが明示されているため，本件処分の根拠規範である本件条例は，不利益ⓑを保護する「趣旨及び目的」を含んでいる。

　（2）ア　これに対し，A県側は，不利益ⓐは，景観の悪化は，広い意味での生活環境のように基本的には一般公益に属する利益に過ぎず，個々人の個別的利益としては保護されないと反論することが想定される。

　　　　しかし，良好な景観に近接する地域内に居住し，その恵沢を日常的に享受している者は，良好な景観が有する客観的な価値の侵害に対して密接な利害関係を有し，私法上も個々人の個別的利益として保護されるのであるから，景観利益は，広い意味での生活環境と異なり，一般公益に吸収解消されない個別的利益として保護され得るものである。そのため，係争処分

の根拠法令に手掛かりとなることが明らかな規定がある場合には，景観利益を個々人の個別的利益としても保護する趣旨であるといえる。

本件の処分根拠法規である本件条例は，まさに景観利益の保護を目的としている（1条）。また，景観利益は，長年にわたり形成されたものとして価値があり，一度侵害されると回復が困難である。

したがって，本件条例は，「許可地域等」の地域内または近接する地域内に居住し，景観利益の恵沢を日常的に享受する者については，不利益ⓐを個々人の個別的利益としても保護する趣旨であるといえる。

イ　他方，A県側は，不利益ⓑにつき，単なる「公衆に対する危害」を個々人の個別的利益として保護することはできないと反論することが考えられる。

しかし，「当該処分において考慮されるべき利益の内容及び性質」（行訴法9条2項）の観点からは，公衆に対する危害のうち，生命・身体・健康が直接的・具体的に害されるのであれば，本件条例は個々人の個別的利益として保護する趣旨を含むものといえる。

（3）　本件で問題となる屋外広告物の申請地点は「許可地域等」に当たり，Cは本件申請地点の隣地に居住しているため，ⓐ景観利益の恵沢を日常的に享受する者に当たる。

また，本件広告は広告用電光掲示板であるところ，Cの寝室は本件広告に面した場所にあるため，明るすぎる映像が深夜まで表示されることで，直接的に安眠が害され，これが日常的に続けばⓑ健康に著しい被害が具体的に生じるおそれがある。

以上のとおり，Cは，ⓐⓑいずれの観点からも原告適格を有すると主張するべきである。

設問2

1　基準1は，本件条例9条の委任の趣旨に反し無効である。

2　基準1は，本件条例9条の委任を受けた法規命令であるから，本件条例9条の委任の趣旨に反することはできない（行手法38条1項）。

　本件条例2条は「良好な景観の形成を阻害し，及び風致を害し，並びに公衆に対し危害を及ぼすおそれのないもの」と一般的に定めているが，同6条1項2号は，「道路及び鉄道等から展望できる地域」のうち，「交通の安全を妨げるおそれ」と「自然の景観を害するおそれ」がある地域に限って「許可地域等」と定めている。そのため，本条例9条の委任の趣旨は，「鉄道等から展望できる地域」であり，かつ，「交通の安全を妨げ」たり，「自然の景観」を害するおそれがある場合に限って，これを禁止することにある。

3　しかし，線路が地下にある等，設置予定の広告物を電車内から見通すことはできない場合には，本件条例6条1項2号の「鉄道等から展望できる地域」に当たらず，「交通の安全を妨げるおそれ」も「自然の景観を害するおそれ」もない。

　ところが，本件基準1は，「鉄道」から「展望できる地域」か否かにかかわらず，距離のみをもって一律に不許可事由として定めているから，本件条例9条の委任の趣旨に反し，無効である。

以上

（出題の趣旨）

　設問1においては，A県屋外広告物条例（以下「条例」という。）に基づく広告物設置等の許可処分（以下「本件許可処分」という。）について，それにより景観や生活・健康が害されることを主張する隣地居住者の原告適格を，当該原告の立場から検討することが求められる。

　まず，行政事件訴訟法第9条第1項所定の「法律上の利益を有する者」に関する最高裁判例で示されてきた判断基準について，第三者の原告適格の判断に即して，正しく説明されなければならない。

　その上で，原告が主張する景観と生活・健康（安眠）に関する利益について，それぞれ，本件許可処分の根拠法規である条例やA県屋外広告物条例施行規則（以下「規則」という。）によって保護されているものであることが，許可の要件や目的などに即して，具体的に説明されなければならない。

　さらに，これらの利益について，それらが一般的な公益に解消しきれない個別的利益

といえることが，その利益の内容や範囲等の具体的な検討を通じて，説明されなければならない。

　設問 2 においては，許可地域等において広告物等と鉄道等との距離を要件とする規則所定の許可基準について，条例がこれを委任した趣旨に適合し委任の範囲内にあるかを，その無効を主張する原告の立場から検討することが求められる。

　まず，この規則が定める許可基準が条例の委任に基づいて定められた委任命令であり，条例の委任の趣旨に反すれば無効となることが明確にされなければならない。

　つぎに，条例の委任の趣旨，言い換えれば条例が許可制度を設けた趣旨について，目的規定，許可地域等の定め方など，条例の規定に照らして，具体的に検討されなければならない。

　最後に，こうした目的に照らして，鉄道から広告物等が見通せるか否かを問題にすることなく，それとの距離を要件とする許可基準の定め方につき，これが条例の委任の趣旨と矛盾することから，これを定める規則が無効であるとの結論が導かれるべきこととなる。

Ⅹ　令和 2 年予備試験問題

　A 市では，A 市開発事業の手続及び基準に関する条例（以下「条例」という。）
が定められている。条例においては，都市計画法（以下「法」という。）第 29 条
第 1 項に基づく開発許可が必要な開発事業を行おうとする事業者は，開発許可の
申請に先立って市長と事前協議をしなければならず，また，開発事業の内容等に
ついて，周辺住民に対して説明会を開催するなどの措置を講じることとされてい
る。なお，A 市長は，地方自治法上の中核市の長として，法第 29 条の開発許可
に関し都道府県知事と同じ権限を有している。また，これらの条例の規定は，法
の委任に基づくものではないが，その内容に違法なところはない。

　B は，A 市において，平成 15 年から産業廃棄物処理施設（以下「第 1 処分場」
という。）を営んでいる。平成 25 年になって，B は，第 1 処分場の隣接地に新た
な産業廃棄物処理施設（以下「第 2 処分場」という。）を設置することを計画し
た。第 2 処分場を設置するための土地の区画形質の変更（土地の区画変更，切土・
盛土など）は，条例第 2 条第 1 項第 1 号の開発事業に該当するため，B は，A 市
長に対し，条例第 4 条に基づく事前協議を申し入れた。この第 2 処分場の設置に
対しては，生活環境の悪化を危惧する周辺住民が強い反対運動を行っていたこと
から，A 市長は，B に対し，条例に定められた説明会を開催した上で，周辺住民
の同意を得るように指導した。B はこれに従って，周辺住民に対し，説明会の開
催を提案したが，周辺住民は説明会をボイコットし，同意も一切しなかった。

　B は，第 2 処分場の設置に係る開発事業は，法の規定に照らして適法であり，
たとえ周辺住民の同意がなくても，A 市長が開発許可を拒否することはできない
と考え，A 市長に対し，事前協議を開始するよう改めて申し入れた。そこで，A
市長は，条例による手続を進め，B に対して開発許可を与えることにした。その
一方で，A 市は，周辺住民の強力な反対を考慮し，B との間で開発協定を締結し，
その協定においては，「B が行う廃棄物処理事業に係る開発事業については，今回
の開発区域内の土地及び規模に限るものとし，今後一切の例外は認めない。」とい
う条項（以下「本件条項」という。）が定められた。B は，本件条項を含む開発協
定の締結には当初難色を示したが，周辺住民との関係を改善することも必要であ

ると考え，協定の締結に同意した。なお，この開発協定は，法や条例に根拠を有するものではなく，また，法第33条第1項及び条例の定める基準には，本件条項に関係するものは存在しない。

　令和2年になり，第2処分場がその容量の限界に達したため，Bは更に新たな産業廃棄物処理施設（以下「第3処分場」という。）を設置することを計画した。第3処分場を設置するための土地の区画形質の変更も条例第2条第1項第1号の開発事業に該当するため，Bは，同年6月，A市長に対し，条例第4条に基づく事前協議を申し入れた。A市長は，同年7月，Bに対し，「本件条項により，第3処分場の設置に係る開発事業についての協議を受けることはできない。」という内容の通知（以下「本件通知」という。）をした。

　Bは，本件条項の法的拘束力に疑問を抱いており，また，本件条項を前提としたA市長の対応に不満であることから，本件通知の取消訴訟を提起することを考えている。

　以上を前提として，以下の設問に答えなさい。

　なお，法及び条例の抜粋を【資料】として掲げるので，適宜参照しなさい。

〔設問1〕

　本件条項に法的拘束力は認められるか。本件条項の性質を示した上で，法の定める開発許可制度との関係を踏まえて，検討しなさい。なお，第2処分場の設置に当たってなされたA市長の指導は適法であることを前提にすること。

〔設問2〕

　本件通知は，取消訴訟の対象となる処分に当たるか。Bの立場に立って，想定されるA市の反論を踏まえて，検討しなさい。

【資料】

○　都市計画法（昭和43年法律第100号）（抜粋）

（定義）

第4条　1〜11　（略）

12　この法律において「開発行為」とは，主として建築物の建築又は特定工作物

の建設の用に供する目的で行なう土地の区画形質の変更をいう。

13～16　（略）

（開発行為の許可）

第29条　都市計画区域又は準都市計画区域内において開発行為をしようとする者は、あらかじめ、国土交通省令で定めるところにより、都道府県知事（中略）の許可を受けなければならない。（以下略）

2・3　（略）

（開発許可の基準）

第33条　都道府県知事は、開発許可の申請があつた場合において、当該申請に係る開発行為が、次に掲げる基準（中略）に適合しており、かつ、その申請の手続がこの法律又はこの法律に基づく命令の規定に違反していないと認めるときは、開発許可をしなければならない。（以下略）

2～8　（略）

○　A市開発事業の手続及び基準に関する条例（抜粋）

（目的）

第1条　この条例は、開発事業の計画に係る事前協議等の手続及び都市計画法（昭和43年法律第100号。以下「法」という。）の規定に基づく開発許可の基準その他開発事業に関し必要な事項を定めることにより、良好な都市環境の保全及び形成を図り、もって秩序ある調和のとれたまちづくりに寄与することを目的とする。

（定義）

第2条　この条例において、次の各号に掲げる用語の意義は、それぞれ当該各号に定めるところによる。

　一　開発事業　法第29条第1項（中略）の規定による開発行為の許可（中略）を要する開発行為をいう。

　二　開発事業区域　開発事業を行おうとする土地の区域をいう。

　三　事業者　開発事業を行おうとする者をいう。

2　前項に規定するもののほか、この条例において使用する用語は、法（中略）において使用する用語の例による。

（事前協議）

第4条 事業者は，開発事業を行おうとするときは，あらかじめ，規則で定める
　　ところにより，開発事業の計画について市長と協議しなければならない。

（事前周知）

第8条 事業者は，規則で定めるところにより，開発事業（中略）の計画の内容，
　　工事の概要，環境への配慮等について，当該開発事業を行う地域の周辺住民等
　　に対しあらかじめ説明会を開催するなど当該開発事業に関する周知について必
　　要な措置を講じ，その結果を市長に報告しなければならない。

（指導及び勧告）

第10条 市長は，次の各号のいずれかに該当する者に対し，必要な措置を講じる
　　よう指導し，又は勧告することができる。
　　一 第4条（中略）の規定による協議をせず，又は虚偽の内容で協議を行った
　　　者
　　二～五 （略）

（命令）

第11条 市長は，前条の勧告を受けた者が正当な理由なくこれに従わないとき
　　は，開発事業に係る工事の中止を命じ，又は相当な期限を定めて違反を是正す
　　るために必要な措置を講じるよう命じることができる。

1　問題分析

　本問は，BがA市長に対し本件条例4条に基づき事前協議を申請したとこ
ろ，A市長がこれを受けることができない旨の本件通知（申請に対する処分）を
したことから，B自身が争うもの（二面関係）ですから，申請に対する処分発動モ
デル（57頁）に当たります。そのため，本件通知の処分性があると解するなら
ば，「本件通知の取消訴訟を提起」すべきことは，問題文に書かれているとおり
です。

　設問1では，「本件条項に法的拘束力は認められるか」が問われています。本
件通知に対する取消訴訟が適法に提起できた場合，A市長は，本件通知は本件
条項に基づくものであるから適法であると反論すると想定されるため，*本案論*

として本件条項の法的拘束力が争点になります。問題文では，検討する立場の指定がないため，第三者視点から検討することとします。「第2処分場の設置に当たってなされたA市長の指導は適法であることを前提にすること」という指定があるので，端的に本件条項の法的拘束力のみを検討すれば足ります。

設問2は，「本件通知は，取消訴訟の対象となる処分に当たるか」を問うものですから，特定訴訟要件検討型に当たります。「Bの立場に立って，想定されるA市の反論を踏まえて，検討しなさい」との指示があるため，主張反論型により処分性を肯定する起案を検討してみましょう。

2　設問1：行政契約の法的拘束力

本件条項は，BとA市との間で締結された開発協定に含まれるものです。開発協定は，行政主体等が行政目的を達成するために締結する契約ですから，本件条項は行政契約に当たります（櫻井＝橋本120頁）。

行政契約については，学習上手薄になりがちですから，公害防止協定に関する判例（最判平成21・7・10判時2058号53頁。ノート7-5・百選Ⅰ90）が想起できなかったとしても，問題文中に「この開発協定は，法や条例に根拠を有するものではなく，法第33条第1項及び条例の定める基準には，本件条項に関係するものは存在しない」と書かれており，設問中にも「法の定める開発許可制度との関係を踏まえて」検討することが求められていますので，本問のような侵害行政における契約は，法律による行政の原理と抵触すること（櫻井＝橋本122〜125頁）には気づいてほしいところです。また，設問中に「本件条項の性質を示した上で」と書いてありますから，法的拘束力を認めない紳士協定説と，契約としての法的拘束力を認める契約説があることを想起させます。

行政契約のうち，新たに義務を課す条項を定める場合，これを法律の根拠なくして行うことは，法律による行政の原理のうち，法律の留保に反すると考えれば，法的拘束力のない紳士協定と解するべきことになります。しかし，法令の定める規制措置は，法令の定める義務を超える義務を負うことまで排斥する趣旨とはいえません。そのため，①当事者が法的拘束力を持たせる意思で当該条項を定めたのであれば，契約として法的拘束力を認めても，直ちに法律の留

保に反するとはいえません。

　もっとも，法律による行政の原理には，法律の優位がありますから，法律違反の行政活動は許されませんので，契約は法律の範囲内でなければなりません。そのため，①を充たすとしても，契約としての法的拘束力があるか否かは，②契約内容の一般的有効要件を充たすか否かといった観点から，諸般の事情を総合的に勘案して判断することになります。

　本問において，「Bは，本件条項を含む開発協定の締結には当初難色を示したが，周辺住民との関係を改善することも必要であると考え，協定の締結に同意した」とありますから，自らの自由意思で締結しているといえます。また，Bが第3処分場を設置することを計画した理由も「第2処分場がその容量の限界に達した」というBの一方的な都合にすぎません。そのため，①当事者は法的拘束力を持たせる意思であったといえます。

　もっとも，本件条項は，「Bが行う廃棄物処理事業に係る開発事業」のみを対象とし，「今後一切の例外は認めない」という強力な規制です。都市計画法33条1項は，都道府県知事に対して，処分要件を充足するならば「許可をしなければならない」として効果裁量を否定しているところ，その趣旨は，国民の本来的自由に属する講学上の許可であることに対する配慮であるといえます。一切の例外を認めず自由をはく奪することは，法律による行政の原理の潜脱といえますし，そのような強力な規制をBのみを対象に行うことは平等原則の観点からも問題があります。そのため，②契約内容の一般的有効要件である民法90条に反し無効といえます。

　したがって，本件条項に法的拘束力は認められないというべきでしょう。

3　設問2：処分性

　設問2は，本件通知の処分性を問うものです。平成23年予備試験のような誘導はありませんが，処分性の解釈枠組み（79頁以下）を参照してみましょう。

　まず，指標①を検討するにあたり，本件通知の根拠条文を探してみると，Bが「条例4条に基づく事前協議を申し入れた」ことに対するものですから，条例4条を根拠として，行政機関であるA市長が一方的にするものといえます。

　次に，指標②を検討するに先立ち，都市計画法と条例の仕組みを分析しましょう。問題文にも書かれているとおり，本件条例は，法29条1項に基づく開発許可が必要な開発事業を行おうとする事業者は，市長との事前協議（条例4条）や周辺住民等に対する説明会等の事前周知（同8条）をしなければならないと定めています。問題文によれば，「条例の規定は，法の委任に基づくものではない」ため，事前協議や事前周知をすることは，都市計画法の開発許可の処分要件ではありません。そのため，両者は別の仕組みであり，本件条例と都市計画法の許可の前後関係はないはずです。

　ところが，問題文によれば，「A市長は，地方自治法上の中核市の長として，法29条の開発許可に関し都道府県知事と同じ権限を有している」ため，事前協議や事前周知を「開発許可の申請に先立って」行わなければならないとの運用をしています。この運用を前提とすれば，事実上，法29条1項に基づく開発許可の申請をすることができないおそれもあります。

　さらに，法に基づく開発許可を得たとしても，本件条例に基づく事前協議をしなかった場合，Ⓐ必要な措置を講じるよう指導・勧告がなされます（条例10条1号）。また，正当な理由なく勧告に従わないときは，Ⓑ開発事業に係る工事の中止や必要な措置を講じるよう命じられます（同11条）。

　この仕組みを前提とすると，A市からは，指標②につき，本件通知は，単に事前協議を受けることはできないとの意思表示をしたものであり，Bの法的地位に何ら影響を与えるものではないとの反論が想定されます。実効的権利救済を図るという観点からも，法に基づく開発許可申請の不許可処分に対する取消訴訟を提起するか，Ⓑ中止命令に対する取消訴訟を提起すれば足りるとも反論するでしょう。

　これらの反論を踏まえると，本件通知の処分性を肯定したいBの立場からは，ⅰ本件通知の段階で法的地位に影響があること，ⅱ実効的な権利救済を図るという観点からもⒷ命令のみならず，Ⓐ勧告の段階で争うことも適当ではないことの2点を主張しなければなりません。事案類型としては処分性の指標②＝C（法的地位の変動）（98頁以下）に当たるところ，輸入禁制品該当の通知に関する横浜税関事件（最判昭和54・12・25民集33巻7号753頁。ノート16-4。以下「昭和54年最判」といいます）や食品衛生法違反の通知に関する冷凍スモークマグロ事件（最

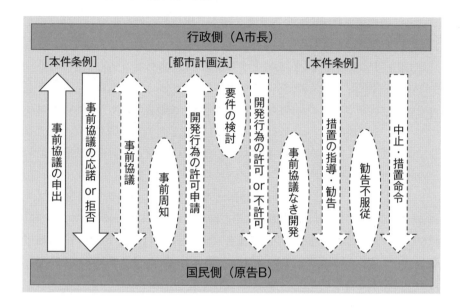

判平成 16・4・26 民集 58 巻 4 号 989 頁。ノート 16-5。以下「平成 16 年最判」といいます），病院中止勧告に関する富山県病院開設中止勧告事件（最判平成 17・7・15 民集 59 巻 6 号 1661 頁。ノート 16-7・百選 II 154。以下「平成 17 年最判」といいます）等が想起されます。

　ⅰ法的地位の影響については，平成 17 年最判を参考に，本件通知の段階で，相当程度の確実さをもって，Ⓐ勧告やⒷ命令がなされることとなり，実際上，開発行為を断念せざるを得ないこととなると主張することができます。また，昭和 54 年最判や平成 16 年最判を参考に，上記の運用を強調し，本件通知は，開発行為を適法に行うことができなくなると主張してもよいでしょう。

　ⅱ実効的権利救済の観点からは，本件条例は法の委任に基づくものではないため，法 29 条 1 項に基づく開発許可の処分要件ではありませんので，条例に基づく事前協議や事前周知を行わなかったとしても，法に基づく開発許可がなされるはずですから，同不許可処分の取消訴訟を提起することはできません。

　仮に，上記の運用を前提に，開発不許可処分がなされたとしても，これに対する取消訴訟は提起できますが，事前協議は法に基づく開発許可の処分要件ではないとして開発不許可処分が違法と判断されても，本件通知の違法性は判断

されないため，Bは依然として④勧告や⑧命令を受ける地位にあります。

しかも，⑧命令の段階で争うためには，Bは実際に開発行為を行わなければ
ならず，勧告や命令がなされる蓋然性が高い中で巨額の投資をすることを余儀
なくされますから，開発行為を断念せざるを得ない地位に置かれるといえます
から，やはり適当ではありません（平成17年最判参照）。

したがって，本件通知は，取消訴訟の対象となる処分に当たると主張し得る
でしょう。

4 起案例

設問1

1 本件条項は，BとA市との間で締結された開発協定に含まれるところ，これ
は行政主体等が行政目的を達成するために締結する契約である行政契約に当た
る。

行政契約は，法や条例に根拠を有するものではないから，法律による行政の
原理のうち，法律の留保に抵触する。そのため，国民の権利を制限し，義務を
課す法的拘束力のない紳士協定にすぎないとの見解もある。

しかし，法令の定める規制措置は，国民に対して法令の定める義務を超える
義務を負うことまで排斥する趣旨とはいえない。そのため，たとえ法令の定め
る義務を超える条項であっても，①当事者が法的拘束力を持たせる意思で当該
条項を定めたのであれば，契約としての法的拘束力を認めても，法律の留保に
反するとはいえない。

もっとも，行政契約により課される義務が法令に抵触するならば，法律の優
位に反することになるから，②契約内容の一般的有効要件を充たさなければ，
契約としての法的拘束力は認められない。

2 本問において，Bは，本件条項を含む開発協定の締結には当初難色を示した
が，周辺住民との関係を改善することも必要であると考えて協定の締結に同意
しているから，自らの自由意思で締結している。また，Bが第3処分場を設置
することを計画した理由も，第2処分場がその容量の限界に達したというBの

一方的な都合にすぎないから，①当事者は法的拘束力を持たせる意思であったといえる。

　　もっとも，本件条項は，「Bが行う廃棄物処理事業に係る開発事業」のみを対象とし，「今後一切の例外は認めない」という強力な規制である。法33条1項は，都道府県知事に対して，処分要件を充足するならば「許可をしなければならない」として効果裁量を否定しているところ，その趣旨は，国民の本来的自由に属する講学上の許可であることに対する配慮であるといえる。そのため，一切の例外を認めず自由をはく奪することは，法律による行政の原理の潜脱といえる。また，そのような強力な規制をBのみを対象に行うことは，平等原則の観点からも問題がある。

3　したがって，②本件条項は，公序良俗に反し，民法90条により無効であるから，契約としての法的拘束力は認められない。

設問2

1　取消訴訟の対象となる「行政庁の処分」（行訴法3条2項）とは，公権力の主体たる国または公共団体が行う行為のうち，その行為によって，直接国民の権利義務を形成しまたはその範囲を確定することが法律上認められているものをいうと解される。

2（1）　本件通知は，行政機関であるA市長により，本件条例4条に基づき一方的になされるものである。

　（2）　これに対し，A市側から，本件通知は，単に事前協議を受けることはできないとの観念の通知をしたものであり，Bの法的地位に何ら影響を与えるものではないとの反論が想定される。

　　しかし，本件条例と法29条1項に基づく開発許可は別個の仕組みではあるものの，A市長は，中核市の市長として法29条1項の開発許可に関し都道府県知事と同じ権限を有しており，条例に基づく事前協議や事前周知を法29条1項に基づく開発許可に先立って行わなければならないとの運用をしている。そのため，本件通知がなされた時点で，事実上，開発行為の許可申請をすることができないおそれがある。

　　また，仮に開発行為が許可されたとしても，本件通知がなされた後，事前協議なく開発事業を行えば，本件条例 10 条に基づく勧告がなされ，これに従わない場合には本件条例 11 条に基づく命令がなされる。そのため，本件通知の段階で，相当程度の確実さをもって，命令がなされるものといえる。

　　したがって，本件通知がなされた段階で，実際上，開発行為を断念せざるを得ないという法的効果が生ずる。

（3）　これに対し，A 市側から，法に基づく開発許可申請の不許可処分の取消訴訟や，命令の取消訴訟を提起すれば足りると反論することが想定される。

　　しかし，本件条例は法の委任に基づくものではないため，法 29 条 1 項に基づく開発許可の処分要件ではない。そのため，条例に基づく事前協議や事前周知を行わなかったとしても，法に基づく開発許可処分がなされるはずであり，開発許可申請の不許可処分の取消訴訟は提起できない。

　　仮に，上記の運用を前提に開発不許可処分がなされたとしても，これに対する取消訴訟においては，事前協議は法に基づく開発許可の処分要件ではないとして開発不許可処分が違法と判断されても，本件通知の違法性は判断されないため，B は依然として勧告や命令を受ける地位にある。

　　しかも，命令の段階で争うためには，B は実際に開発行為を行わなければならず，勧告や命令がなされる蓋然性が高い中で巨額の投資をすることを余儀なくされる。そうすると，実効的な権利救済を図るためには，本件通知がされた段階で，これを対象とした取消訴訟の提起を認めることに合理性がある。

（4）　したがって，本件通知は，取消訴訟の対象となる行政処分に当たる。

以上

（出題の趣旨）

　本問は，都市計画法上の開発許可の事前手続を定めた条例（以下「条例」という。）の運用に際して，市と事業者の間で，事業者の開発制限に関する条項（以下「本件条項」という。）を含む開発協定が締結され，さらに，本件条項を前提にして，条例に基づく事前協

議を受けることができないという市長の通知（以下「本件通知」という。）が発せられたという事実を基にして，行政契約の実体法的な制約，及び取消訴訟の訴訟要件に関する基本的な知識・理解を試す趣旨の問題である。

　設問1は，本件条項の法的拘束力を問うものである。本件条項は，公害防止協定に類する規制的な契約であることから，最高裁判所平成21年7月10日第二小法廷判決（裁判集民事231号273頁）などを踏まえて，その法的拘束力の有無について検討することが求められる。その際，本件の事例に即して，とりわけ開発許可制度の趣旨を踏まえて論ずる必要がある。

　設問2は，本件通知の処分性の有無を問うものであり，処分性に関する最高裁判例を基に検討することが求められる。その際，本件通知の法的根拠の有無，本件通知が条例上の措置や開発許可との関係でいかなる意義を有するか，開発不許可処分の取消訴訟において本件通知の違法性を争うことができるか，などについて，都市計画法や条例の規定を基に論ずることが求められる。

XI　令和 3 年予備試験問題

　A は，B 県知事から，廃棄物の処理及び清掃に関する法律（以下「法」という。）第 14 条の 4 第 1 項に基づき，特別管理産業廃棄物に該当するポリ塩化ビフェニル廃棄物（以下「PCB 廃棄物」という。）について収集運搬業（積替え・保管を除く。）の許可を受けている特別管理産業廃棄物収集運搬業者（以下「収集運搬業者」という。）である。PCB 廃棄物の収集運搬業においては，積替え・保管が認められると，事業者から収集した PCB 廃棄物が収納された容器を運搬車から一度下ろし，一時的に積替え・保管施設内で保管し，それを集積した後，まとめて別の大型運搬車で処理施設まで運搬することができるので効率的な輸送が可能となる。しかし，A は，積替え・保管ができないため，事業者から排出された PCB 廃棄物の収集量が少なく運搬車の積載量に空きがあっても，遠隔地にある処理施設までそのまま運搬しなければならず，輸送効率がかなり悪かった。そこで，A は，自らが積替え・保管施設を建設して PCB 廃棄物の積替え・保管を含めた収集運搬業を行うことで輸送効率を上げようと考えた。同時に，A は，A が建設する積替え・保管施設においては，他の収集運搬業者による PCB 廃棄物の搬入・搬出（以下「他者搬入・搬出」という。）も行えるようにすることで事業をより効率化しようと考えた。A は，B 県担当者に対し，前記積替え・保管施設の建設に関し，他者搬入・搬出も目的としていることを明確に伝えた上で B 県の関係する要綱等に従って複数回にわたり事前協議を行い，B 県内の A の所有地に高額な費用を投じ，各種規制に適合する相当規模の積替え・保管施設を設置した。B 県知事は，以上の事前協議事項について B 県担当課による審査を経て，A に対し，適当と認める旨の協議終了通知を送付した。その後，A は，令和 3 年 3 月 1 日，PCB 廃棄物の積替え・保管を含めた収集運搬業を行うことができるように，法第 14 条の 5 第 1 項による事業範囲の変更許可の申請（以下「本件申請」という。）をした。なお，本件申請に係る書類には，他者搬入・搬出に関する記載は必要とされていなかった。

　B 県知事は，令和 3 年 6 月 21 日，本件申請に係る変更許可（以下「本件許可」という。）をしたが，「積替え・保管施設への搬入は，自ら行うこと。また，当該

施設からの搬出も，自ら行うこと。」という条件（以下「本件条件」という。）を
付した。このような内容の条件を付した背景には，他者搬入・搬出をしていた別
の収集運搬業者の積替え・保管施設において，保管量の増加と保管期間の長期化
により PCB 廃棄物等の飛散，流出，異物混入などの不適正事例が発覚し，社会問
題化していたことがあった。そこで，B県知事は，特別管理産業廃棄物の性状等
を踏まえ，他者搬入・搬出によって収集・運搬に関する責任の所在が不明確とな
ること，廃棄物の飛散，流出，異物混入などのおそれがあること等を考慮して，
本件申請直前に従来の運用を変更することとし，本件許可に当たり，B県で初め
て本件条件を付することになった。

　本件条件は法第14条の5第2項及び第14条の4第11項に基づくものであっ
た。しかし，Aは，近隣の県では本件条件のような内容の条件は付されていない
のに，B県においてのみ本件条件が付された結果，当初予定していた事業の効率
化が著しく阻害されると考えている。また，Aは，本件条件が付されることにつ
いて，事前連絡を受けておらず，事前協議が無に帰してしまい裏切られたとの思
いから，強い不満を持っている。

　以上を前提として，以下の設問に答えなさい。

　なお，法及び廃棄物の処理及び清掃に関する法律施行規則（以下「法施行規則」
という。）の抜粋を【資料】として掲げるので，適宜参照しなさい。

〔設問1〕
　本件条件に不満を持つAは，どのような訴訟を提起すべきか。まず，本件条件
の法的性質を明らかにし，次に，行政事件訴訟法第3条第2項に定める取消訴訟
について，考えられる取消しの対象を2つ挙げ，それぞれの取消判決の効力を踏
まえて検討しなさい。なお，解答に当たっては，本件許可が処分に当たることを
前提にしなさい。また，取消訴訟以外の訴訟及び仮の救済について検討する必要
はない。

〔設問2〕
　Aは，取消訴訟において，本件条件の違法性についてどのような主張をすべき
か。想定されるB県の反論を踏まえて検討しなさい。なお，本件申請の内容は，

法施行規則第10条の13等の各種基準に適合していることを前提にしなさい。また，行政手続法上の問題について検討する必要はない。

【資料】

○　廃棄物の処理及び清掃に関する法律（昭和45年法律第137号）（抜粋）

（目的）

第1条　この法律は，廃棄物の排出を抑制し，及び廃棄物の適正な分別，保管，収集，運搬，再生，処分等の処理をし，並びに生活環境を清潔にすることにより，生活環境の保全及び公衆衛生の向上を図ることを目的とする。

（定義）

第2条　1～4　（略）

5　この法律において「特別管理産業廃棄物」とは，産業廃棄物のうち，爆発性，毒性，感染性その他の人の健康又は生活環境に係る被害を生ずるおそれがある性状を有するもの（中略）をいう。

6　（略）

（国及び地方公共団体の責務）

第4条　（略）

2　都道府県は，（中略）当該都道府県の区域内における産業廃棄物の状況をはあくし，産業廃棄物の適正な処理が行なわれるように必要な措置を講ずることに努めなければならない。

3～4　（略）

（特別管理産業廃棄物処理業）

第14条の4　特別管理産業廃棄物の収集又は運搬を業として行おうとする者は，当該業を行おうとする区域（運搬のみを業として行う場合にあつては，特別管理産業廃棄物の積卸しを行う区域に限る。）を管轄する都道府県知事の許可を受けなければならない。（以下略）

2～4　（略）

5　都道府県知事は，第1項の許可の申請が次の各号に適合していると認めるときでなければ，同項の許可をしてはならない。

一　その事業の用に供する施設及び申請者の能力がその事業を的確に，かつ，

継続して行うに足りるものとして環境省令で定める基準に適合するものであること。

　二　（略）

6〜10　（略）

11　第1項（中略）の許可には，生活環境の保全上必要な条件を付することができる。

12〜14　（略）

15　特別管理産業廃棄物収集運搬業者（中略）以外の者は，特別管理産業廃棄物の収集又は運搬を（中略）受託してはならない。

16〜18　（略）

（変更の許可等）

第14条の5　特別管理産業廃棄物収集運搬業者（中略）は，その特別管理産業廃棄物の収集若しくは運搬又は処分の事業の範囲を変更しようとするときは，都道府県知事の許可を受けなければならない。（以下略）

2　前条第5項及び第11項の規定は，収集又は運搬の事業の範囲の変更に係る前項の許可について（中略）準用する。

3〜5　（略）

○　廃棄物の処理及び清掃に関する法律施行規則（昭和46年厚生省令第35号）（抜粋）

（特別管理産業廃棄物収集運搬業の許可の基準）

第10条の13　法第14条の4第5項第1号（法第14条の5第2項において準用する場合を含む。）の規定による環境省令で定める基準は，次のとおりとする。

　一　施設に係る基準

　　イ　特別管理産業廃棄物が，飛散し，及び流出し，並びに悪臭が漏れるおそれのない運搬車，運搬船，運搬容器その他の運搬施設を有すること。

　　ロ〜ホ　（略）

　　ヘ　積替施設を有する場合には，特別管理産業廃棄物が飛散し，流出し，及び地下に浸透し，並びに悪臭が発散しないよう必要な措置を講じ，かつ，特別管理産業廃棄物に他の物が混入するおそれのないように仕切り等が設

けられている施設であること。

二　申請者の能力に係る基準

　イ　特別管理産業廃棄物の収集又は運搬を的確に行うに足りる知識及び技能を有すること。

　ロ　（略）

　ハ　特別管理産業廃棄物の収集又は運搬を的確に，かつ，継続して行うに足りる経理的基礎を有すること。

1　問題分析

　本問は，B県知事が廃棄物処理法に基づく許可を受けているAによる事業範囲の変更許可申請に対して条件を付して許可をした（申請に対する処分）ことから，A自身が争う（二面関係）ものですから，申請に対する処分発動モデル（57頁）となります。

　設問1では，「本件条件に不満を持つ」Aの立場から，「どのような訴訟を提起すべきか」という訴訟選択が問われています。その際に「取消判決の効力を踏まえて検討」することが求められているため，訴訟の終了論の知識も必要です。

　設問2では，Aの立場から「取消訴訟において，本件条件の違法性についてどのような主張をすべきか」という本案論が問われています。「想定されるB県の反論を踏まえて検討しなさい」との指示があるため，主張反論型に当たります。

2　設問1：訴訟選択

　設問1では，Aの立場から提起すべき訴訟を検討することが求められていますが，設問を読むと「取消訴訟以外の訴訟及び仮の救済について検討する必要はない」との指示があります。本問では，すでに本件許可がなされているため，申請に対する処分発動モデルの事後救済として取消訴訟＋（拒否処分型）申請型義務付け訴訟を併合提起することになりますが，設問によれば後者を検討

する必要はありません。

　検討事項を確認すると，①「本件条件の法的性質を明らかに」すること，②取消訴訟について「考えられる取消しの対象を2つ挙げ」，③「それぞれの取消判決の効力を踏まえて検討」することが求められています。

（1）　本件条件の法的性質

　まず，検討事項①については，行政法総論の知識ですが，これが附款であることはすぐにわかるでしょう。附款とは，「行政行為の効果を制限するため，行政庁の意思表示の主たる内容に付加された従たる意思表示」（櫻井＝橋本98頁）をいうところ，本件条件は，本件許可の効力を制限するものとして附款に当たります。

　附款には，条件，期限，負担，撤回権の留保の4つがあるところ（櫻井＝橋本98〜100頁），本件条件は「積替え・保管施設への搬入は，自ら行うこと。また，当該施設からの搬出も，自ら行うこと。」という相手方に特定の義務を命ずる附款ですから，負担に当たります。

（2）　考えられる取消しの対象

　次に，検討事項②を読むことで，考えられる取消しの対象が2つあることが示唆されています。問題文を読み直すと，かつての「収集運搬業（積替え・保管を除く。）の許可」を取り消しても仕方ありませんので，本件申請に対する本件許可か，本件条件が候補となることはすぐにわかるでしょう。

（3）　取消判決の効力

　検討事項③については，訴訟の終了論（42頁以下）の知識を活用しましょう。まず，本件許可の取消訴訟に勝訴すれば，この取消判決（以下「本件取消判決」といいます）の形成力により，本件申請がなされた段階に戻るだけであり（櫻井＝橋本309〜310頁），Aが適法に「積替え・保管」を行うためには，B県知事による本件申請に係る変更許可（以下「新たな本件許可」といいます）を待たねばなりません（本問では「取消訴訟以外の訴訟」を検討する必要はありませんが，本件許可の取消訴訟をする場合には，新たな本件許可を得るために申請型義務付け訴訟を提起すべきことになります）。

　B県知事が新たな本件許可を行うにあたっては，本件取消判決の拘束力（行

訴法33条1項）により，「判決の趣旨」に従わなければなりません（同3項，2項）。具体的には，同一事情・同一理由・同一手続による同一内容の処分の繰り返しは許されないこととなります（45頁）。しかし，逆にいえば，「判決の趣旨」に従っている限り，同一事情・同一理由・同一手続による同一内容の処分でなければよいため，異なる条件が付される可能性もあります。

　廃棄物処理法14条の5に基づく特別管理産業廃棄物処理業の変更許可は，一般に憲法が保障する営業の自由（憲法22条1項）の観点から，B県知事に効果裁量はないと解されていますが，極端な話，B県知事が，効果裁量があるとの立場から不許可処分をする可能性もゼロではないのです。

　このように，本件許可を取消しの対象とすると，本件条件のみが取り消された許可が確実に得られるとはいえません。

（4）　提起すべき訴訟

　そのため，Aの立場からは，本件条件を取消しの対象とした方が，本件許可の効力を維持しつつ，本件条件のみを取り消すことができるというメリットがあります。

　もっとも，本件条件は，本件許可の附款ですから，本件条件のみを取消しの対象とすることができるのかが問題となります。本件条件が本件許可と不可分一体の場合，本件条件の取消訴訟は不適法として却下されます。そのため，Aの立場からは，本件条件は，本件許可と不可分一体ではないと主張しなければなりません。

　附款が行政処分と不可分一体であると解されるのは，附款が行政処分の重要な要素であり，附款なしでは行政庁が行政処分をしなかったと客観的にいえるような場合です。一般的には，附款のうち条件や期限であれば不可分とされるのに対し，負担は可分性が認めらやすいと解されています（争点40頁〔平田和一〕）。

　B県側は，本件条件は，本件処分の本質的な部分を制限するものであり，不適正事例が社会問題化していたことから，本件条件がなければ本件許可をしなかったといえ，両者は不可分一体であると反論するでしょう。

　そのため，Aの立場からは，本件許可は，廃棄物処理法14条の5第1項に基づくものであり，処分要件も同条2項および14条の4第5項に定められてい

るのに対し，本件条件は，同法14条の5第2項および14条の4第11項という別の条文に基づくものであり，処分要件も定められていないとして，本件条件は，本件処分の内容をなすような重要な要素ではなく別の処分である，と主張するべきでしょう。

　したがって，Aは，B県を被告として，本件条件の取消訴訟を提起すべきであるといえます。

> 　設問では問われていませんが，本件条件の処分性については，附款が「意思表示」であるため，指標②法的効果が問題となります。本件条件は，本件許可により形成されるはずの法的地位の一部を制限するものといえますから，法律上の地位を変動するものとして，処分性を肯定し得るでしょう[9]。

3　設問2：本案論

　設問2では，本件条件の違法性が問われていますが，問題文によれば，Aの不満は，Ⓐ「近隣の県では本件条件のような内容の条件は付されていない」こと，Ⓑ「本件条件が付されることについて，事前連絡を受けておらず，事前協議が無に帰してしまい裏切られたとの思い」の2点にあり，これを法的に構成することになります。

　行政処分の違法とは根拠法令の処分要件を充足していないこと（126頁）ですから，いつもどおり，本件条件の根拠条文である「法第14条の5第2項及び第14条の4第11項」を読んでみると，1項の許可には，②「生活環境の保全上必要な」（行為要件），③「条件を付することができる」（行為内容）としか定められていませんので，要件裁量も効果裁量もありそうです。実質的に考えても，いかなる条件を付するかは，地域の実情に精通した都道府県知事の専門的・技術的判断を要するといえます。そのため，本件条件の違法性については，行訴法30

9）　裁判例も附款だけの独立した争訟を認めています。たとえば，東京地決昭和43・2・2行集19巻1＝2号141頁，大阪地決昭和43・6・14行集19巻6号1066頁，神戸地判平成3・4・22判時1425号64頁等。なお，東京地決昭和42・11・23行集18巻11号1465頁は，行政処分の一部取消訴訟として構成しています。争点40～41頁〔平田〕も参照。

条に基づく裁量権行使の逸脱・濫用により判断することとなります。

　本件条件の内容は，「積替え・保管施設への搬入は，自ら行うこと。また，当該施設からの搬出も，自ら行うこと。」ですが，B県からは，本件条件を付するか否かは，B県知事に広範な裁量が認められるところ，ⓘ他者搬入・搬出によって収集・運搬に関する責任の所在が不明確となること，ⓘⓘ廃棄物の飛散，流出，異物混入などのおそれがあること等を考慮したものであって，いずれも「生活環境の保全及び公衆衛生の向上を図る」といった法目的に合致するものであると反論することが想定されます。

　本件許可について定める廃棄物処理法14条の5第2項および14条の4第5項を読むと，①「都道府県知事」（行政機関）は，②「第1項の許可の申請が次の各号に適合していると認めるとき」（処分要件）でなければ，③「同項の許可をしてはならない」（行為内容）と定めています。つまり，②処分要件を充足しなければ，③許可してはならないと定めるのみで，②の処分要件を充足する場合であっても，③許可をするか否かは，効果裁量があるのです。

　②処分要件を定める規則を読んでも，「特別管理産業廃棄物が，飛散し，及び流出し，並びに悪臭が漏れるおそれ」がないこと（規則10条の13第1号イ）や，これらが生じないように「必要な措置」を講ずべきこと（同ヘ）が求められていますから，要件裁量も認められます。そして，上記ⓘおよびⓘⓘの考慮事項は，これらに合致するとともに，本件条件は「必要な措置」の一部であるともいえそうです。

　B県の反論を踏まえると，Aの立場からは，行政裁量を否定することは難しいところですから，裁量統制ツールとして使えるものがないのかを考えると，不満Ⓐについては**比例原則**，不満Ⓑについては**信頼保護原則**が当てはまりそうです（144頁）。

　比例原則によれば，本件条件は，処分根拠法規の趣旨・目的の達成に必要な限度にとどまっていなければなりません。近隣の県では本件条件のような内容の条件がなくとも問題は生じていませんから，上記の考慮事項ⓘⓘのおそれは抽象的なものにとどまります。また，考慮事項ⓘも，Aが二次的責任を負うこともあり得ます。そのため，本件条件を付さなくとも，規制目的を達成することはできるといえます。

　それにもかかわらず，本件条件を付することは，他者搬入・搬出による効率化ができることを前提に「B県内のAの所有地に高額な費用を投じ，各種規制に適合する相当規模の積替え・保管施設を設置した」Aにとっては，投資を回収することが困難となり，必要な限度を超えることは明らかであると主張し得ます。

　また，信頼保護原則違反というためには，行政庁による公的見解の表示があり，かつ，私人の側にこれを信頼したことに帰責事由がないことを主張しなければなりません。本問では，「B県知事は，以上の事前協議事項についてB県担当課による審査を経て，Aに対し，適当と認める旨の協議終了通知を送付した」ことから公的見解の表示があり，B県の運用の変更も「不適正事例が発覚し，社会問題化していた」というAとは無関係の理由ですから，私人の側であるAに帰責事由もありません（青色申告課税事件（最判昭和62・10・30判時1262号91頁。ノート2-6・百選I20）参照）。

　以上のように，Aは，本件条件を付することは，比例原則および信頼保護原則に違反し，裁量権行使の逸脱・濫用として違法であると主張することとなります。

　　前村長の協力のもとで，村有地を工場敷地とする工場誘致施策を進めていたところ，村長選挙の結果，工場誘致に反対する新村長が当選したため，これを断念したという事案で，宜野座村工場誘致事件（最判昭和56・1・27民集35巻1号35頁。ノート2-7・百選I21）は，信頼関係の破壊を理由に不法行為の成立を認めています。ただし，この判決は，あくまでも不法行為の成否に関するものであり，法律による行政の原理との抵触が問題となる抗告訴訟における信頼保護原則とは異なる点に注意しましょう。

4　起案例

設問1
1　本件条件は，相手方に特定の義務を命ずることで行政行為の効果を制限するものであるから，行政庁の意思表示の主たる内容に付加された従たる意思表示である附款のうち負担に当たる。
2　本件で考えられる取消しの対象は，本件申請に対する本件許可と，本件条件

の2つが考えられる。

（1）　取消しの対象を本件許可とした場合，取消判決の形成力により，本件申請がなされた段階に戻るだけであり，Aが適法に「積替え・保管」を行うためには，B県知事による本件申請に係る新たな処分を待たねばならない。B県知事の新たな処分は，当該取消判決の拘束力（行訴法33条1項）により，「判決の趣旨」に従わなければならず（同3項，2項），同一事情・同一理由・同一手続による同一内容の処分の繰り返しは許されない。

　　もっとも，B県知事による新たな処分は，「判決の趣旨」に従っている限り，異なる条件が新たに付される可能性がある。そのため，本件許可を取消しの対象とすると，本件条件のみを確実に取り消せるわけではない。

（2）　これに対し，本件条件の取消訴訟を提起した場合，取消判決の形成力によっても，本件許可の効力を維持したまま，本件条件のみを取り消すことができるという利点がある。そのため，Aは，本件条件の取消訴訟を提起すべきである。

3　もっとも，本件許可と本件条件が不可分一体と解されるならば，本件条件の取消訴訟は不適法として却下される。具体的には，附款が行政処分の重要な要素であり，附款なしでは行政庁が行政処分をしなかったと客観的にいえるような場合には，附款は行政処分と不可分一体であると解すべきである。

　　たしかに，本件条件は，本件処分の本質的な部分を制限するものであり，不適正事例が社会問題化していたことからも，B県知事は本件条件がなければ本件許可をしなかったといえるから，本件条件は本件条件と不可分一体とも思える。

　　しかし，本件許可は，法14条の5第1項に基づくものであり，処分要件も同条2項および法14条の4第5項に定められているのに対し，本件条件は法14条の5第2項および法14条の4第11項という別の条文に基づくものである。そのため，本件許可をするか否かと，本件条件を付すか否かは，個別の判断であるといえるから，本件条件は，本件処分の内容とは区別することができる。

　　したがって，本件条件は，本件処分の重要な要素であるとはいえない別の処分である。

4　よって，Aは，B県を被告として，本件条件の取消訴訟を提起すべきである。

設問2

1　B県知事は「生活環境の保全上必要な条件」を付することができる（法14条
の5第2項，14条の4第11項）が，何が「生活環境の保全上」必要といえる
のかは一義的に定まらない，効果についても「できる」規定として定められて
いる。これらを判断するためには，地域の実情に精通した都道府県知事の専門
的・技術的判断ないし公益的判断を要するのであり，要件裁量・効果裁量が認
められ，いかなる条件を付すかについても知事の裁量権が認められる。

　　もっとも，本件条件を付するにあたり，B県知事の裁量権行使の逸脱・濫用
がある場合には違法となる（行訴法30条）。

2　これに対し，B県側からは，本件条件を付するか否かは，B県知事に広範な
裁量が認められるところ，①他者搬入・搬出によって収集・運搬に関する責任
の所在が不明確となること，②廃棄物の飛散，流出，異物混入などのおそれが
あることから，「積替え・保管施設への搬入は，自ら行うこと。また，当該施設
からの搬出も，自ら行うこと。」との本件条件を付することは，「生活環境の保
全及び公衆衛生の向上を図る」といった法目的に合致する合理的なものである
との反論が想定される。

3　しかし，行政裁量が認められるとしても，処分の根拠法規の趣旨・目的の達
成に必要な限度にとどまっていなければ，比例原則に反し違法となる。

　　近隣の県では本件条件のような内容の条件がなくとも問題は生じていないか
ら，②のおそれは抽象的なものにすぎない。また，①についても，Aが二次的
責任を負うこともあり得る。そのため，本件条件を付さなくとも，規制目的を
達成することはできる。

　　それにもかかわらず，本件条件を付することは，他者搬入・搬出による効率
化ができることを前提に「B県内のAの所有地に高額な費用を投じ，各種規制
に適合する相当規模の積替え・保管施設を設置した」Aにとっては，投資を回
収することが困難となるから，必要な限度を超えることは明らかである。

4　また，私人は，国や地方公共団体の行動を強く信頼しているため，この信頼

には法的保護を与える必要性が強い。法律による行政の原理との抵触が生じる場合があるため慎重に適用すべきではあるが，行政庁による公的見解の表示があり，かつ，私人の側にこれを信頼したことに帰責事由がない場合には，信義誠実の原則（民法1条2項参照）のひとつである信頼保護原則に反する。

　　B県知事は，以上の事前協議事項についてB県担当課による審査を経て，Aに対し適当と認める旨の協議終了通知を送付したことから，公的見解の表示があったといえる。また，B県の運用の変更は，不適正事例が発覚し，社会問題化していたというAとは無関係の理由であるから，AがBの公的見解を信頼したことに帰責事由もない。

5　したがって，本件条件を付することは，比例原則及び信頼保護原則に違反し，裁量権行使の逸脱・濫用として，違法である。

以上

（出題の趣旨）

　本問は，廃棄物の処理及び清掃に関する法律に基づき特別管理産業廃棄物収集運搬業の許可を受けている収集運搬業者が，その事業範囲の変更許可を申請したのに対し，行政庁が一定の条件（以下「本件条件」という。）を付した上で変更許可（以下「本件許可」という。）をしたという事実を基にして，行政処分の附款に関わる訴訟方法及びその実体法上の制約について，基本的な知識・理解を試す趣旨の問題である。

　設問1は，本件条件に不満がある場合において，いかなる訴訟を提起すべきかを問うものである。本件条件は本件許可の附款という性質を有することから，本件許可の取消訴訟において本件条件の違法性を争うことができるか，本件条件の取消訴訟を提起すべきかが主に問題となる。その際，本件許可と本件条件が不可分一体の関係にあるか否か，それぞれの取消訴訟における取消判決の形成力，拘束力（行政事件訴訟法第33条）について，本件の事実関係及び法令の諸規定を基に論ずることが求められる。

　設問2は，取消訴訟における本件条件の違法性に関する主張を問うものである。とりわけ，本件条件が付されたことに関して主に比例原則と信頼保護について，本件事実関係及び法令の諸規定とその趣旨を指摘し，また，信頼保護に関する裁判例（最高裁判所昭和62年10月30日第三小法廷判決など）を踏まえ，本件条件の違法性を論ずることが求められる。

XII 令和4年予備試験問題

　A県B町は，B町文化財保護条例（以下「本件条例」という。）を定め，B町の区域内に存する文化財のうち重要なものを指定し，その保存及び活用のため必要な措置を講じている。B町教育委員会（以下「教育委員会」という。）は，平成18年4月14日，告示により，B町の区域内にあるC古墳を本件条例第4条第1項に基づきB町指定文化財に指定した（以下，同指定を「本件処分」という。）。C古墳は，7世紀前半に造られた横穴式石室古墳であり，宗教法人Dが本件処分以前から所有する土地（以下「本件土地」という。）の一部を占めている。横穴式石室とは，遺体を納める埋葬室と，そこから入口部分へとつながる通路から成る石積みの墓室をいい，その全体が墳丘を成している盛土の中に埋まっているのが通常であるところ，C古墳の横穴式石室（以下「本件石室」という。）も，埋葬室の中心から半径約10メートルの盛土の中に石造りの埋葬室と通路が埋まっているが，その入口周辺の盛土は崩れてしまい，入口を構成している巨石が盛土から露出している状態であった。教育委員会は，本件処分の際に，C古墳の範囲が本件石室に限定されるものではなく，本件石室を取り巻く盛土全体もC古墳に含まれると考えており，その範囲（本件石室の埋葬室の中心から半径約10メートルの円の内側一帯）に本件処分の効力が及ぶと認識していた。もっとも，上記露出している巨石（同巨石は，本件石室の埋葬室の中心から約9メートルの距離に位置する。）の周辺のみは，Dから管理責任者として選任されている教育委員会により本件処分の直後から定期的に草刈りがされてきたものの，それ以外の盛土全体には樹木が生い茂っている。また，教育委員会は，本件処分後にC古墳であることを示す標識を露出している上記巨石のすぐそばに設置したが，上記半径約10メートルの円の内側一帯がC古墳であることを示す標識等を設置したことはなかった。

　Dは，平成31年3月5日，C古墳周辺を公園として整備することとし，教育委員会に相談したところ，教育委員会は，Dの計画がC古墳の現状を変更したり，その保存に影響を与えたりしないものであれば，本件条例第13条の許可は不要である旨回答した。そこで，Dは，本件土地を平らに整地する土木工事（以下「本件工事」という。）を開始した。教育委員会は，令和3年5月頃，本件処分の

効力が及ぶと考えている土地の付近まで本件工事が進められていることを把握したことから、C古墳の現状保存等のため、Dに対して本件工事の中断を求める旨の行政指導を行った。Dは、本件工事を中断した上で、教育委員会に対し、C古墳の範囲は、埋葬室及び通路から成る本件石室部分のみを指し、盛土は含まれないから、本件石室の周囲1メートルまでの工事ならば、C古墳の現状が変更されることはなく、その保存に影響を与えることもないと主張したが、教育委員会は、Dの主張する工事を行うには、本件条例第13条第1項に基づく教育委員会の許可が必要になるとDに説明した。

Dは、教育委員会に反論する根拠を見付けたいと考え、教育委員会の許しを得て本件処分当時の関係資料を閲覧した。当該資料によれば、C古墳が指定文化財に指定されたことは当時のDの代表者にも前記告示の日に通知されたこと等が記載されていたものの、本件処分の指定対象物の範囲が本件石室にとどまるのか、それとも本件石室とそれを取り巻く盛土も含むのかについては記載がなかった。また、本件処分当時、B町文化財保護委員会（以下「保護委員会」という。）は、委員長である考古学者Eのほか、歴史学、民俗学等を専攻する9名の研究者で構成されていたが、本件処分に当たり、本件条例の定める手続に基づく保護委員会への諮問は行われておらず、E一人のみの意見を聴取し、当該資料には、「Eの意見聴取を経たことにより、本件条例第4条第2項に基づく保護委員会への諮問手続を実質的には履践したものといえる。」との教育委員会の意見が付記されていた。

Dは、本件処分の内容の明確性や手続等に問題があることから、本件処分それ自体を争うべきであると考えるに至り、行政訴訟を提起することを考えている。

以上を前提として、以下の設問に答えなさい。

なお、本件条例の抜粋を【資料】として掲げるので、適宜参照しなさい。

〔設問1〕

Dは、本件処分について、取消訴訟の提起を断念し、無効確認訴訟を提起したいと考えている。Dが当該取消訴訟の提起を断念した理由として考えられるものについて説明するとともに、Dが当該無効確認訴訟を提起した場合、Dに行政事件訴訟法（以下「行訴法」という。）第36条に定める原告適格が認められるかを

検討しなさい。なお，本問の解答に当たっては，本件処分が行訴法第3条第2項の「処分」に当たることを前提にしなさい。

〔設問2〕

　Dは，本件処分の無効確認訴訟において，本件処分が無効であることについて，どのような主張をすべきか。想定されるB町の反論を踏まえて，検討しなさい。

【資料】

○　B町文化財保護条例（抜粋）

（目的）

第1条　この条例は，（中略）B町の区域内に存する文化財のうち重要なものを指定し，その保存及び活用のため必要な措置を講じ，もって町民の文化的向上に資するとともに，国文化の進歩に貢献することを目的とする。

（財産権等の尊重及び公益との調整）

第3条　B町教育委員会（以下「教育委員会」という。）は，この条例の施行に当たっては，関係者の所有権その他の財産権を尊重するとともに，文化財の保護と他の公益との調整に留意しなければならない。

（指定）

第4条　教育委員会は，町の区域内に存する文化財のうち，町にとって重要なものをB町指定文化財（以下「町指定文化財」という。）に指定することができる。

2　教育委員会は第1項の規定による指定をしようとするときは，B町文化財保護委員会（以下「保護委員会」という。）に諮問しなければならない。

3　第1項による指定は，その旨を告示するとともに，当該文化財の所有者及び権原に基づく占有者に通知して行う。

4　第1項による指定は，前項の規定による告示があった日から効力を生ずる。

5，6　（略）

（所有者の管理義務及び管理責任者）

第6条　町指定文化財の所有者は，この条例に従い，町指定文化財を管理しなければならない。

2　（略）

3　町指定文化財の所有者は，特別の事情がある場合は，専ら自己に代わり当該指定文化財の管理の責めに任ずべき者（以下「管理責任者」という。）を選任することができる。

4～6　（略）

（現状変更等の制限）

第13条　町指定文化財の現状を変更し，又はその保存に影響を及ぼす行為をしようとするときは，あらかじめ，教育委員会の許可を受けなければならない。

2，3　（略）

（保護委員会の設置）

第19条　文化財に関する諮問のため，保護委員会を置く。

（保護委員会の組織等）

第20条　保護委員会の委員は，10人以内とし，学識経験を有する者のうちから教育委員会が委嘱する。

2～5　（略）

（保護委員会の答申等）

第21条　保護委員会は，教育委員会の諮問に応じ，これを審議し，これに関する専門的又は技術的事項について答申する。

2　保護委員会は，前項の答申に必要な調査，研究を行う。

（会議の招集等）

第22条　保護委員会の会議は，教育長が招集する。

2　会議は，委員の半数以上が出席しなければ開くことができない。

3　保護委員会の庶務は，教育委員会において処理する。

1　問題分析

　本問は，B町教育委員会が条例4条1項に基づきB町指定文化財にC古墳を指定した本件処分（不利益処分）につき，C古墳が含まれている本件土地の所有者D自身（二面関係）が，本件処分の内容の明確性や手続等を争うものですから，不利益処分阻止モデル（52頁）に当たります[10]。

そのため，事後救済として，取消訴訟または無効等確認訴訟を提起することとなるのですが，設問1は，Dが「取消訴訟の提起を断念し，無効確認訴訟を提起したいと考えている」ことを前提に，「Dが当該取消訴訟の提起を断念した理由」という訴訟選択と，「Dが当該無効確認訴訟を提起した場合」にDに行訴法36条に定める「原告適格が認められるか」という訴訟要件論（特定訴訟要件検討型）の2つが問われています。設問中では「本件処分が行訴法第3条第2項の『処分』に当たることを前提にしなさい」との指定があるため，原告適格のみを検討すれば足ります。単に「原告適格が認められるか」を問うものですから，第三者視点からの検討が求められています。

設問2は，「Dは，本件処分の無効確認訴訟において，本件処分が無効であることについて，どのような主張をすべきか」という本案論を問うものです。「想定されるB町の反論を踏まえて，検討しなさい」との指示があるため主張反論型に当たりますが，Dの立場からの検討を求めるものです。

本問は，無効等確認訴訟の訴訟要件論や本案論を問う点で，これまでの取消訴訟中心の出題傾向から外れるところはありますが，いずれも基本事項が問われています。これを機に，各抗告訴訟の固有の訴訟要件や本案勝訴要件については，最低限復習をしておくべきでしょう。

2 設問1：訴訟選択・原告適格

（1） 取消訴訟の提起を断念した理由

設問1では，まず「Dが当該取消訴訟の提起を断念した理由」が問われているところ，無効等確認訴訟が取消訴訟の出訴期間を過ぎた場合の選択肢であることは基本事項です（21〜22頁）。そのため，出訴期間が過ぎていることにつき，法的三段論法により論じることになります。

取消訴訟の出訴期間は，「正当な理由」がある場合を除き，処分・裁決があったことを知った日から6か月（行訴法14条1項。主観的出訴期間），または，処分・裁決の日から1年（同条2項。客観的出訴期間）と定められています（21頁）。

10）　土地所有者に対する通知を欠いた史跡指定処分に関する無効確認訴訟に関する神戸地判平成
　　6・5・25判タ873号98頁も参照。

　本件処分がなされたのは，平成18年4月14日です。条例4条3項によれば，本件処分である指定は「その旨を告示するとともに，当該文化財の所有者及び権原に基づく占有者に通知して行う」とされているところ，Dは「文化財」であるC古墳の土地の「所有者」ですから，「当時のDの代表者にも前記告示の日に通知」されています。そのため，主観的出訴期間である同年10月14日を徒過しています。

　これに対し，Dは，本件処分の「通知」は，その効力の及ぶ範囲が明らかではなかったと反論することも考えられますが，客観的出訴期間である翌平成19年10月14日も徒過しており，不可抗力等の「正当な理由」もありません。

　したがって，本件処分の出訴期間は経過しているといえます。単に，行訴法14条を摘示するだけでなく，同条1項と2項につき，条例の条文や具体的事実をしっかりと当てはめることがポイントです。

（2）　原告適格

　設問1では，次に，行訴法36条に定める「原告適格が認められるか」が問われています。取消訴訟の原告適格（同9条1項）ではありませんので，注意してください。

　行訴法36条は，ⓐ当該処分または裁決に続く処分により損害を受けるおそれのある者，ⓑその他当該処分または裁決の無効等の確認を求めるにつき法律上の利益を有する者で，ⓒ当該処分もしくは裁決の存否またはその効力の有無を前提とする現在の法律関係に関する訴えによって目的を達することができないものに無効等確認訴訟の原告適格を認めていますが，要件解釈をめぐって，一元説と二元説が対立していることは基本事項です（32頁）。

　しかし，一元説と二元説の対立は，要件ⓐを充たす者との関係で問題となるものであり，要件ⓑを充たす者との関係で要件ⓒを充たすべきことは争いがありません。Dは，当該処分により損害は受けているものの，ⓐ当該処分または裁決に続く処分により損害を受けるおそれのある者ではなく，ⓑに当たりますから，一元説と二元説の対立は，Dにとって無益です。

　したがって，実務的な観点からすれば，この論点を論じる実益はありません。それにもかかわらず，論点を書けば点数があるという誤った理解のもと，一元

説と二元説の対立を書いている答案は，論点主義的なものとみなされる危険があるので注意が必要です。

　そこで，Dが⑤「法律上の利益を有する者」に当たるかを検討すると，本件処分は「告示」によりなされるものですから（条例4条3項），D自身は行政処分の名あて人ではありません。しかし，本件処分は「告示」に加えて，「当該文化財の所有者及び権原に基づく占有者に通知」がなされるところ（同項），当該文化財の所有者には管理義務が生じます（同6条1項）から，Dは「行政処分の直接的な法律上の効果として義務賦課又は権利制限の対象となっている」行政処分の相手方に準ずる者に当たります（56頁）。そのため，いわゆる第三者の原告適格のように「法律上保護された利益」を検討するまでもなく，Dは，自らの所有権を侵害されているため，⑥「法律上の利益を有する者」に当たります。

> 　本件条例13条により現状変更等も制限されますが，一般的抽象的な効果にとどまるため，これを根拠にDに直接的な法律上の効果があるとはいい難いところです。

　続いて，ⓒを検討するにあたり，本件処分の無効等を前提とする「現在の法律関係に関する訴え」を検討すると，本件処分の効力が本件工事の場所まで及んでいないことを理由とする現状変更等の制限を受ける義務不存在確認訴訟（行訴法4条後段）や，本件処分が無効であることを前提とする現状変更等の制限を受ける義務不存在確認訴訟（同条）を提起することが想定されます。無効確認訴訟は，これらの訴訟と比較して直截的で適切なものでなければ，ⓒ「目的を達することができないもの」の要件を欠き，不適法となります。

　そこで検討をすると，前者の訴訟では，本件処分の効力の範囲は争えますが，本件処分の不明確性や手続的瑕疵といった本件処分の無効事由を争うことはできませんから，Dの目的を達成することはできません。

　他方，後者の訴訟では，本件処分の無効事由は争えますが，本件条例13条の義務について抜本的な解決をするためには，行訴法32条の類推適用により第三者効が認められる余地のある無効確認訴訟によるのが直截的かつ有効であると主張することが可能でしょう。

　したがって，Dは，⑥ⓒいずれも充たすため，本件処分の無効確認訴訟の原

告適格が認められると主張することができます。

> 　前者の訴訟は本件処分不存在確認訴訟，後者の訴訟は本件処分無効確認訴訟の言い換えにすぎず，実質的には抗告訴訟の性質を帯びるとすれば，公法上の当事者訴訟を提起したとしても，いずれも不適法却下されます。もっとも，本件処分の不存在または無効を前提として，本件条例13条１項の定める現状変更等の制限を受ける公法上の義務の不存在確認訴訟を公法上の当事者訴訟として提起できると解する余地もあります。行政処分が無効である場合には，公定力も不可争力もなく，誰でもいつでも無効の主張が可能ですので，このような公法上の当事者訴訟の争点として本件処分の無効を主張することも許容されます。

3　設問２：本案論

（１）　無効確認訴訟の本案勝訴要件

　無効確認訴訟の本案勝訴要件は，処分要件の不充足では足りず，それが重大かつ明白な瑕疵でなければならないと解されています。なぜなら，重大かつ明白な瑕疵があるならば，公定力や取消訴訟の排他的管轄といった行政行為の特権を享受するに値しないからです。

　重大な瑕疵（重大性要件）とは，処分の根幹に瑕疵があることをいいます。また，瑕疵が明白（明白性要件）とは，処分成立の当初から，誤認であることが外形上客観的に明白である場合をいいますから，処分関係人の知，不知や，行政庁が怠慢により調査すべき資料を見落としたどうかは無関係です[11]。ただし，処分による不利益を甘受させることが著しく不当と認められるような例外的な事情がある場合，明白性要件が不要とされる場合もあります。

　実務上は，重大かつ明白な瑕疵につき，取消訴訟の出訴期間を経過してもなお救済に値するとの評価を受ける違法であるともいわれています。処分要件の存在を肯定する処分庁の認定に重大かつ明白な誤認がある場合のほか，行政庁の権限外の行為，内容の不明確な行為，実現不能な行為といった行政庁による処分要件の認定とは無関係のものもあります。

---

11)　最判昭和37・7・5民集16巻7号1437頁，最判昭和36・3・7民集15巻3号381頁（ノート5-10）参照。

　Dの「本件処分の内容の明確性や手続等に問題がある」という不満は，処分要件の不充足に関するものではないところ，**内容の不明確と手続的違法の2つに区別して検討します**。

（2）　内容の明確性

　内容が不明確な行為の場合，内容に応じた効力を生じさせることができないため，当然に無効であると解されています[12]。本件処分は「C古墳」を対象とするものですが，Dが閲覧した資料によれば，「本件処分の指定対象物の範囲が本件石室にとどまるのか，それとも本件石室とそれを取り巻く盛土も含むのかについては記載がなかった」ことから，その範囲は不明確といえます。

　これに対し，B町は，「横穴式石室とは，遺体を納める埋葬室と，そこから入口部分へとつながる通路から成る石積みの墓室をいい，その全体が墳丘を成している盛土の中に埋まっているのが通常である」ため，C古墳に盛土が含まれるのは当然であると反論するでしょう。実際に，本件処分後は，Dが管理責任者として選任した教育委員会により，入口を構成している巨石の周辺は定期的に草刈りがされてきたこと，巨石のすぐそばにC古墳であることを示す標識を設置したことからも，本件処分の範囲は，本件石室の埋葬室の中心から半径約10メートルの円の内側一帯と特定されていると反論することが想定されます。

　そのため，Dの立場からは，巨石の周辺以外の盛土全体には樹木が生い茂っていること，標識には巨石の周辺以外の盛土全体がC古墳であることが示されていないことから，B町の主張だけでは，本件処分の範囲が盛土全体まで含むものであることは明らかではないと主張すべきでしょう。

> 　ここで問題となるのは，あくまでも「本件処分の範囲が不明確であること」という無効事由の有無の検討であり，明白性要件に対する当てはめではないことに注意しましょう。

（3）　手続的違法

　次に，手続的違法を検討します。本件では「保護委員会への諮問は行われて

おらず，E一人のみの意見を聴取」したことが無効事由となるかが問われます。手続規範を探索すると，本件処分をしようとするときには保護委員会に諮問しなければならないと定める本件条例4条2項となります。

これに対し，B町は，「Eの意見聴取を経たことにより，本件条例第4条第2項に基づく保護委員会への諮問手続を実質的には履践したものといえる」から，重大かつ明白な瑕疵とはいえないと反論することが想定されます。

直接の先例ではありませんが，群馬中央バス事件最判（最判昭和50・5・29民集29巻5号662頁。ノート12-3・百選I 115）が参考となります。同判決は，行政庁が行政処分をするにあたって，諮問機関に諮問し，その決定を尊重して処分をしなければならない旨を法が定めている場合，その趣旨は「処分の客観的な適正妥当と公正を担保する」ことにあるといいます。

本件条例は，諮問の決定を尊重すべきとは定められていませんが，保護委員会は，「学識経験を有する者」である委員により構成され（本件条例20条1項），「町にとって重要なもの」という要件（同4条1項）につき「専門的又は技術的事項」について答申する機関です（同21条1項）。しかも，委員の半数以上の出席がなければ，会議を開くことができません（同22条2項）。

そうすると，本件条例4条2項が保護委員会への諮問を義務付けた趣旨は，町指定文化財の根幹をなす要件である「町にとって重要なもの」に該当するか否かにつき，複数の学識経験者の多角的な議論を踏まえた専門的・技術的な決定を尊重して処分を行うことにより，処分の客観的な適正妥当と公正を担保することにあるといえます。

保護委員会は，歴史学，民俗学等を専攻する9名の研究者で構成されているため，考古学者Eの意見聴取を経ていたとしても，考古学以外の学問的知見の判断を経ているとはいえませんから，本件条例4条2項の趣旨を没却しているといえます。そして，保護委員会への諮問は，本件処分の根幹である要件該当性を判断するための手続ですから，これを欠くことは，重大かつ明白な瑕疵と主張できます。

起案例では書いていませんが，B町は，個人タクシー事件最判（最判昭和46・10・28民集25巻7号1037頁。ノート12-2・百選I 114）を参照し，異なる判断に到達する可能性がなかったと反論する余地もあります。しかし，無効事由となるような重大かつ明白な瑕

疵の場合にまで，同判決の規範が妥当するかは疑問です。仮に妥当するとしても，同判決は「可能性がなかったとはいえない」だけで取消事由としているところ，Dは，E以外の研究者の意見を聴取すれば，異なる判断となる可能性がなかったとはいえないと主張し得るでしょう。

4 起案例

設問1

1 Dが当該取消訴訟を断念した理由は，出訴期間を経過しているからである。

　本件処分（本件条例4条1項）は，平成18年4月14日に「告示」され，町指定文化財の所有者であるDにも「通知」されているため（同条3項），Dは同日に本件処分があったことを「知つた」といえる。そのため，同日から6か月後の同年10月14日をもって主観的出訴期間を徒過しており，本件処分から1年後の平成19年10月14日に客観的出訴期間も徒過している（行訴法14条1項，2項本文）。不可抗力等もないので期間徒過の「正当な理由」（同項但書）もない。

2（1）　無効等確認訴訟の原告適格は，「当該処分又は裁決の無効等の確認を求めるにつき法律上の利益を有する者」の場合には，「当該処分若しくは裁決の存否又はその効力の有無を前提とする現在の法律関係に関する訴えによつて目的を達することができないもの」に限り認められる（行訴法36条）。「目的を達することができない」とは，無効等確認訴訟の方が直截的で適切な場合をいう。

（2）　「法律上の利益を有する者」とは，処分により自己の権利もしくは法律上保護された利益を侵害されるおそれのある者をいう。本件処分は「告示」によりなされているが（本件条例4条3項），「当該文化財の所有者」には「通知」され（同項），町指定文化財の所有者には管理義務（同6条1項）が生じる。そのため，Dは，本件処分により直接的な法律上の効果として義務賦課の対象となっている行政処分の相手方に準ずる者であって，自己の所有権という権利が侵害されているといえ，「法律上の利益を有する者」に当たる。

（3）　もっとも，「現在の法律関係に関する訴え」として，本件処分の効力が本件工事の場所にまで及んでいないことを理由とする現状変更等の制限を受ける義務不存在確認訴訟（行訴法4条後段）や，本件処分が無効であることを前提とする同確認訴訟（同条）を提起することが想定される。

　　前者では，本件処分の効力の範囲は争えるが，本件処分の不明確性や手続的瑕疵を争うことができない。他方，後者は，これらの本件処分の無効事由は争えるが，本件条例13条の義務について抜本的な紛争解決をするためには，行訴法32条の類推適用により第三者効を認めた上で無効確認訴訟によるのが有効・適切である。したがって，これらの訴えによって目的を達することができない。

（4）　よって，Dは本件処分の無効確認訴訟の原告適格が認められる。

設問2

1　無効等確認訴訟の本案勝訴要件

　本件処分が無効であるためには，本件処分が単に違法であるにとどまらず，重大かつ明白な瑕疵といえなければならないと解される。

　重大な瑕疵とは処分の根幹に瑕疵があることをいい，明白な瑕疵とは，処分成立の当初から，誤認であることが外形上客観的に明白である場合をいう。

2　内容の不明確性

（1）　内容が不明確な行為の場合，内容に応じた効力を生じさせることができないため，当然に無効である。

（2）　本件処分は「C古墳」を対象とするものであるが，Dが閲覧した資料によれば，「本件処分の指定対象物の範囲が本件石室にとどまるのか，それとも本件石室とそれを取り巻く盛土も含むのかについては記載がなかった」ことから，その範囲は不明確である。

　　これに対し，B町は，「横穴式石室とは，遺体を納める埋葬室と，そこから入口部分へとつながる通路から成る石積みの墓室をいい，その全体が墳丘を成している盛土の中に埋まっているのが通常である」こと，本件処分後はDが選任した教育委員会により入口を構成している巨石の周辺は定期的に草刈

りがされてきたこと，巨石のすぐそばにC古墳であることを示す標識が設置されていることから，本件処分の範囲は，本件石室の埋葬室の中心から半径約10メートルの円の内側一帯と特定されていると反論することが想定される。

　しかし，巨石の周辺以外の盛土全体には樹木が生い茂っていること，標識には巨石の周辺以外の盛土全体がC古墳であることが示されていないことから，B町の主張だけでは，本件処分の範囲が盛土全体まで含むものであることは明らかではない。

3　手続的違法

（1）　本件処分をしようとするときには保護委員会に諮問しなければならないが（本件条例4条2項），本件処分をするに当たって保護委員会への諮問が行われていないから，手続的瑕疵があり無効である。

（2）　これに対して，B町側は，Eの意見聴取を経たことにより，保護委員会への諮問手続を実質的には履践したものといえるから，重大かつ明白な瑕疵とはいえないと反論することが想定される。

　しかし，本件条例は，諮問の決定を尊重すべきとは定められていないものの，保護委員会は，「学識経験を有する者」である委員により構成され（本件条例20条1項），「町にとって重要なもの」という要件（同4条1項）につき「専門的又は技術的事項」について答申する機関である（同21条1項）。しかも，委員の半数以上の出席がなければ会議を開くことができない（同22条2項）。

　そうすると，本条例4条2項が保護委員会への諮問を義務付けた趣旨は，町指定文化財の根幹をなす要件である「町にとって重要なもの」に該当するか否かにつき，複数の学識経験者の多角的な議論を踏まえた専門的・技術的な決定を尊重して処分を行うことにより，処分の客観的な適正妥当と公正を担保することにある。

　本件では，保護委員会は歴史学，民俗学等を専攻する9名の研究者で構成されているため，Eの意見聴取のみでは考古学以外の学問的知見の判断を経

ているとはいえず，本件条例4条2項の趣旨を没却している。

4 以上のとおり，本件処分は内容が不明確である点，保護委員会への諮問を欠いた点で，処分の根幹に重大な違法があり，かつ，当該違法性は客観的に明白であるから無効である。

以上

（出題の趣旨）

　本問は，文化財保護条例に基づき，町が私有地にある古墳を文化財に指定した処分（以下「本件処分」という。）について，当該私有地の所有者が，本件処分から16年の後，当該古墳一帯を開発するために無効確認訴訟の提起を検討しているという設例の下で，取消訴訟の訴訟要件としての出訴期間の意義・理解とともに，無効確認訴訟の訴訟要件及び本案勝訴要件に関する基本的な知識・理解を試す趣旨の問題である。

　設問1では，まず，本件処分に不服のある原告は，行政事件訴訟法（以下「行訴法」という。）第14条が定める出訴期間の経過によって原則として適法に取消訴訟を提起することができないこと，そのため，無効確認訴訟を提起することが考えられるが，無効確認訴訟の原告適格の有無について，行訴法第36条に則して検討することが求められる。

　設問2では，まず，処分が重大かつ明白な瑕疵を帯びていることが無効確認訴訟の本案勝訴要件であることについて言及した上で，①本件処分の内容が不明確であること及び②条例に定める諮問手続を欠いていること等の瑕疵が本件処分の無効事由に当たるかどうかについて，本問における事実関係を踏まえて紛争当事者の主張を想定しながら論ずる必要がある。

事 項 索 引

判 例 索 引

著者紹介

伊 藤　建（いとう　たける）

慶應義塾大学大学院法務研究科修了。現在，弁護士（富山県弁護士会。法律事務所Z），大阪大学大学院高等司法研究科非常勤講師，広島大学大学院人間社会科学研究科客員准教授，関西大学法科大学院非常勤講師。

主著：『基本憲法Ⅰ』（日本評論社・2017，共著），『実務解説 行政訴訟』（勁草書房，2020，共著），『司法試験に受かったら――司法修習って何だろう？』（現代人文社・2016，代表編集）など。

大 島 義 則（おおしま　よしのり）

慶應義塾大学大学院法務研究科修了。現在，弁護士（第二東京弁護士会。長谷川法律事務所），慶應義塾大学大学院法学研究科特任准教授，広島大学大学院人間社会科学研究科客員准教授。

主著：『新人弁護士カエデ，行政法に挑む』（学陽書房，2022），『行政法ガールⅡ』（法律文化社・2020），『行政法ガールⅠ』（同・2014），『憲法の地図』（同・2016），『憲法ガール Remake Edition』（同・2018），『憲法ガールⅡ』（同・2018），『実務解説 行政訴訟』（勁草書房，2020，共著）など。

橋 本 博 之（はしもと　ひろゆき）

東京大学卒業。現在，明治大学教授，慶應義塾大学名誉教授。

主著：『現代行政法』（岩波書店・2017），『行政法解釈の基礎』（日本評論社・2013），『行政判例ノート』（弘文堂・2013，第5版2023），『行政判例と仕組み解釈』（同・2009），『要説行政訴訟』（同・2006），『解説行政事件訴訟法』（同・2004），『行政訴訟改革』（同・2001），『行政法学と行政判例』（有斐閣・1998，渋沢・クローデル賞），『新しい行政不服審査制度』（弘文堂・2014，共著），『行政法』（同・2007，第6版・2019，共著）など。

行政法解釈の技法

2023（令和5）年3月15日　　初版1刷発行

著　者　伊藤　　建・大島　義則・橋本　博之
発行者　鯉渕　友南
発行所　株式会社　弘文堂　　101-0062　東京都千代田区神田駿河台1の7
　　　　　　　　　　　　　　TEL 03（3294）4801　　振替 00120-6-53909
　　　　　　　　　　　　　　https://www.koubundou.co.jp

装　丁　松村　大輔
印　刷　三報社印刷
製　本　井上製本所

ISBN 978-4-335-35931-6

行政法［第6版］ 櫻井敬子・橋本博之＝著

法令の制定・改正動向など、21世紀の行政法をめぐる動向を反映するとともに新世代のニーズにも応えたスタンダードテキスト。処分性や原告適格の判例を表にするなど、工夫をこらした改訂版。　3300円

行政判例ノート［第5版］

橋本博之＝著

単独著者が最新の重要判例を「事実→判旨→POINT」という流れで解説。一貫した視点によるコンパクトな記述により、行政法の生きた姿を学ぶことができる画期的な判例ガイド。　2800円

ケースブック行政法［第7版］

野呂充・下井康史・中原茂樹・磯部哲・湊二郎＝編

法科大学院で学ぶべき20の主要テーマごとに、判例の流れを概説した【判例の概観】、押さえておくべき判例が厳選された【重要判例】、難易度付きの【設問】で構成。法科大学院における「標準」テキスト。　3600円

行政救済法［第2版］

高木光・常岡孝好・橋本博之・櫻井敬子＝著

行政不服審査法・行政事件訴訟法・国家賠償法という「救済3法」と行政手続法の条文構造の解説により、行政法の基本がわかる、入門的テキスト。試験対策にも役立つミニ・コンメンタール。　3500円

行政判例と仕組み解釈

橋本博之＝著

行政法における解釈方法・解釈技術という観点から行政判例を分析し、裁判実務と行政法学の架橋を目指した論文集。行政判例の理解を深め、「仕組み解釈」を習得するツールとしても最適。　3800円